尚商系列丛书

上海商业发展报告
◆ 2020 ◆

ANNUAL REPORT ON BUSINESS DEVELOPMENT OF SHANGHAI

贺瑛　曹静　孙雪飞　沈荣耀等　著

上海科学技术文献出版社
Shanghai Scientific and Technological Literature Press

图书在版编目（CIP）数据

上海商业发展报告.2021/贺瑛等著.—上海：上海科学技术文献出版社，2021
ISBN 978-7-5439-8502-5

Ⅰ.①上… Ⅱ.①贺… Ⅲ.①商业经济—研究报告—上海—2021 Ⅳ.① F727.51

中国版本图书馆 CIP 数据核字（2021）第 262684 号

策划编辑：朱文秋
责任编辑：李 莺 栾 鑫
封面设计：VIDA

上海商业发展报告.2021
SHANGHAI SHANGYE FAZHAN BAOGAO.2021
贺 瑛 曹 静 孙雪飞 沈荣耀 冯 睿 等著
出版发行：上海科学技术文献出版社
地　　址：上海市长乐路 746 号
邮政编码：200040
经　　销：全国新华书店
印　　刷：常熟市人民印刷有限公司
开　　本：787mm×1092mm　1/16
印　　张：14.25
字　　数：258 000
版　　次：2021 年 12 月第 1 版　2021 年 12 月第 1 次印刷
书　　号：ISBN 978-7-5439-8502-5
定　　价：78.00 元
http://www.sstlp.com

编 委 会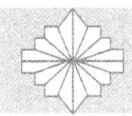

编委会主任：张国华　贺　瑛

编委会执行主任：冯叔君

编委会副主任：黄　宇　杜　娟　刘　斌　赵　萌

编委会委员：（按姓氏笔画排名）

亢秀秋　史文天　江　江　冯　睿　刘玉飞

刘会齐　孙雪飞　李佳佳　吴文霞　宋长海

沈荣耀　张凯旋　张海平　邵　伟　单佳灵

赵黎黎　侯新冬　俞　玮　常亚杰　梁丽芳

符栋良　曹剑涛　曹　静

前　言

由上海商学院、上海市商务委员会联袂打造的《上海商业发展报告(2021)》如期面世。六年来,该报告为政府相关部门、研究机构以及商业企业了解、分析、研判上海商业市场和消费市场提供了基础材料。《上海商业发展报告(2021)》延续了《上海商业发展报告(2020)》体例,从2020年度上海商业运行、商业网点、商业品牌、商业热点入手,并借此对商业发展未来进行了展望。考虑到本年度的特点,本年度商业品牌聚焦的重点是自有品牌,商业热点聚焦的重点则在于"五五购物节"。

本报告第一章"上海商业运行状况"从上海商业运行的国内外环境着手,将上海商业置于国际、国内和上海经济发展的大环境背景下,特别是在新冠疫情突发的情况下,结合上海经济发展热点,分析其对于上海商业宏观市场运行和微观企业运行的影响。商业宏观市场运行包括商业市场的总体状况和发展趋势,微观企业运行分析选取2020年有代表性的商业企业进行重点分析。并在此基础上,对该年度上海商业的重点政策进行了列举和深入解读。

本报告第二章"上海商业网点发展研究"主要对2020年上海商业网点体系的发展进行研究。第一节以消费数据为核心分析上海市商业网点的消费特征,并通过2020和2019年的消费数据比对揭示疫情对商业网点发展的影响。第二节通过空间分析的方法,从消费人群、消费水平、消费类型、消费场所、交通区位、人口流量、社区覆盖、区域竞争等八个维度对十六个市级商业中心进行综合评测。第三节在评测上海市社区商业主力业态供给情况的基础上,梳理各类上海社区商业中心的优秀案例,总结2020年上海社区商业发展方面的经验。第四节对上海特色商业街区的发展情况、业态特征进行分类梳理,并总结优秀案例和发展经验。

本报告第三章"上海商业品牌研究"的主题为"自有品牌",主要聚焦上海自有品牌发展研究。第一节阐明自有品牌内涵,回顾自有品牌发展历程,并分别对国际和国内的自有品牌发展现状进行解读。第二节概述上海自有品牌发展现状,并以上海大型超市的领导者——联华,新零售的引领者——盒马鲜生,会员制超市的典范——开市客为典型案例,对不同业态的自有品牌发展现状、营销策略及运营方式等展开分析。第三节通过问卷调查法,从品牌观、自有品牌认知和购买行为等方面对上海消费者进行调研,并据此阐明上海消费者自有品牌认知特点。本章旨在为推动上海乃至中国自有品牌的发展提供有价值的参考与借鉴。

本报告第四章"上海商业热点分析"的主题为"五五购物节",主要对"五五购物节"的运转模式和产生的效益进行阐述。第一节围绕购物节的相关理论进行研究,追溯了购物节形成、发展历史,呈现购物节发展的现状,着重阐述刺激—机体—反应理论、传播仪式观、执行意象理论、评价理论、锚定效应等理论,并诠释了这些理论对分析研究和指导购物节运营的意义,同时对城市购物节测评机制进行一定的探索,与此同时呈现国内外购物节的典型案例。第二节则对"五五购物节"的实施举措、影响效益和未来发展研究进行列举、分析。

本报告第五章"上海商业发展展望"从后疫情时代消费格局入手,分析了后疫情时代上海商业的基本态势,并基于疫情常态化的基本态势,对于变局下的上海商业进行了展望,指出面对变化,上海商业如何顺势而为、逆势而上。

本书是集体合作的产物。第一章由曹静和黄宇共同领衔,曹静同时完成了第一节、第二节编写任务,第三节和第四节由曹静和黄宇共同完成。第二章由孙雪飞主持完成。第一节、第二节由张海平、孙雪飞完成,第三节由孙雪飞、张海平完成,第四节由宋长海、孙雪飞完成,赵萌协助孙雪飞参与了第二章的统稿工作。第三章由冯睿、亢秀秋、江江共同完成。第一节由冯睿执笔,第二节由亢秀秋执笔,第三节由江江执笔。由

冯睿完成全章的统稿工作。第四章由沈荣耀和邵伟共同完成,邵伟完成第一节,沈荣耀完成第二节和第一节城市购物节测评机制内容,由沈荣耀完成全章统合工作。第五章由贺瑛独立完成。本书最后由贺瑛总纂。

特别感谢银联智策提供数据分析的支持,感谢上海科学技术文献出版社对本书出版的大力支持,感谢责任编辑的倾心付出。

由于作者水平有限,书中疏漏或错讹之处在所难免,欢迎读者批评指正。

贺 瑛

2021年10月

目 录

第一章 上海商业运行状况 ·················· 1
    第一节 上海商业运行环境 ·················· 1
    第二节 上海商业宏观市场运行分析 ·················· 11
    第三节 上海商业企业微观经济运行分析 ·················· 19
    第四节 上海商业政策环境分析 ·················· 31

第二章 上海商业网点发展研究 ·················· 38
    第一节 上海商业网点发展概况 ·················· 38
    第二节 上海商业中心发展评估 ·················· 49
    第三节 上海社区商业发展分析 ·················· 61
    第四节 上海特色商业街区发展分析 ·················· 84

第三章 上海商业品牌研究 ·················· 101
    第一节 自有品牌发展概述 ·················· 101
    第二节 上海自有品牌发展现状 ·················· 114
    第三节 上海消费者自有品牌认知调查 ·················· 131

第四章 上海商业热点分析 ·················· 159
    第一节 购物节相关理论研究 ·················· 159
    第二节 "五五购物节"相关典型案例 ·················· 181

第五章 上海商业发展展望 ·················· 206
    第一节 后疫情时代的上海商业 ·················· 206
    第二节 变局下上海商业发展展望 ·················· 209

参考文献 ·················· 213

第一章 上海商业运行状况

第一节 上海商业运行环境

一、国内外宏观经济环境

（一）新冠疫情重创全球经济

2020年，百年一遇的新冠疫情重创全球经济，各国封锁措施使得经济大面积停摆、失业率飙升，许多国家的国内生产总值跌到历史最低值。全球经济萎缩4.3%，疫情造成的损失是2008年全球金融危机的两倍多。联合国《世界经济形势与展望》报告表明，2020年发达经济体萎缩5.6%，发展中国家萎缩2.5%，是20世纪30年代大萧条以来最严重的衰退[1]。疫苗研发的成功以及治疗的有效进展为人们带来了期望，世界经济正在缓慢复苏但极不平衡，对世界经济格局将产生深远的影响。

作为全球经济头号强国的美国，截至2020年底累计新冠确诊病例和死亡病例均为全球第一，在超级的货币宽松政策和财政纾困措施刺激下，美国下半年主要经济指标开始回暖，失业率也得到一定控制，但全年经济依旧萎缩了3.5%。欧洲疫情暴发早于美国，各国政府为控制疫情所采取的隔离措施也严于美国，虽然出台了宽松的货币政策和财政政策，但受限于欧盟成员的集体决策机制，力度和速度都不及美国，国内生产总值全年萎缩了6.8%。2020年东南亚国家的疫情没有欧美发达国家、印度以及拉美国家严重，但因为大多数东南亚国家属于外向型经济，除疫情外很大程度上受外部环境影响，

---

[1] 新华财经年报.2020年全球经济形势分析及2021年展望[EB/OL].(2020-12-21)[2021-10-1]. https://baijiahao.baidu.com.

经济波动与发达国家基本同步,除越南外,经济下滑幅度与欧洲相当[1]。

(二) 中国是全球唯一经济实现正增长的主要经济体

2020年底,中国经济全年国内生产总值1 015 986亿元,按可比价格计算,比上年增长2.3%。分季度看,一季度同比下降6.8%,二季度增长3.2%,三季度增长4.9%,四季度增长6.5%,全年经济增长呈快速上升的态势,是全球唯一经济实现正增长的主要经济体。其中,第一产业增加值77 754亿元,增长3.0%;第二产业增加值384 255亿元,增长2.6%;第三产业增加值553 977亿元,增长2.1%(图1-1)。全年城镇新增就业1 186万人,明显高于900万人以上的预期目标,完成全年目标的131.8%,[2]"十三五"规划圆满完成。

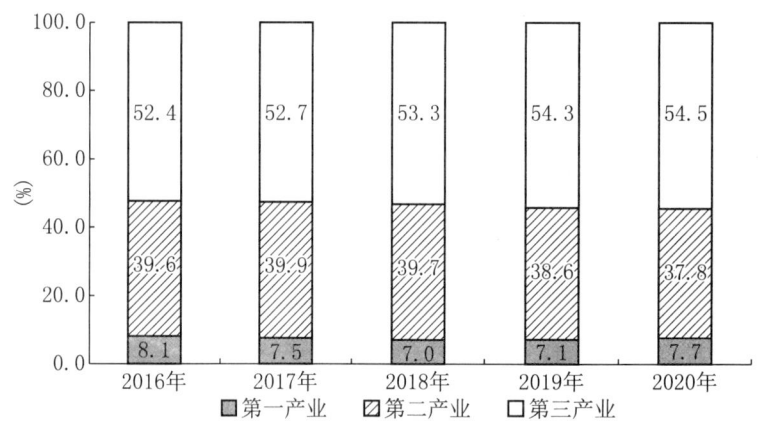

图1-1 2016—2020年第三产业增加值占GDP比重

2020年,中国率先控制住疫情,率先复工复产,全年全社会固定资产投资527 270亿元,比上年增长2.7%,固定资产投资(不含农户)518 907亿元,增长2.9%。其中第一产业投资13 302亿元,比上年增长19.5%;第二产业投资149 154亿元,增长0.1%;第三产业投资356 451亿元,增长3.6%。受疫情影响,卫生和社会工作行业固定资产投资增长最快,达26.8%;批发和零售业减速最快,达21.5%。全年外商直接投资(不含银行、证券、保险领域)新设立企业38 570家,比上年下降5.7%。实际使用外商直接投资金额10 000亿元,增长6.2%,折合1 444亿美元,增长4.5%。[3]其中批发和

---

[1] 新华财经年报.2020年全球经济形势分析及2021年展望[EB/OL].(2020-12-21)[2021-10-1].https://baijiahao.baidu.com.
[2] 国家统计局.中华人民共和国2020年国民经济和社会发展统计公报[EB/OL].(2021-2-28)[2021-10-1].http://www.stats.gov.cn.
[3] 同上。

零售业实际使用金额819亿元,比上年增长33.3%,为外商直接投资增速最快的行业(不含银行、证券、保险领域)。

(三) 外贸再创新高,居民收入增长与经济增长基本同步

2020年外贸进出口明显好于预期,外贸规模再创历史新高。全年货物进出口总额321 557亿元,比上年增长1.9%。其中,出口179 326亿元,增长4.0%;进口142 231亿元,下降0.7%。货物进出口顺差37 096亿元,比上年增加7 976亿元。中国成为全球唯一实现货物贸易正增长的主要经济体,外贸的逆势增长推动我国国际市场份额,也创了历史新高,我国货物贸易第一大国的地位更加巩固。

2020年,全国居民人均可支配收入32 189元,比上年增长4.7%,扣除价格因素,实际增长2.1%(图1-2)。全国居民人均可支配收入中位数27 540元,增长3.8%。与经济增长基本同速。其中,城镇居民人均可支配收入43 834元,实际增长1.2%;农村居民人均可支配收入17 131元,实际增长3.8%,农村居民的收入增速快于城镇居民。城乡居民人均可支配收入比值为2.56,比上年缩小0.08。绝对贫困历史性消除,按照每人每年生活水平2 300元(2010年不变价)的现行农村贫困标准计算,551万农村贫困人口全部实现脱贫,贫困县全部摘帽[1]。

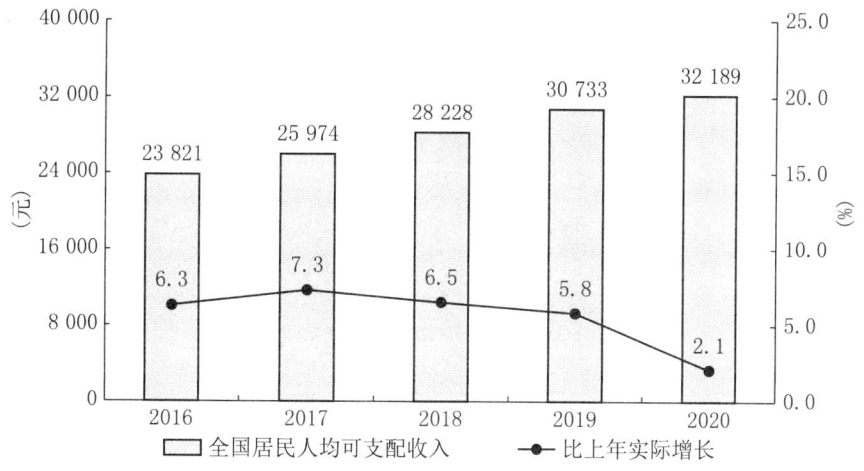

图1-2 2016—2020年全国居民人均可支配收入及增速

---

[1] 国家统计局.中华人民共和国2020年国民经济和社会发展统计公报[EB/OL].(2021-2-28)[2021-10-1]. http://www.stats.gov.cn.

(四) 新业态新模式层出不穷,消费对经济的贡献有很大的提升空间

2020年,第三产业增加值占GDP的比重为54.5%,比上年增加了0.1个百分点。尽管受到新冠肺炎疫情的冲击,但最终消费支出占GDP的比重仍然达到54.3%,高于资本形成总额11.2个百分点,总量为近年最高,消费仍然是经济稳定运行的压舱石。2013—2019年我国最终消费支出对经济增长的平均贡献率为60%左右,2020年略有下降,但总的来说与发达经济体70%以上的水平相比,还有较大的提升空间。

2020年社会消费品零售总额391 981亿元,比上年下降3.9%。其中,城镇消费品零售额339 119亿元,下降4.0%;乡村消费品零售额52 862亿元,下降3.2%。全年网上零售额117 601亿元,比上年增长10.9%,增速比前三季度加快1.2个百分点。其中,实物商品网上零售额增长14.8%,明显好于同期社会消费品零售总额,"宅经济"成为带动新型消费的模式加快发展。2020年全国居民人均消费支出21 210元,实际下降4.0%。其中,人均服务性消费支出9 037元,比上年下降8.6%,占居民人均消费支出的比重为42.6%。其中,城镇居民人均消费支出27 007元,实际下降6.0%;农村居民人均消费支出13 713元,实际下降0.1%。全国居民恩格尔系数为30.2%,比上年提高了2个百分点,其中城镇为29.2%,农村为32.7%[1]。居民消费支出中,排名前三位的是食品烟酒、居住、交通通讯(图1-3)。受疫情影响,依托人工智能和大数据等现代信息技术,网络购物、移动支付、在线办公、远程医疗、直播带货等新业态、新模式大量涌现,促进消费、扩大内需是2021年的重要任务。

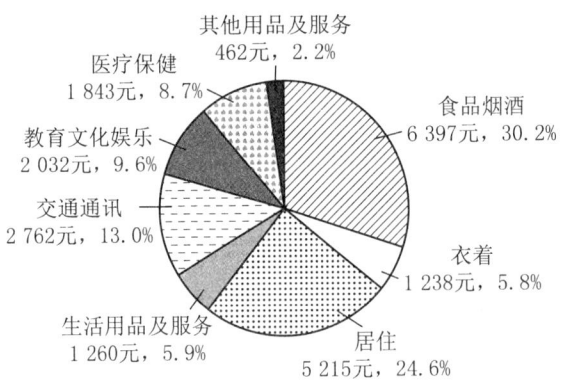

图1-3 2020年全国居民人均消费支出及构成

---

[1] 国家统计局.中华人民共和国2020年国民经济和社会发展统计公报[EB/OL].(2021-2-28)[2021-10-1]. http://www.stats.gov.cn.

二、 上海经济发展态势

（一）上海经济运行韧性增强，第三产业比重持续提升

2020年上海市实现生产总值38 700.58亿元，比上年增长1.7%，增速比一季度、上半年和前三季度分别提高8.4、4.3和2.0个百分点，在全国城市中居于首位。其中，第一产业增加值103.57亿元，下降8.2%；第二产业增加值实现由降转升，达10 289.47亿元，全年增长1.3%，增速比前三季度提高4.2个百分点；第三产业增加值28 307.54亿元，增长1.8%，增速比前三季度提高1.1个百分点，第三产业增加值占上海市生产总值的比重为73.1%，远高于全国平均水平，比上年提高0.2个百分点[1]。虽然受到疫情的影响，但经济在全年逐步向好，经济运行的韧性逐步增强。2020年上海实现人均生产总值15.94万元，仅次于北京，在全国31个省市行政区中排第二位，已经达到发达国家水平。

（二）工业生产持续回升，固定资产投资快速增长

2020年，上海全力促进工业稳增长调结构，推动产业链供应链补链固链强链。全年实现工业增加值9 656.51亿元，比上年增长1.4%，增速在1—11月实现转正的基础上，再提高1.2个百分点。规模以上工业总产值34 830.97亿元，增长1.9%。新能源、高端装备、生物、新一代信息技术、新材料、新能源汽车、节能环保、数字创意等工业战略性新兴产业完成工业总产值13 930.66亿元，比上年增长8.9%，占全市规模以上工业总产值比重达到40.0%。其中，新能源汽车和新材料产值分别增长1.7倍和10.8%。部分高新技术产品产量快速增长，新能源汽车产量增长1.9倍，服务器产量增长25.4%，3D打印设备产量增长23.2%。[2]

上海出台了各项政策措施促进投资，制定实施扩大投资"20条"和新基建"35条"，新网络、新设施、新平台、新终端等新型基础设施项目加快推进。全市固定资产投资比上年增长10.3%，是2008年以来首次达到年度两位数增长。上海第二产业固定资产投资增长16.5%，围绕高端芯片、新能源汽车等重点领域加大制造业投资力度。卫生和社会工作固定资产投资增长31.3%，文化、体育和娱乐业增长28.9%，在

---

[1] 上海市统计局.2020年上海市国民经济和社会发展统计公报[EB/OL].(2021-3-19)[2021-10-1].http://tjj.sh.gov.cn/tjgb/20210317/234a1637a3974c3dbocc47a37a3c324f.html.
[2] 鲁哲."2020年上海市国民经济运行情况"发布,上海在全球金融中心指数排名中首次跻身前三[N/OL].新民网.,2021-1-24[2021-10-1].http://newsxmwb.xinmin.cn/shizheng/szt/2021/01/24/31891062.html.

行业中位居前列。

（三）货物进口继续保持首位，外商直接投资持续增长

2020年上海口岸货物进出口总额87 463.10亿元，比上年增长3.8%，继续保持世界城市首位。上海市货物进出口总额34 828.47亿元，比上年增长2.3%。其中，进口21 103.11亿元，增长3.8%；出口13 725.36亿元，与上年持平（图1-4）。高新技术产品出口占全市比重为42.1%。与"一带一路"沿线国家和重要节点城市货物贸易额占全市比重达到22.5%，出口额达3 179.2亿元。

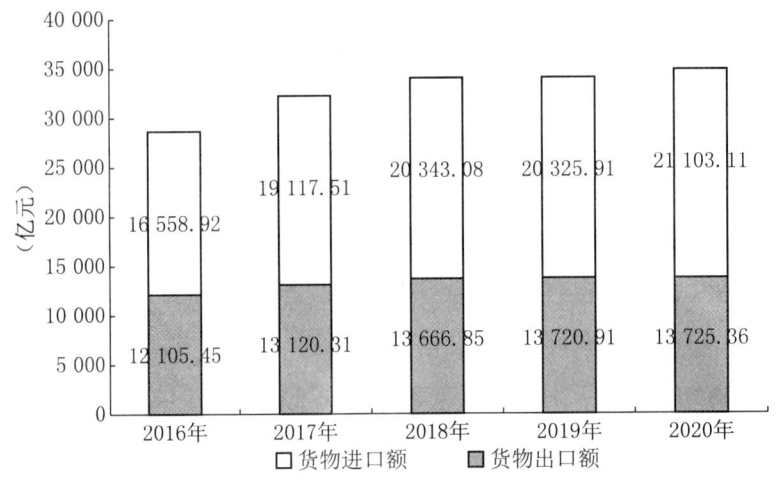

图1-4 2016—2020年上海口岸货物进出口总额

在全球投资大幅缩减的背景下，上海依然是吸引外资的热土。2020年外商直接投资实际到位金额202.33亿美元，增长6.2%，其中第三产业外商直接投资实际到位金额191.12亿美元，增长10.6%，占比为94.5%。"一带一路"沿线国家在沪投资实到金额占全市比重为11.1%。在上海投资的国家和地区达189个，上海市累计认定跨国公司地区总部771家（亚太区总部137家），外资研发中心481家。2020年新增跨国公司地区总部51家。其中，亚太区总部21家，外资研发中心20家。[1]

（四）信息服务业逆势增长，在线新经济蓬勃发展

新冠肺炎疫情常态化防控背景下，线下服务逐步向线上转移，依托大数据、云计算、物联网、人工智能等新技术的信息传输、软件和信息技术服务业逆势增长，展现出

---

[1] 上海市统计局.2020年上海市国民经济和社会发展统计公报[EB/OL].(2021-3-19)[2021-10-1].http://tjj.sh.gov.cn/tjgb/20210317/234a1637a3974c3dbocc47a37a3c324f.html.

强劲的发展活力。2020年,上海实现信息产业增加值4 524.85亿元,比上年增长10.5%。其中,信息服务业增加值3 250.74亿元,增长13.5%。在芯片、游戏研发及电商、外卖和泛娱乐平台企业快速增长的带动下,全市信息传输、软件和信息技术服务业增加值比上年增长15.2%,拉动全市经济增速1.1个百分点。以行业示范应用带动5G产业链、业务链、创新链融合发展,在智能制造、健康医疗、智慧教育等十大领域累计推进400余项5G应用项目。2020年,上海市智慧城市发展水平指数为109.77,较去年提高3.91,连续7年持续增长。[1]

2020年,上海制定促进在线新经济发展行动方案,出台实施在线新文旅发展行动,数字经济、流量经济、无人经济等蓬勃兴起,远程办公、智能配送、网络零售、网络生鲜等新经济新业态呈现爆发式增长。1—11月,全市规模以上软件和信息技术服务业、互联网和相关服务企业营业收入分别增长12.9%和24.9%。

(五)就业形势稳定,金融市场增势良好

2020年新增就业岗位57.04万个,就业困难人员实现就业6.33万人,新消除零就业家庭180户。全年帮扶引领成功创业12 546人,其中,青年大学生9 414人,帮助9 956名长期失业青年实现就业创业。第四季度,全市城镇调查失业率为4.1%,比前三季度下降0.3个百分点,全年年均城镇调查失业率为4.3%。截至2020年12月底,全市城镇登记失业人数13.54万人,比上年末减少5.8万人。就业市场整体维持稳定。

全年实现金融业增加值7 166.26亿元,比上年增长8.4%。金融市场成交额2 274.83万亿元,比上年增长17.6%(图1-5)。其中,上海证券交易所股票成交额增长54.4%,上海期货交易所成交额增长35.8%,中国金融期货交易所成交额增长65.8%,上海黄金交易所成交额增长50.7%。金融业对外开放"首家""首批"示范效应明显,一批知名外资金融机构在沪设立独资或合资机构。贷款基础利率(LPR期权)、低硫燃料油期货、国际铜期货等重要金融产品和业务推出,证券市场筹资额、现货黄金交易量、原油期货市场规模等均位居世界前三。金融发展环境不断优化,第十二届陆家嘴论坛成功举办,全球金融中心指数(GFCI)排名升至世界第三。[2]

---

[1] 上海市统计局.2020年上海市国民经济和社会发展统计公报[EB/OL].(2021-3-19)[2021-10-1].http://tjj.sh.gov.cn/tjgb/20210317/234a1637a3974c3dbocc47a37a3c324f.html.

[2] 同上。

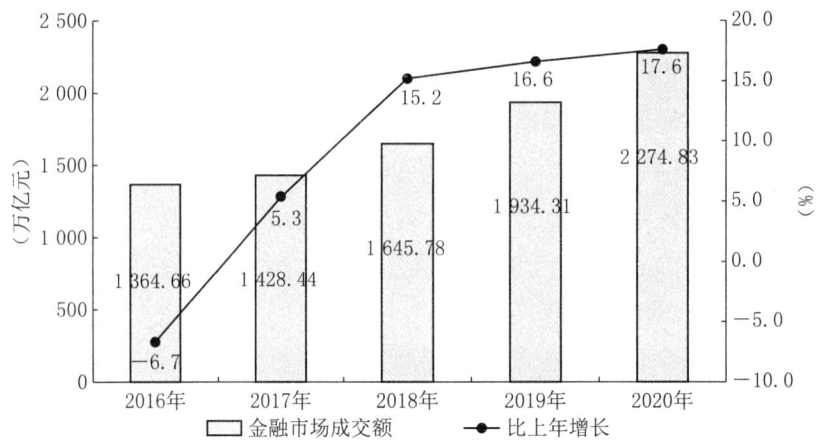

图 1-5 2016—2020 年金融市场交易总额及增长速度

三、上海经济发展热点

（一）中国（上海）自由贸易区建设再创新高

2020年,中国(上海)自由贸易试验区建设七年来,围绕党中央的重大战略部署先后推进实施了1.0版、2.0版、3.0版等三个总体方案,进入新发展阶段、贯彻新发展理念、服务构建新发展格局,进一步深化自贸区试验区制度创新、改革集成,不断增创国际开放合作和竞争新优势,为上海加快打造国内大循环中心节点和国际国内双循环战略链接发挥更大作用。

投资环境进一步优化。代理记账许可审批改革取得明显成效,率先建立健全《浦东新区代理记账行业综合监管办法》及配套制度,依托代理记账行业综合监管平台,实现可视化、智能化、协同化、精准化的全过程闭环监管。海关优化服务推动首票中欧班列运输整车入区,优化通关流程,充分发挥"汽车保税仓储＋集中汇总征税"组合政策优势和"大车拉小车"模式,完成4台意大利法拉利整车运输。

金融市场进一步开放。自由贸易账户功能持续发挥,首批保险机构接入自贸区试验区分账核算单位,自此实现银行、证券、保险三类金融机构全覆盖。截至2020年底,累计开立自由贸易(FT)账户13.2万个,全年跨境人民币结算总额54 311.8亿元,比上年增长4.3%,占全市比重为41.4%;跨境人民币境外借款总额6.7亿元,比上年下降84.2%。上海首单自贸区人民币债券获批发行。

贸易服务体系不断完善,2020年8月30日,国务院正式批复同意上海外高桥保税物流园区转型为上海外高桥港综合保税区。自贸文投平台作用显现,先后推出艺术品进出口批文申办5个工作日完成、艺术品进境免除中国强制性产品认证（CCC）证明、艺术品进出境备案免除文广局批文等贸易便利化创新措施。进出境文化艺术品量从上年的61件增加至2020年的2234件，占全国总量的90％，保税区文化艺术品累计进出境货值逾480亿元[1]。

（二）第三届中国国际进口博览会再创新高

第三届中国国际进口博览会于2020年11月5至10日在国家会展中心（上海）举办。第三届进博会是疫情防控常态化条件下中国举办的一场规模最大、参展国别最多、线上线下结合的国际经贸盛会。展会总展览面积近36万平方米，比上届扩大近3万平方米，近40万名专业观众注册报名，累计进场近61.2万人次。累计意向成交726.2亿美元，比上届增长2.1％。进博会展示新产品、新技术、新服务411项，世界500强及行业龙头企业连续参展比例近80％。在各大展区中，食品及农产品展区参展企业数量最多，有1264家企业参展；消费品展区展览面积超9万平方米，为面积最大展区；医疗器械及医药保健展区新产品新技术首发数量最多，总数超过120件。首次设立的公共卫生防疫专区集约化展示国际先进公共卫生防疫产品、技术和服务，面积多次扩容。[2]本届进博会是在全球疫情依然严重、世界经济大幅下挫的情况下举办的，中国采取有力措施应对疫情冲击，不仅率先走出"至暗时刻"，而且这个庞大的东方市场仍旧保持着旺盛的消费动力。为支持经济全球化、维护多边贸易体制搭建了国际公共平台，提供了国际公共产品，唱响了各国开放合作的大合唱，充分展示了我国抗击新冠肺炎疫情斗争取得的重大战略成果和坚定不移全面扩大开放的信心和决心。

（三）长三角一体化发展成效显著

在《长江三角洲区域一体化发展规划纲要》指引下，2020年，苏浙沪皖三省一市紧扣"一体化"和"高质量"制定实施了长三角一体化发展行动方案，取得了一系列成就。长三角生态绿色一体化发展示范区是长三角一体化发展战略的"先手棋"和"突破口"。示范区已形成32项具有开创性的制度成果，聚焦生态环保、互联互通、创新发展和公共服务等四大领域，全力推进60个亮点项目建设。在长三角国家战略重要平台——长三角G60科创走廊，九城市财政收入从3.0版G60科创走廊建设以来的

---

[1] 上海市统计局.2020年上海市国民经济和社会发展统计公报[EB/OL].(2021-3-19)[2021-10-1].http://tjj.sh.gov.cn/tjgb/20210317/234a1637a3974c3dbocc47a37a3c324f.html.
[2] 壹点经济.第三届进博会经贸合作成果再创新高[EB/OL],(2020-11-11)[2021-10-1].https://baijiahao.baidu.com.

占全国十五分之一上升到占全国十二分之一;拥有高新技术企业2.1万多家,占全国近十分之一;科创板上市企业47家,占全国超五分之一[1]。至2020年底,长三角高铁营业里程超6 000千米,建成5G基站超过18万个,约占全国总数的25%,5G在工业互联网、车联网等重点领域创新应用示范项目超过1 000个。长三角科技资源共享服务平台集聚重大科学装置22个、科学仪器35 546台(套),总价值超过431亿元,平台累计访问量达120万人次;首届长三角科技成果联合拍卖会举办,60项科技成果完成交易,金额突破1.34亿元。长三角"一网通办"正式开通,已实现104个政务服务事项在41个城市跨省市通办,开通550个专窗办理点,6类交通运输电子证照和驾驶证、行驶证电子证照实现互认应用。长三角地区作为我国经济发展最活跃、开放程度最高、创新能力最强的区域之一,2020年GDP增速呈现"V"形回升,经济表现十分突出。我国全年GDP约101.6万亿元,而长三角三省一市合计GDP达24.5万亿元,几乎贡献了全国GDP总量的四分之一。

(四)上海营商环境不断进阶

2020年1月,上海推出了《上海市全面深化国际一流营商环境建设实施方案》,即营商环境3.0版改革方案。新方案对标世界银行和国家营商环境评价体系,并针对企业集中反映的实际需求,提供一揽子制度供给,主要围绕"1+2+X"设计。"1"就是"一网通办"。以高效办成"一件事"为目标,进一步聚焦提升"一网通办"的应用效能,深入推动全流程革命性再造,全面推动公共服务事项接入,全力推进个人主页和企业专属网页建设,精准推送事项、满足需求、做好服务。"2"就是提升上海在世行和国家2个营商环境评价中的表现。瞄准新加坡、中国香港等世界银行营商环境评价领先的经济体,借鉴国内外其他地区先进政务服务理念和经验。"X"就是围绕加强、保护和激发市场主体活力提供的一揽子制度供给。明确了10项改革任务,主要是回应大调研中了解到的市场主体诉求,对企业关注度高、反映比较集中的事项系统施策,加大改革力度。上海还将从企业集中反映的实际需求出发,出台一系列新的改革项目。与三省一同在长三角区域大力推进政务服务"同事同标",探索以跨省办成一件事为目标的跨省主题式套餐服务,统一办事指南核心要素,实现线上申报、受理、办理等深度对接,无感办理跨省业务等。针对企业跨区迁移、企业注销、惠企政策办理等方面的诉求,此次改革从申诉协调、平台改造、流程优化等方面系统设计了更有针对性的举措。[2]

---

[1] 新华社新媒体.长三角一体化发展成效显著,苏浙沪GDP稳坐全国前十[EB/OL].(2021-1-30)[2021-10-1]. https://baijiahao.baidu.com.
[2] 解放日报.上海形成营商环境3.0版改革方案[N/OL].(2020-1-8)[2021-10-1]. http://www.gov.cn/xinwen.

2020年底上海发展战略研究所发布的《全球城市营商环境评估报告》显示,上海营商环境在世界银行的排名中大幅提升,为中国营商环境获得世界声誉与认可做出了上海贡献。报告从"市场发展、产业配套、基础设施、政府服务、要素供给、宜居品质和法律保障"等7个维度构成全球城市营商环境评估指标体系。在20个顶尖全球城市中,上海位居第10,在中国内地城市中位居榜首,排名前五位的城市分别是纽约、东京、新加坡、伦敦和中国香港。[1]

第二节 上海商业宏观市场运行分析

一、上海商业市场总体概况

2020年,在全球疫情严重的背景下,上海坚决贯彻落实中央统筹推进疫情防控和经济社会发展要求,以扩大内需为战略基点,成功举办第三届中国国际进口博览会,开展"五五购物节"等重大节庆活动,实现上海消费市场迅速回暖,商业零售企业发展持续向好,全年社会消费品零售总额依然实现正增长。

(一)上海社会消费品零售总额稳居全国城市之首,外商和港澳台商占比最高

2020年,上海实现社会消费品零售总额15 932.50亿元,比上年增长0.5%,远高于全国平均水平,是国内少数几个实现正增长的城市。比排名第二位的北京高出了2 216.1亿元,差距比2019年的1 227.11亿元有所扩大;比深圳高出7 267.67亿元,是名副其实的中国消费第一城。占全国社会消费品零售总额的4.06%,比上年占比提高了23%,居全国城市之首,其中批发和零售业实现14 754.23亿元,增长2.6%;住宿和餐饮业实现1 178.28亿元,下降19.6%,在疫情严重冲击的情况下,上海消费依然能实现稳中提速、逆势增长实属不易。

在所有的经济类型中,外商投资企业3 861.56亿元,占比24.24%,比上年增长3.6%;港澳台商投资企业3 750.48亿元,占比23.54%,比上年增长15.9%;其次是私营企业达3 328.52亿元,占比20.89%,下降6.4%。三者占比合计接近70%,是实现社会消费品零售总额的主要途径,且港澳台商和外商相对受到疫情的影响较小,上海消费市场依然对他们具有很强的吸引力。

---

[1] 澎湃新闻.全球城市营商环境指数报告:上海排名尚可,仍有不小提升空间[EB/OL].(2020-12-8)[2021-10-1]. https://baijiahao.baidu.com.

（二）人均收入和消费支出居全国城市榜首，在线商品消费增长迅猛

2020年上海市居民人均可支配收入72 232元，比上年增长4.0%。其中，城镇常住居民人均可支配收入76 437元，增长3.8%；农村常住居民人均可支配收入34 911元，增长5.2%。[1] 在全国所有城市中高居榜首，是首个突破7万元大关的城市，为居民实现消费升级提供了充足动力。全市居民消费价格较去年上涨1.7%，其中食品烟酒上涨5.3%，其他用品和服务上涨2.9%，上涨幅度最大，但还是低于收入上涨的幅度。生活用品及服务比去年下降0.2%，交通和通信下降3.4%。

上海市居民人均消费支出42 536元，比上年下降6.7%。其中，城镇常住居民人均消费支出44 839元，下降7.1%；农村常住居民人均消费支出22 095元，下降1.6%，依然是全国最会花钱的城市。网络购物交易额1 015.2亿元，占电子商务交易额的39.8%，比去年提高0.1%个百分点，其中商品类交易额580.4亿元，较去年提高13.2%，是网络购物的主体，占比已达58.8%。在疫情冲击严重的情况下，在线服务消费受到很大的抑制，但商品消费反而逆势增长，呈现强大的活力和发展潜力。

（三）消费升级类商品增长明显，奢侈品消费快速提高

2020年，上海居民在消费升级类的商品上的支出继续快速增长。在所有消费中，排名前列的是汽车类、粮油食品类、化妆品类、日用品类和通信器材类，总占比接近40%，且继续呈现增长态势。汽车类、化妆品类、日用品类和通信器材类较去年分别增长了19.7%、13.6%、30.8%和37.9%。全年汽车销售超过60万辆，销售额1 489.3亿元，受益于国家和上海推出的各种新能源汽车补贴等政策，新能源汽车同比增长99.1%。在社会消费品零售总额中，增速最快的依次为体育娱乐用品类、书报杂志类、饮料类、日用品类、通信器材类和金银珠宝类，其中体育娱乐用品类、饮料类和金银珠宝类分别比去年增长了62.2%、54.6%和27.8%。居民消费升级的潜力在不断持续释放，生活水平不断提高。

受疫情影响，许多原来要出国旅游购物的消费者无法出境，即使出境很多奢侈品门店也处于暂时关闭状态，这些消费者往往就选择在国内购物，形成了消费回流。贝恩咨询的研究报告显示，在2020年疫情下，全球奢侈品市场萎缩23%，但中国境内奢侈品消费逆势上扬48%，达到3 460亿元。路易威登(Louis Vuitton)上海恒隆店8月

---

[1] 上海市统计局.2020年上海市国民经济和社会发展统计公报[EB/OL].(2021-3-19)[2021-10-1].http://tjj.sh.gov.cn/tjgb/20210317/234a1637a3974c3dbocc47a37a3c324f.html.

的销售业绩在1.5亿元左右,创下该品牌在中国单店月销售额最高纪录。其他一些奢侈品牌在中国境内的消费出现两位数甚至三位数的增长,其中箱包皮具和珠宝以70%至80%的销售额增速一路领先。[1]

(四)免税经济引导消费回流,释放消费潜力

"免税经济"作为拉动消费、促进旅游、打响"上海购物"品牌的重要举措,有利于提升上海城市能级和竞争力。2019年4月19日,上海发布《关于进一步优化供给促进消费增长的实施方案》,对"免退税经济"提出发展规划——加快发展机场、邮轮港等口岸免税店及市内免税店;支持创建离境退税示范街区,扩大退税商店数量规模;搞好离境退税"即买即退"试点,蓬勃发展的"免退税经济"正成为全力打响"上海购物"品牌的助推器。2018年,上海免税业的年销售额130亿元,较上年90亿元规模增长44%,约占全国的34%,占全球免税业的3%。目前上海机场、码头、铁路等主要客运出境口岸均有免税店布局,主要有六种类型:机场免税店、市内外汇免税店、市内免税店、国际邮轮、铁路免税店、机上免税店。

虽然受疫情影响,2020年度出入境人数大幅下降,但随着上海国际消费中心城市建设进程的加快,上海免税购物规模将实现较快增长。2018年,中免控股日上免税行在浦东、虹桥机场口岸6家免税店销售额120亿元,同比增长40%,占全市免税店销售规模的92%。特别是浦东机场2019年实现免税销售额116亿元,较上年增长34亿元,规模仅次于韩国仁川机场152亿元、阿联酋迪拜机场140亿元,从2017年世界机场第六位跃居第三位。中免集团中标浦东、虹桥两大机场新一轮7年免税商店经营权后(2019—2025年),规划总经营面积将从8 000平方米扩大到1.9万平方米,其中,浦东机场新增经营面积约1万平方米,包括机场卫星厅进出境免税店共9 000平方米,T1和T2航站楼进境免税店扩建后新增1 000平方米。市内免税店在众多免税业态中,与老百姓关系更为密切。地处曹家渡的中服上海免税店,尽管有着"持护照自入境之日起180天内可一次性购买免税商品"的门槛,但还是人流如注,甚至一度需要采取限流措施。中服上海免税店开业三年多,吸引客流超400万人次,销售额年增幅超20%。

(五)上海时装周国际影响力和消费带动效应日趋显著

上海时装周自2003年4月首次举办以来,有效促进了本市时尚产业升级,成为

---

[1] 界面新闻.受益于奢侈品消费回流,上海恒隆广场2020年收入增长20%[EB/OL].(2021-1-29)[2021-10-1]. https://baijiahao.baidu.com.

打响上海购物品牌、建设国际消费城市和打造时尚之都的有效载体。历经17年,上海时装周的秀场从临时帐篷转移至新天地、外滩源等时尚地标,品牌发布从以国际大牌为主演变为国际视野与本土设计并重,内容从单纯的品牌发布平台逐步链接贯穿整个时尚产业链,日益成为一张靓丽的城市文化名片。

2020年尽管全球时尚产业受疫情影响放慢速度,美国、欧盟、日本等样本时装周所在地区纺织服装和鞋类零售等与时尚相关消费下降幅度明显,尚未脱离疫情影响;买手、编辑、明星、博主等业内人士的大面积缺席,直接影响了国际时装周的消费带动规模。但上海时装周依然以其活力和在时尚产业的特殊地位而得到全球的关注,新华社发布的全球时装周活力指数表明,上海时装周在开放中迅速崛起,已从前十年的世界排位第五、第六,跃居为第四,与巴黎、米兰、伦敦、纽约一起跻身世界时尚产业第一方阵。与其他国家和地区相比,中国时尚消费市场在疫情有效控制后,率先得到了复苏。上海时装周作为中国时装周代表,积极探寻危机下时尚产业转型发展之道,全球首个"云上时装周"开启消费新模式,销售额逆势增长,上海时装周参展品牌数量由2018年的178个逆势增至2020年的216个,首度超越纽约和伦敦。时装周参展品牌数量、发布活动数量及知名品牌参与度等数据都显示,时尚界"西强东弱"的格局正在逐步扭转,巴黎时装周、米兰时装周位列第一梯队,地位相对稳固;伦敦时装周、上海时装周、纽约时装周、中国国际时装周组成第二梯队。[1]

二、 上海商业发展趋势

(一)上海各区商业受疫情影响较大,静安区商业一枝独秀

2020年上海商业受到新冠疫情的影响,各区商业均受到重大打击。商品销售总量较高的有浦东新区、普陀区和长宁区,销售均超过万亿,占全市商品销售总额的55.9%。从社会消费品零售总额来看,只有静安区、嘉定区、虹口区和浦东新区实现正增长,较去年分别增长了21.1%、2.2%、1.9%和0.7%。从商品销售总额来看,静安区、宝山区、崇明区、松江区和闵行区都实现正增长,较上年分别提高了5.6%、5.3%、2.7%、1.4%和0.2%。除静安区是所有各区中两项指标均实现正增长的行政区外,郊区商业商品销售增长总体好于中心城区。

2020年1月,上海静安区发布"全球服务商计划"实施方案、四大行动举措以及静

---

[1] 张钰莹.全球时装周再排座次:上海时装周在开放中崛起,跃居第四位[N/OL].新民网.(2021-4-6)[2021-10-1]. https://baijiahao.baidu.com.

安区投资促进22条。这个实施方案进一步集聚和培育在国内外具有较高知名度、信誉度和引领作用的服务经济企业、组织与机构,打造具有全球资源配置力和影响力的高端服务业集群,不断增强"国际静安"的核心竞争力、投资吸引力、辐射影响力、功能承载力。仲量联行发布的国际消费中心城市发展指数研究报告显示,上海静安区在"国际消费中心城市的中心城区商业发展指数"中排名第一。

(二)购物中心开业量骤减,郊区商业是主力

2020年受疫情影响,商业地产面临的压力较大,大多数购物中心的开业速度放缓。上海新开业的购物中心共有17个,远少于2018年的27个和2019年的36个(表1-1)。在新开业的购物中心中,只有2个是位于外环以内,大部分都位于外环以外,郊区商业是购物中心的主要模式。崇明和浦东新场分别引入了本区及本板块的

表1-1 2020年上海新开业购物中心汇总

项目名称	区属	商圈	环线板块	商业规模	项目类型
南翔印象城MEGA	嘉定	南翔	外环外	巨型	超区域型
崇明万达广场	崇明	城桥镇	外环外	巨型	区域型
森兰花园城	浦东	森兰	中外环	大型	区域型
马桥万达广场	闵行	马桥	外环外	大型	区域型
桃源π商业广场	普陀	长风	内中环	中型	街区型
尚悦西街	浦东	陆家嘴	内环内	中型	街区型
十一街区/鹏新泰迪世界	嘉定	马陆	外环外	小型	街区型
美谷美购广场	奉贤	望园路	外环外	中型	主题型
虹桥品汇保税中心1期	闵行	大虹桥	外环外	中型	主题型
百联临港生活中心	浦东	临港	外环外	小型	邻里型
蓝湾天地	奉贤	临港产业园	外环外	小型	邻里型
翼生活睦邻小镇	宝山	罗泾	外环外	小型	邻里型
临港港城新天地2期	浦东	临港	外环外	中型	社区型
宝华帝华商业广场	奉贤	青村	外环外	中型	社区型
金鑫生活广场	青浦	华新大居	外环外	中型	社区型
新环广场	浦东	新场	外环外	中型	社区型
北城商业广场	青浦	徐泾	外环外	小型	社区型

数据来源:联商网。

首家购物中心——崇明万达广场、新环广场。商业配套不足的临港则一举引入了三家社区邻里型购物中心。34万平方米超大体量的南翔印象城MEGA开业引发了全市轰动效应,这个购物中心主要服务于项目周边客群,定位为"一日微度假胜地",引进了超400家品牌,包括开心麻花剧场、全明星滑冰俱乐部、上海老饭店、东发道·朱雀打边炉等超300家城市首店、区域首店及品牌最新概念店,开业首日客流超30万[1]。通过"觅境·森林"生态植物园,以湿地、高山为主题,打造沉浸式绿色休闲体验,热带雨林、被梯田状的绿色植被环抱而形成的"退台花园"、400米沿建筑边缘的屋顶星空跑道实现了商业建筑与自然、人与空间的联动[2],形成空间场景的生态化。

另外,还有5个局部试营业购物中心(表1-2),16个存量改造项目,4个较具规模的办公配套商业,5个文旅商业项目——上生·新所2期、陕康里、黑石M+、云间粮仓、博绣荟文创园。存量改造项目以市中心核心商圈老牌商场与超市大卖场改造项目为主。最受瞩目的当数成功迈入顶奢标准的港汇恒隆广场,策展型商业最新代表百联TX淮海年轻力中心,既好吃又有艺术范的新天地时尚广场1期,全面焕新的百联中环B区,小而美的邻里街区金地·喜悦荟Oopcity,既能打卡也能享受平价美食的网红菜场高陵集市,以及由超市大卖场改造成邻里型购物中心的南六及晶朵汇。[3]

表1-2 2020年上海试营业购物中心

项目名称	区属	商圈	环线板块	商业规模	项目类型
JiC静安国际中心1期	静安	不夜城	内环内	大型	区域型
东渡蛙城	青浦	东山湖大道	外环外	巨型	主题型
元祖梦世界	青浦	赵巷	外环外	大型	主题型
G60科创云廊1期	松江	临港松江科技城	外环外	大型	区域型
奥所未来城	闵行	大虹桥	外环外	中型	主题型

数据来源:联商网

(三)标准超市和无店铺零售是成长最快的业态,社区团购再回风口

2020年,上海主要的零售业态中实现正增长的只有标准超市和无店铺零售,分

---

[1] 和贺文.2020年上海仅开业9个购物中心,商业体量超85万方[N/OL].(2021-1-5)[2021-10-1].http://news.winshang.com/html/068/0202.html.
[2] 郭歆晔.从2020/2021年项目数据,看上海新购物中心的9大趋势[N/OL].(2021-1-28)[2021-10-1].http://www.linkshop.com.cn.
[3] 同上。

别为5.4%和4.5%,其他均出现不同程度的下滑,最明显的是大卖场和百货店,分别下降了11.3%和11.2%,去年发展最快的便利店也下滑了8.3%。新冠疫情的暴发和常态化使越来越多的企业注意到消费需求的变化,一方面,消费者的健康、安全意识迅速提高,注重饮食的新鲜、安全和品质,愿意为此花更多的钱。绿色产品、非转基因食品、有机食品等受到越来越多的青睐,网上购物成为常态。除关注产品外,还看重产品的生产链、加工链以及配送链,商品知识丰富,这就对零售企业提供的商品和服务有了更高的要求。另一方面,家庭结构日趋小型化、少子化和老龄化,生活工作的忙碌状态使得消费者愿意花在做饭上的时间日益减少,因此,对于便利型生鲜食品、加工食品、多品种少量食品的需求快速增加,标准超市和网上购物不再仅是出售商品,而是需要向消费者提供一揽子的生活解决方案。

受益于疫情影响,社区拼团也重回风口,各大电商平台和商超纷纷加入赛道,全球知名的电商和地方代表性企业也都入局。实体商超凭借着仓储物流系统、商品采购资源等先天基础优势开展社区团购,而电商依托着强大的流量优势更容易获得顾客。美团、拼多多、京东、阿里等互联网巨头纷纷入局,先后成立美团优选、多多买菜等,入股兴盛优选、增持十荟团。社区团购作为一种通过团长连接商品供应端与商品需求端的新型拼团消费模式,创新在于"泛熟人社交裂变"与"履约成本降低带来的极致性价比"。2020年下半年,部分社区团购企业利用资金优势,大量开展价格补贴,扰乱市场价格秩序,引发社会各界广泛关注。市场监管总局联合商务部召开规范社区团购秩序行政指导会进行严肃整治,规范其进一步发展。

(四)商业数字化转型加速,首发经济效应明显

商业数字化是信息技术、互联网技术对现代商业赋能的结果,催生出许多商业新业态、新场景和新模式。上海凭借在人才、技术和消费等方面的领先优势,已成为我国商业数字化转型创新的引领地和策源地,涌现出盒马鲜生、星巴克烘焙工坊、拼多多、饿了么、哔哩哔哩、小红书、携程等一批全国知名的新业态、新模式代表性企业。上海本土培养的互联网独角兽宝尊电商,已成为我国最大的电商代运营企业,主要服务苹果、微软、耐克、松下、飞利浦、星巴克等200多个世界500强企业和跨国公司,国内市场份额高达25%。2020年在疫情期间,一些商业品牌、老字号、时尚品牌纷纷开通在线直播,上海在主要电商直播平台的用户数量全国领先。一些百亿级的生鲜电商产业基地正在形成。无人零售、无接触配送等迅猛发展,一些电商物流公司也为商超企业提供从仓储、拣货、交接到配送的全链路方案,大幅提升了配送效率。[1]

---

[1] 黄宇.加快上海商业数字化转型的若干思考——基于上海市商业企业的调研分析[J].上海商学院学报,2020(3).

2020年上海共引入各类首店909家。其中上海城市首店、华东地区首店、全国首店、亚洲/全球首店分别有753家、26家、118家、12家,首入中国市场就扎根上海的首店比例为14.3%。上海凭借强大的消费活力,始终是国外品牌进驻中国市场的第一站,日本、美国、法国是海外首店品牌三大来源国。从全国首店和亚洲首店的落脚点来看,商圈头部效应日益显著,南京西路、淮海中路、徐家汇、陆家嘴、南京东路、新天地等6个超级商圈包揽了全市三分之一的首店。中商数据统计发现,过去几年进驻上海的各类首店品牌中,有五成以上长期处于"孤店"状态的首店品牌,借助2020年的商业调整浪潮,觅得心仪的铺位,开出或即将开出在上海的第二家门店。上海"首发经济"的活跃印证了海外品牌对中国消费市场的信心,从咨询机构与品牌的沟通来看,越来越多海外品牌已习惯于把创新的第一站放在上海,而且对于体验类首店的热情进一步提升。[1]

(五)打造分时段步行街,拉动城市夜经济发展

夜市经济在2019年就开始在上海各个商圈启动,2020年更是得到了快速规范的发展,通过全城总动员,文商旅跨界,线上联线下,围绕夜购、夜食、夜游、夜娱、夜秀、夜读等主题,上海在全市九大地标性夜生活集聚区,推出了50余个特色集市,轮番推出180余项特色活动。静安嘉里中心精心打造"安义夜巷"项目,在每周五22点至周日24点进行封路,将其改造成限时步行街,通过举办各类全球新品潮品、商业新业态新模式的首发活动,提升时尚引领度,努力打造"全球新品的首发地";通过导入文化体验休闲功能,引入时装秀、文创集市、艺术表演、健身休闲等活动,成为"城市文化的展示地";通过美化街区灯光和街景,引入精酿啤酒节、亲子荧光活动、圣诞亮灯等喜闻乐见的夜间主题活动,成为"上海市民周末打卡地"。在"外滩枫径",这条150米长的分时段步行街,取"外滩风景"的谐音命名,汇聚了户外景观酒吧区、世界美食大赏、游戏嘉年华、全天候表演、时尚文创商品、空中露台派对等体验,市民在这里,既能观赏外滩绝美夜景,也能体验小径中的潮流风尚。

夜间经济不仅成为上海消费的"新蓝海",更为上海城市发展带来诸多产业发展机会;反过来又会带动更多的当地居民或者是旅客的消费,这在一定程度上推动了上海整个城市经济的发展。美国布朗大学教授戴维·威尔研究指出,一个地区夜晚的灯光亮度和它的GDP成正比。根据银联数据监测分析,上海夜间经济销售收入已经超过5 000亿元,夜间休闲娱乐消费占全天休闲娱乐的40%以上。据艾媒数据中心

---

[1] 徐晶卉.2020年909家首店,上海"首发经济"保持高浓度吸引力[N].文汇报,2021-2-23(002).

数据分析,中国夜间消费规模约占总体零售额的六成,随着各地政府对夜间经济扶持力度加大,中国的夜间经济发展规模将呈现爆发式增长,2022年将突破42万亿[1]。随着一系列相关政策的推出,上海市的夜市经济将进入加速发展阶段。

第三节　上海商业企业微观经济运行分析

2020年,上海在面临着全球新冠疫情肆虐、消费市场大幅下滑的背景下,互联网、大数据技术等的应用推动着商业企业不断创新,新业态、新模式、新场景层出不穷。新零售企业通过不断地深入进行市场和消费需求分析,调整商品结构和经营方向;老字号企业依托悠久的历史和品牌文化的积淀,通过创新机制重新焕发青春。上海作为中国的经济中心和商业中心,各种商业企业和品牌公司星罗棋布,市场竞争异常激烈,成熟的消费市场吸引着来自国内外的各大企业,上海也成为它们进行市场检验的首选地。

一、深度吸引付费会员——开市客（Costco）

开市客(Costco Wholesale Corporation),又名好市多,是美国第一大连锁会员制仓储式量贩店、美国第二大零售商及全球第七大零售商,1983年成立于美国华盛顿州西雅图市。2019年8月27日,开市客中国(除香港、澳门、台湾以外)地区首家门店在上海闵行区开业。该店毗邻沪常高速公路,占地面积达到2万平方米,室内购物面积近1.4万平方米,提供商品包括电子产品、汽车百货、家居家纺、运动服饰、玩具、食品酒类等类目,配有听力中心、轮胎养护中心、西式餐饮部等。在开市客的门店陈列中,进口商品占比40%,库存保留单位(SKU)数固定在4000以下。开市客实行会员制,非会员用户无法进行购物结算。目前,开市客会员卡分为金星会员和企业会员两种,费用均为299元/年,会员卡全球通用,境外门店卡种也可在中国门店使用。其特色主要包括:

首先,试水线上门店,借助大数据选址。上海是众多外资品牌进入中国市场的首选地。开市客于2014年设立天猫旗舰店,为开设线下实体店积累经验。据介绍,在开市客天猫旗舰店,最多的订单来自上海,其中闵行、浦东的订单数占比不相上下,所以开市客将首店设立于上海。根据开市客2019年四季度财报电话会议披露,上海店

---
[1] 刘朝晖.白天不懂夜的魅:上海新型夜经济崛起[J].新民周刊,2020(22):8—11.

注册会员已超过20万,高于全球单店6.8万名会员的平均水平,创开市客成立35年来的最高纪录。

其次,采取付费会员制模式,精准定位中产阶层。开市客模式的核心之一是付费会员制。通过付费会员制模式,将目标群体锁定城市中产阶层。面向不断壮大的国内中产阶层,开市客通过价格这一零售业永久的驱动力,基于其全球商品流通链路的成本和效率优势,创造好货低价的体验,释放中产阶层重品质亦重价格的群体需求,建立中产阶层高频次、高客单价、高复购率的购买习惯,通过不断扩张会员规模,获得稳定的会员费收入。

其三,严控品类限选单品,塑造低价优质购物体验。开市客上海首店的商品共分为电子产品、汽车百货、办公、五金、园艺、家居家纺、运动服饰、珠宝、书籍、季节性商品、玩具、医美、杂货、蔬菜水果、食品酒类等类目,配有听力中心、轮胎养护中心、西式餐饮部等,另设有奢侈品区域,提供普拉达(Parada)、香奈儿(Chanel)、MCM等品牌箱包饰品,以及寇依(Chloe)、博柏利(Burberry)、博斯(Boss)等品牌香水。在开市客的门店陈列中,进口商品占比40%,SKU数固定在4 000以下。开市客以做减法闻名,与其他卖场主打的产品丰富程度不同,开市客每个品类只提供一种产品选择,不仅为繁忙的中等收入消费者节省了决策时间,提高了超市的库存管理效率,也使得开市客对众多供应商拥有更强势的选择权与议价权,从而将产品的毛利率常年控制在14%以下。数据显示,开市客的非食品类百货商品价格低于市场价的30%至60%,食品类低于市场价10%至20%。在开市客首店,部分商品价格甚至低于淘宝价。

最后,自有品牌,降低成本。自有品牌是开市客除会员费以外的另一个重要盈利点,其细分市场的核心竞争力来自自有品牌。开市客于1995年创立了自有品牌科克兰(Kirkland Signature),主打休闲食品、冷冻生鲜、清洁用品和保健品等。目前科克兰已成为全美销量第一的健康品牌,普遍以"大包装、高品质"为特色,定位中高端,设计上迎合中产阶级会员的消费习惯,已经推出数百款明星商品。尽管科克兰在SKU的占比不到7%,但收入贡献率高达25%。

2020年2月18日,星河控股集团旗下子公司——上海河裕实业有限公司携手开市客公司旗下独资公司浦东仓储发展有限公司,以8.98亿元联合获取上海浦东新区康桥工业区一地块。据悉,开市客的第二家门店将落户浦东该地块,计划2021年初开业。2020年5月,开市客超市苏州店的最新规划方案正式公布,第三家门店将落户苏州高新区,计划2年内开业。

二、"Z 世代"潮流文化的风向标——"得物"APP

"得物"APP(原名:毒 APP)是由上海识装信息科技有限公司推出,集正品运动潮流装备交易、球鞋潮牌鉴别、互动图片社区于一体的综合移动互联网平台。该公司成立于2015年7月,"得物"APP上线仅两年,注册用户数已突破1亿,且85%的用户为25岁以下的年轻人,2019年交易额高达人民币300亿元,在全国零售电商平台中排名第六,2020年交易额预计冲千亿。目前,该公司估值达50亿美元,是上海最有潜力成长为超级独角兽的互联网企业之一。其功能特色主要包括:

第一,首推"鉴别服务"的购物体验。"得物"APP在传统电商模式的基础上,添加"鉴别真假"和"查验瑕疵"的服务,致力于让消费者"买到真货、买到好货"。平台推出了"先鉴别,再发货"的购物流程,买家用户下单—卖家寄货到"得物"APP—"得物"鉴别和质检之后—发货给买家(如有瑕疵告知买家用户)—买家确认收货—"得物"扣取手续费—打钱给卖家。整套购物流程下来,"得物"APP官方作为第三方充当鉴定鉴别的角色,最大程度保障了买家用户的利益。在此基础上,"得物"APP还承诺:因鉴别误差导致的情况先行赔付,假一赔三。为保障鉴别的准确性,"得物"APP的鉴别为全检而非抽检,每件产品都由多个鉴定师分开鉴定,得到统一结果才会出具鉴别证书。多重鉴别查验不仅保障商品为全新正品,独立的查验环节还对存在瑕疵的商品进行排查:拦截明显瑕疵商品,针对存在微小瑕疵的商品与用户提前一对一沟通,确保用户高效地购买到称心如意的商品。

第二,潮流生活社区圈粉年轻消费群体。"得物"APP初版以资讯类APP的形式上线,帮助年轻人了解球鞋文化和潮流资讯;随后,"得物"APP专注打造国内主流Sneaker互动社区,通过持续沉淀潮流向话题内容,成为中国潮流文化沃土。目前,"得物"APP日活跃用户800万,月活跃用户4 000万,聚集了一大批热爱球鞋、潮品穿搭和潮流文化的爱好者。在潮流生活社区内,有来自世界各地的潮流玩家分享自己的日常生活、每日穿搭、新品开箱,也有圈子功能供年轻人与同好交流讨论相关领域的话题。话题讨论集中在球鞋、潮牌、手办、街头文化、汽车腕表和时尚艺术等领域,聚焦年轻人关注的热点话题使"得物"成为年轻消费者的潮流风向标和发声阵地。

最后,联合国潮品牌培育新消费市场。近年来,诸多优秀国潮品牌纷纷入驻"得物"APP,国潮品牌与电商合作程度逐渐加深。入驻"得物"的品牌中除了古由卡(GUUKA)、英克斯(INXX)等国潮代表品牌,不乏人气颇高的隐蔽者(ENSHADOWER)、FMACM、RANDOMEVENT等。一方面,国潮设计理念迎合年轻消费者的口味,越来越多的年轻人开始选择国潮、偏爱国潮,因此吸引优秀国潮品牌的入驻,为平台目标消费群体Z世代年轻人提供了更丰富的潮流商品。另一方面,通过"得物"这一平台及潮流生活社区,引导并影响着Z世代年轻人重新审视中国文化及设计的魅力,为国潮品牌培育和扩大市场、逐步走向国际竞争提供条件。

"得物"APP所代表的新兴消费和潮流文化与上海年轻、时尚、潮流的城市气质相吻合,未来,"得物"将继续深耕潮流电商行业,立足全球制定电商行业交易新标准,逐步成为国际标准引领者,提升"上海品牌"的国际影响力。上海识装信息科技有限公司作为全国最大的线上线下全面融合发展的潮流电商公司,将全力打造"识装科技运营及研发总部"项目,为"得物"APP投入更多资源,集聚优秀人才,加强研发创新能力,全力打造集高新技术与智能制造于一体的产业转型升级示范项目,探索完善企业"6大中心"格局,代表上海企业参与国际竞争。

三、 打造全球国际贸易创新枢纽——虹桥进口商品展示交易中心(虹桥品汇)

虹桥进口商品展示交易中心(以下简称"虹桥品汇")由东方国际集团、光明食品集团、东浩兰生集团、百联集团、南虹桥公司等国资共同出资筹建。按照上海市政府提出的进一步发挥进博会溢出效应"建设集保税展示、商品交易、物流仓储、通关服务于一体的虹桥常年保税展示交易场所,打造联动长三角、服务全国、辐射亚太的进口商品集散地的"要求,虹桥品汇已经形成"保税展示与交易结合、保税贸易与一般贸易结合、线上与线下结合、批发与零售结合、商品贸易与服务技术贸易结合、体验和学习结合"的运营模式,成为承接和辐射进博会溢出效应的交易服务主平台。

虹桥品汇位于虹桥商务区核心地区,靠近申昆路和宁虹路交界处,距虹桥枢纽1.5千米,距国家会展中心3千米,于2018年11月正式启动。项目总体规划面积达60多万平方米,包括保税物流中心、线下展销中心、线上交易中心、消费配套等区域。一期已建成40万平方米,二期约5.2万平方米的保税物流中心已建成运营;二期展示交易中心约26万平方米,其中A栋已于2021年10月前竣工。

虹桥品汇一期位于申昆路2377号北片区,已开设食品健康馆、美妆亲子馆、家居生活馆、进口汽车馆等4个馆,经营面积约8 000平方米,已入驻来自70多个国家和地区的100多家的客商,品牌数超过1 200个,品种超过10 000个,其中70%以上是进博会参展品牌。2019年9月20日,虹桥品汇作为上海购物节开幕式闵行分会场首次亮相。第二届进博会期间,虹桥品汇共接待外商团组30多批次,国内政府和机构来访60多批次,接待采购商200多批次,意向签约近4亿元。进博会延展期间,增设进博展品精品馆和名品闪购馆,引进了宝玉石、钻石鞋、古董车等网红展品,期间累计到店超10万人次,销售超1 000万元。

虹桥品汇按照"政府引导、海关监管、国企负责"的原则通过保税仓、线下、线上三大运营平台相互联动,形成"保税展示与交易结合、体验和培训结合、批发与零售结合、保税贸易与一般贸易结合、线上与线下结合"的运营模式,从而助推进博会参展商和海外新、特、优的商品、技术、文化和服务进入中国市场,吸引海内外企业落户,支持国际贸易发展。三大运营平台具体如下:

1. 保税物流中心

保税物流中心全称"虹桥商务区保税物流中心(B型)",2019年开始建设并于当年10月底正式封关投入运作。包含两个丙2类保税仓库和一个海关监管仓库,拥有上海最大的－60度深冷保税仓库,可用于高端海鲜的超低温速冻食品储存。该项目与进博会进行全面联动,从而实现进博展品落地。进博会参展商在展前就将展品入驻保税仓,依托保税展示功能,实现"保转展"。展商可以在展前在线下保税展示交易场所先行展示甚至销售,进博会期间再将展品运至馆内展示。也可以在展后将展品移入保税仓,在保税展示场所实现延展。进博参展商参展的最终目的是进入中国市场,通过保税展示交易模式,可以大大降低参展商的参展成本,大幅扩大展品的辐射面和知晓度,低成本地接触B端采购商和终端消费者。在保税仓,商家可以方便地实现转口贸易,并享受税金延付的便利。首届进博会延展期间,累计为进口宝玉石提供了保税延展服务(货值约4 400万美元);通过保税展示交易模式,实现了古董车、新能源车等明星展品延展。目前,保税仓已与展销中心一期平台形成了保税展示交易联动模式,并为开市客等企业提供保税进口服务。

2. 线下展销中心

通过三种结合模式,与联营品牌和企业合作,打造若干主题品类。一是"展贸"结合,塑造"新品集散地"概念,通过进博会展品延展、文化及服务展览,打造文商旅结合、沉浸式体验为特色的休闲经济新地标。二是"展销"结合,即通过互动体验,激发消费者的消费冲动,通过产品试吃、样品试用,打造现场体验、结合高科技互动的零售消费新地标。三是"批零"结合,建立与渠道商的沟通机制,开辟展商进入中国市场的通路。

为尽快形成集聚效应,虹桥品汇为进博展商提供了免场地费、免入场费、免条码费等入驻便利;提供统一装修、收银、导购、物业的一站式服务,仅收取少量服务费,使得中小商家可以"拎包入驻"。目前,虹桥品汇入驻商家90%以上实现了首月盈利。

此外,虹桥品汇通过品牌活动、品牌营销、直播带货等方式为有潜力的品牌提供品牌塑造的增值服务。在2020年"五五购物节"期间,虹桥品汇开展线下促销、线上直播、商贸对接签约会等方式,全面带动进口商品消费。

通过平台"走出去,请进来"扩大影响力,"走出去"即通过临展或与当地政府企业合作的方式,将线下运营模式复制到长三角乃至全国城市,"请进来"即通过商贸对接会、行业峰会等形式将潜在合作方引进平台、入驻发展。目前已经接洽长三角10多个城市以及新疆克拉玛依等内陆城市。此外,虹桥品汇与上海市区的商场、园区合作举办快闪活动,加强联动和推广。

3. 线上平台

虹桥品汇线上平台正在与国内头部电商平台进行深入接洽,合作打造全新跨境购物模式,通过三个突出的特点来打造经营模式。一是突出品牌溯源。分三步实施,第一步要求至少50%的入驻商家提供报关单或海外生产场景照片等素材,第二步通过认证公司对该素材予以认证,第三步通过应用区块链技术,为消费者提供品牌溯源的渠道,从而建立真品、正品的公信力保障制度,增强消费信心。二是突出品牌品质,聚焦特色产品,通过各类政策降低经营成本,实现多方共赢,增强商品性价比。三是突出品牌营销,通过互联网、融媒体、平台合作等渠道,借助短视频等形式发布活动实时场景,将消费场景和消费者置身其中,使其既是受众又是推广者,从而建立独特的市场营销推广体系,让消费者放心、称心、开心。

未来,虹桥品汇二期A栋以"全球国际贸易创新枢纽"为总体定位,将分别设立名品展销区、医疗器械设备区、智能装备器械区、进博会参展车区、品质生活区、服务贸易区等区域,打通全球优质商品的供应和销售渠道,打造沉浸式、跨界互动的主题场景,形成集产品展示交易、商务交流、活动发布等功能为一体的全球国际贸易创新枢纽,助力大虹桥地区打造国际开放枢纽。

四、 打造高品位步行街——南京东路步行街改造提升

南京东路步行街区于1999年9月开街,享有"中华商业第一街"美誉,是中国百货业的发源地。东至河南中路,西至西藏中路,南至九江路,北至天津路,总占地面积26万平方米。主街长1 033米,宽25米,横跨外滩、人民广场两大重要历史文化风貌区,沿街建有近20栋具有巴洛克式、哥特式、折中主义、装饰主义等风格的建筑,是优秀历史建筑重要集聚地。根据《上海市南京路步行街综合管理暂行规定》,黄浦区南京路步行街管理办公室负责步行街日常管理和执法工作,南京路步行街开发办公室

负责协调步行街业态调整和招商工作。经过二十年的发展,步行街主街总商业建筑面积86万平方米,店铺数量166个,国际品牌集聚度达到90%以上,中华老字号20多家,年客流量1.5亿人次以上,2018年步行街销售收入达180亿元。

2018年7月,商务部发出《关于推动高品位步行街建设的通知》,提出"按照新发展理念和高质量发展要求,改造提升一批具有国际国内领先水平的高品位步行街"。这项工作恰与打响"上海购物"品牌战略下,重塑商业地标、打造世界级地标性商街商圈的行动契合呼应。上海开展步行街改造提升适逢其时,将成为上海打响"购物品牌"、推动国际消费中心城市建设的重要抓手。

顺应消费升级新趋势,新技术革命大背景,南京路"中华商业第一街"需要体现更丰富的外延和更深厚的内涵。更丰富的外延——不仅是中心商业街区,更是世界级城市会客厅和全球旅游文化目的地;更深厚的内涵——商业、文化、生态和科技交融的"内核",不仅承载时尚商业,也彰显人文底蕴和生态理念,同时融入智慧技术。

南京路步行街改造提升的目标内涵是打造成为体现中国特色、上海特点、时代特征的"中华商业第一街",即中华梦之街、海派魂之街、时尚潮之街。这里是彰显中国对外开放窗口、民族品牌复兴,植根人民为中心、追求幸福生活梦想的街区;是深入品味海派文化、传承历史经典、感受城市魅力的街区;是引领风气之先、集聚国际潮流品牌、承载新消费新技术新时尚的街区。

南京路步行街改造提升的功能定位是对标国际一流步行街区,遵循"以人为本、经典再现、先锋引领、追求卓越"的规划理念,南京路步行街定位四大功能:城市经典传承地、时尚先锋引领地、美好生活体验地、全球消费汇聚地。城市经典传承地就是打造成为中国民族商业、本土品牌重要的展示窗口,传承、展示、振兴、活化、再现中华民族品牌辉煌的重要阵地。打造传承上海市民精致生活方式和社会情态,彰显上海中西合璧、海纳百川的城市文化和精神的重要承载地。时尚先锋引领地即集聚更多新消费理念下的新业态模式和主题活动,突出主题店、快闪店、买手店等流行元素,同时举办众多吸引人气、集聚活力的跨界主题活动,打造成为多元年龄群体集聚的新坐标地。美好生活体验地,就是打造展示新生活、新理念的重要场所空间。集成应用5G、人工智能、虚拟现实(VR)等新技术,提供多样生活主题范式的体验,打造新商业创新技术集成的体验场。践行"绿色"发展理念,打造生态人文环境。全球消费汇聚地,即打造成为展示上海城市魅力的名片,体现长三角地区高质量一体化发展的窗口,上海建设国际消费城市、世界旅游城市的重要承载地,集聚多彩活动国际舞台,承载多维互动的城市会客厅。

对标国际一流商业街区,充分发挥南京路的资源禀赋优势,坚持业态、形态、神态和生态"四态并举",进一步提升业态功能、优化发展格局、丰富文化内涵、完善消费环境,全方位、立体化提升南京路步行街的功能和能级。

1. 丰富商品服务业态,引领促进消费升级。回归商业发展本质,集聚国内外名、优、新、特商品和服务,通过优化供给内容,进一步提高供需匹配程度。一是聚焦"新",增强文化体验休闲功能,发展新业态新模式,培育新一代消费群体。新世界城等项目改造,重点聚焦年轻消费群体,导入时尚、电竞、文化、娱乐、高档酒吧等业态,并结合人工智能、5G等引入数字零售、智慧服务等创新业态模式,增加街区活力。积极争取发展市内免税店,打造新的消费亮点。二是聚焦"老",推动老字号创新发展,打造全国老字号集聚高地。挖掘上海城市文化的根基和底蕴,用好历史故事和典故,推动南京路第一医药、朵云轩、茂昌眼镜、蔡同德、老凤祥、邵万生、第一食品等老字号企业进行"一品一策一方案"的调整提升,并通过政策引导集聚全国老品牌和老字号。同时,引入老店开发新产品、新包装的设计中心,针对南京路老字号产品进行创新包装,帮助提升老字号的档次。三是聚焦"首",集聚全球新品潮品,提升时尚引领度。依托新世界休闲港、时装商厦的改造提升,引入国际国内品牌首店、新业态新模式首店,形成新的消费打卡地标。依托世纪广场,集聚全球新品首发、文化剧目首演、时尚活动首秀等活动,打造全球新品潮品首发首选地。四是聚焦"夜",依托南京路后街开发,打造若干主题特色的夜间消费街区,引入音乐酒吧、咖啡厅、特色餐饮等夜休闲业态,增加深夜书店、深夜剧场、深夜影院、电竞俱乐部等夜文化娱乐设施,彰显上海夜间魅力。

2. 完善形态空间布局,重塑城市核心地标。点、线、面相结合,以世贸广场、一百商业中心、世纪广场、中央商场等重点项目为节点,带动支马路、背街的开发,形成分段式主题化消费集聚区。一是实施东拓工程,将南京路步行街向东延伸到四川中路甚至中山东一路,与外滩形成联动,推动"外滩·中央"二期、慈安里、惠罗公司等项目改造升级,打造全新时尚地标。在新改造地块增加商务楼宇面积,进行精准招商,引进商贸企业总部、专业服务业等高能级主体,强化商业商务联动。二是推动重点项目地块开发,加快160街坊、170街坊等重要地块开发,推动世纪广场、中央商场等重要节点项目的提升改造。世纪广场增加发布、休闲、活动功能,引入文化娱乐活动,新品首发活动、品牌营销活动,打造魔都24小时活力舞台。三是进行后街开发,结合旧城改造,进行街坊式开发,重点建设六合路、贵州路、福建路、金华路等背街,发展后街经济。并在有条件的街区打造夜间经济集聚区,引入特色餐饮、文化、休闲等设施,支持外摆试点,拓展夜间消费新集聚点。

3. 改善生态环境,传递美好生活温度。一是完善内外部交通组织。根据交通评估,做好公交线路和站点调整、道路指引调整以及解决东拓路段内艾迪逊酒店出入交通问题,优化周边道路交通组织,打造慢行交通系统,增设出租车候客点,完善停车配套。二是优化相关服务配套。完善专业导购、多语种翻译、快摄留影、打包物流、礼品包装、外汇兑换、"即买即退"等便利服务,以及紧急医疗救助站、轮椅租借点、母婴关爱室、包裹寄存站等公共服务配套。三是打造智慧示范街区。开展5G应用示范,深化人工智能等新技术的应用,完善智能停车、全域WIFI配套,扩大智慧场景应用。四是优化诚信消费环境。逐步推广线下实体店7天无理由退换货服务,研究发布"商圈商务诚信指数""信用电子证照"等信用产品,推进南京路步行街商务信用示范区建设,提升步行街消费满意度。五是建设绿色生态街区。践行"绿色"发展理念,整体优化街区的景观绿化、城市家具、店招店牌、夜景灯光,发展节能环保楼宇和商场,推动街区可持续发展。

4. 彰显人文神态,再现历史经典魅力。推动南京路步行街区域内36栋优秀历史建筑,遵循修旧如旧原则,探索历史建筑灵活多样的保护更新利用模式。支持永安百货、七重天等修复和保留历史建筑外立面,内部进行重新改造,还原南京路作为商业百货起源地的文化特质,彰显历史底蕴,展示创新活力。推进蔡同德、朵云轩等老字号"一品一策一方案"的改造提升,鼓励老字号开展跨界合作,研发联名系列、文创系列、伴手礼系列等新产品,打造具有上海特色的伴手礼。在南京路引入奇特、有艺术感染力的植入性演出、文化快闪,营造浓厚的海派文化气息。

五、 老品牌焕发新活力——回力鞋业

上海回力鞋业有限公司(以下简称"回力公司")隶属于上海华谊集团,旗下"回力"品牌始创于1927年,是我国最早的运动鞋品牌,产品一度风靡全国,并出口欧美、东南亚等几十个国家和地区,代表着上海制造的品质,也承载了几代国人对青春时代的美好回忆。

近年来,在上海华谊集团的大力支持下,回力公司及时调整品牌战略,优化产品结构,转变经营模式,发挥品牌价值优势,经济效益快速增长,市场占有率显著提高。2017年至今,保持中国本土鞋类单一品牌销量领先,在2018年老字号品牌发展指数TOP 100榜单中,回力在全国数千家老字号中排名第8位,消费者创新力指标位列行业第1名。2019年上海老字号品牌白皮书活力指数第4位、鞋服类行业第1名。

为了擦亮"回力"的金字招牌,华谊集团多措并举,充分调动回力公司的积极性和主动性,通过加强班子建设,提升产品品质,加强品牌推广,引爆粉丝经济,整合线上

线下销售,得到市场的认可,实现"回力"的浴火重生。具体做法包括:

1. 配强领导班子,引入市场机制。上海华谊集团通过市场化选聘和组织配置相结合的方式为回力公司配备强有力的领导班子。制定回力公司发展总体构想和新三年规划,实施2017—2019三年任期考核,优化考核激励机制,充分调动全体员工的积极性。2020年上半年已提前完成任期目标,收入较三年前增长超过50%,利润增长3倍以上。

2. 加强创新研发,提升产品品质。近年来,回力公司以优质产品为抓手,有效提升品牌市场形象和品牌占有率。2018年,回力公司推出新品2601款,其中,一款聘请潮流设计师手工打造的纯皮制"回天之力"鞋,单双售价999元,成为受到追捧的"网红"产品,该系列延伸100—300元定价的9款产品当年实现销售破百万双,利润近2000万元。近年来,回力已成功开展与百事可乐、万科地产等知名企业持续跨界合作,进一步提升了产品品质形象。

3. 融合媒体传播,展示品牌形象。应用现代传播观念,实施"多渠道、广传播、深了解、重体验"的品牌宣传策略。除积极参加中国品牌日、进出口交易会、亮相纽约时装周、上海时装周等宣传活动,并在本市传统主流媒体频频露脸外,还十分注重通过微信、微博、直播、抖音等自媒体平台进行对外宣传,提高品牌曝光度。如2017年"双十一"晚间在外滩滨江震旦大厦投放巨幅广告,回力产品单日销量首次超过1亿元。2018年"双十一"再次实现60%的跨越式增长。

4. 引爆"粉丝经济",开辟营销新路。随着回力产品的丰富、潮流化,不少明星选择穿着回力鞋日常外出和出席活动,为回力抓住90后、00后新崛起的年轻一代消费市场提供了契机。如回力在湖南卫视《快乐大本营》栏目赞助投放3000双经典"小白鞋",获得展现量超过5000万,点赞数超过100万。2019年"618"期间,联合上海美术电影制片厂开展"葫芦兄弟"联名发布,微博端话题曝光1.2亿次。截至2019年7月,回力天猫粉丝数达到1088万,其中90后粉丝占比约70%。

5. 整合线上线下,构建新零售模式。2014年起,回力公司开始发力电商业务。2015年确定了"电商平台建设+终端直供平台建设"的双轮驱动战略。目前,回力品牌线上经销商店铺已达500余家,覆盖淘宝、天猫、京东、唯品会、拼多多等各大主流电商平台,全年线上销量超过60%。线下门店1700余家,其中,上海地区门店54家,2019年全国新增64家。回力在本市市百一店、大丸百货、新世界城以及外地大中城市核心商圈开设高端门店超过300家。

为了进一步促进品牌的发展,继续深入开展品牌战略研究,推进品牌宣传,华谊集团聘请波士顿咨询公司系统开展集团品牌战略规划研究,为回力公司开展品牌战略定位提供了有力的支撑。计划冠名"回力号"高铁列车,增强品牌影响力;赞助世界冠军团队——上海市跳绳队,让回力鞋亮相2019年中央电视台《开学第一课》节目;与腾讯"QQ炫舞""喜茶"等网红品牌开展跨界联名。同时,结合老字号推广专项行动,推进线下实体店。充分融入老字号品牌汇聚基地,地标景点老字号专营店,积极参与老字号进老街、进机场、火车站等系列推广活动,推进线下实体店建设。加快提升自主研发能力,推进新品开发。计划打造回力品牌自主设计研发中心,加速形成企业持续发展的核心竞争力。针对不同年龄、消费层次和运动需求的差异化产品,以新材料、新工艺、新功能、新设计推动产品开发,拓展299、399元等较高附加值的新品,不断提升回力产品的品质和品牌美誉度。

六、以"上海购物"诚信指数提高企业诚信水平

商务诚信是上海市构建新型流通治理模式的核心要素之一,是实施流通驱动战略,促进资源优化配置,建立现代市场体系的基本前提。自2017年以来,上海市商务委员会组织上海市质量和标准化研究院,充分利用上海市商务诚信公众服务平台积累的公共和市场信用数据,研究建立重点商圈"上海购物"诚信指数(以下简称"诚信指数")并持续开展测评,旨在反映本市各大主要商圈商户的整体诚信水平。

诚信指数测评对象为本市主要的市级商业中心,包括:南京东路商业中心、南京西路商业中心、淮海中路商业中心、四川北路商业中心、徐家汇商业中心、小陆家嘴—张杨路商业中心、豫园商城商业中心、五角场商业中心、中山公园商业中心和中环(真北)商业中心。

诚信指数是由公共信用、市场信用2个一级指标,6个二级指标和18个三级指标构成的评价体系,其中,公共信用包括反映商圈企业基本情况的法定资质指标,反映商圈企业受监管、处罚、抽查等情况的守法行为指标,反映商圈企业履约、消费者投诉处理等情况的履约能力指标。市场信用包括消费者对商圈内企业出售的商品和餐饮等服务质量整体评价情况的商品质量指标;反映服务规范、服务承诺、售后服务和退换货处理情况的服务品质指标;反映商圈企业在经营过程中诱导消费、发票开具、假冒伪劣、优惠落实和明码标价等情况的诚信经营指标。

自2017年起,根据研究建立的诚信指数评价体系,每半年开始一次测评。三年累计采集数据范围与总量主要包括:商家5 104家,通过市公共信用信息服务平台采集近40万条公共信用信息;市场监管部门约1.9万条抽查数据;实地访谈和微信方式收集约16万份消费者调查问卷;网络搜索和大众点评网采集消费者评价等其他信息。

2017—2019年连续三年测评结果显示,上海市重点商圈"上海购物"诚信指数总体平稳略有上升态势,其中2017年上半年测评结果为86.50,2019年下半年测评结果为87.34。公共信用测评结果始终保持高位,且明显高于市场信用测评结果(图1-6)。这在一定程度上表明了企业在加强自身守法、资质等硬条件方面意识高,但商家在市场信用方面的表现相对消费者的期望而言,依然发展步伐不够。分商圈来看,从2017—2019年排前三位的商圈可以看出(表1-3),南京路、淮海路、徐家汇保持领先,南京东路自2018年实施整体改造以来,随着首店、新店的不断涌现以及商家服务意识的不断提升,消费者评价日益提高。

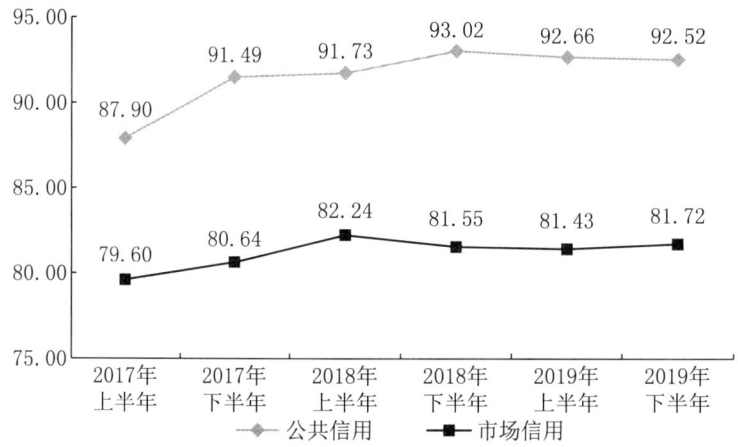

图1-6 诚信指数一级指标调查结果

表1-3 2017—2019年排前三位的商圈

时间	1	2	3
2017年上半年	南京西路 87.05	五角场 87.01	中山公园 86.94
2017年下半年	中山公园 87.69	淮海路 87.66	五角场 87.62
2018年上半年	南京西路 88.58	徐家汇 88.54	淮海中路 88.20
2018年下半年	南京西路 88.82	南京东路 88.75	徐家汇 88.61
2019年上半年	南京东路 89.04	南京西路 88.20	徐家汇 88.02
2019年下半年	南京东路 89.32	南京西路 88.77	淮海中路 88.26

总体而言,本市各主要商圈商户在法律法规等诚信经营的硬性基本条件方面普遍做得很好,违法失信行为极少。首先,遵纪守法情况总体良好。根据各商圈企业在法定资质获取、政府主管部门日常监管、法院判决和执行等方面的情况,历年来十大

商圈在守法行为方面的评价分值均超过93,无证无照等违法经营现象极少,总体评价结果优秀。其次,诚信经营基本情况良好。总体而言,各商家在优惠落实、明码标价、发票开具等诚信经营基本要求方面表现良好,假冒伪劣、诱导消费等不诚信行为很少。最后,在售商品/服务质量满足要求。一方面,从公共信用信息分析结果来看,被调查商圈的商品质量(服务)监督抽查不合格记录极少。另一方面,根据消费者反馈,商品质量方面评价也较高,制假售假情况极少。这反映出大部分商家都能够注重进货管理,能够提供合适的商品(服务),同时确保商品(服务)符合安全要求。

为了进一步发挥诚信指数对本市建设国际消费中心城市的支撑作用,下一步首先需要进一步加强数据深度分析。随着本市国际消费中心城市建设发展和消费者需求的不断提升,持续深化指数内涵,完善评价指标与内容;对于评价过程与结果中反映出来的重点问题领域,要进一步跟踪分析其具体原因,针对性地查找亟须改进的关键点。然后要加强测评结果有效利用。要定期向社会公布测评结果,为消费者决策提供参考,进而促使商家提升自身诚信水平;把发现的问题及时向有关主管部门报送,为加强对违法失信行为的监管提供参考。最后要积极推进商务信用标准技术支持的作用。在实施测评的同时,根据测评的专业和经验积累,同步制定相应的上海市地方标准,从而确保测评实施的可持续性和一致性。依托上海市商务信用标准化技术委员会,进一步推进商务信用其他领域标准的研制和应用,发挥商务标准在本市国际消费中心城市建设中的基础支撑作用。

第四节 上海商业政策环境分析

一、加强疫情防控,支持企业复工复产

(一)全力防控疫情支持服务企业平稳健康发展

为深入贯彻落实习近平总书记关于坚决打赢疫情防控阻击战的重要指示精神,全面落实党中央、国务院各项决策部署,2020年2月,上海市政府制定发布了《关于全力防控疫情支持服务企业平稳健康发展的若干政策措施》(以下简称《若干政策措施》)。《若干政策措施》分为六个方面,具体政策措施共计28条[1]。

第一,全力支持企业抗击疫情。主要是针对直接参与疫情防控一线的重点企业

---

[1] 上海市商务委员会.《上海市全力防控疫情支持服务企业平稳健康发展的若干政策措施》的政策解读[EB/OL].(2020-2-10)[2021-10-1]. https://sww.sh.gov.cn.

和重要防疫物资,从财政补贴、税收优惠、专项金融支持、保险、支持扩产增能、物资进口、防疫产品科技研发等方面,实施一批阶段性的特殊支持政策。第二,切实为各类企业减轻负担。主要是针对受疫情影响较大、生产经营困难的行业和中小企业,从租金减免、延期纳税、税收优惠等方面,着力为企业减轻负担。第三,加大金融助企纾困力度。主要是针对受疫情影响资金困难的企业,从加大信贷投放、实行优惠利率、提供流动资金贷款、加强融资担保等方面,着力纾解企业资金困难和降低融资成本。第四,着力做好援企稳岗工作。主要是针对疫情对就业造成的影响,从失业保险返还、降低企业社保负担、实施培训补贴、灵活用工等方面,着力降低企业用工成本,稳定就业岗位。第五,有序促进企业复工复产。主要是指导帮助企业在疫情防控措施落实到位的前提下,积极协调防疫物资、用工、原材料供应、物流运输等保障工作,支持各类企业有序复工复产。第六,优化为企业服务营商环境。主要是围绕营造良好营商环境、增强企业发展信心,从"一网通办"、信用修复、法律服务等方面,进一步加强服务企业工作。

(二)支持服务贸易企业加快复工复产

2020年4月,上海市商务委印发了《关于积极支持服务贸易企业加快复工复产的通知》(以下简称《通知》)。重点围绕服务贸易企业提出的意见建议和一些经过试点后可以普遍推广的做法,提出8项与服务贸易特点紧密结合的工作举措,主要内容为[1]:

一是结合疫情期间的数字经济发展特点,大力发展数字贸易新模式新业态。对数字贸易企业给予专项资金支持,鼓励其发挥自身优势,支持数字贸易企业加快发展近年来出现的、并在疫情期间快速投入应用的新模式新业态,特别是结合在线经济、非接触式经济等应用场景开发智能系统、线上工具以及远程办公类应用,提供数据分析、安全监测和人员管理等服务解决方案。

二是突出问题导向,帮助解决企业存在的资金紧张问题。协调多方力量帮助企业缓解流动性紧张的矛盾。在专项资金支持上,扩大资金政策的覆盖面,取消原有离岸业务占比要求;加大资金支持力度,调整国际服务外包执行额增量贴息为全额贴息;加快启动资金申报和后续拨付工作。针对服务贸易轻资产的特点,帮助企业扩大短期信贷额度,推广知识产权质押融资模式。多数在沪金融机构均推出了知识产权

---

[1] 上海市商务委员会.《上海市全力防控疫情支持服务企业平稳健康发展的若干政策措施》的政策解读[EB/OL].(2020-2-10)[2021-10-1]. https://sww.sh.gov.cn.

质押融资相关产品和服务。同时,加强与国家服务贸易创新发展引导基金的对接,通过股权投资的方式对企业给予融资支持。

三是发挥服务贸易的"稳就业"功能,服务经济社会稳定发展。服务贸易大多处在技术密集型和知识密集型领域,从业人员中大学生占比较高。如本市服务外包企业已累计吸纳大学生就业近数十万人。通过加大对新录用和在职员工培训的资金支持力度,推动校企合作,用好网上招聘平台,协调各园区吸引新项目落地等手段,进一步提升服务贸易吸纳大学生就业的能力。

四是加快推动服务贸易业务管理流程全程无纸化。着眼提高企业办事效率,避免当面提交纸质材料带来的接触风险,推行服务外包合同和技术进出口合同在线登记,实现从材料申报到审核的全流程无纸化。同时,明确服务外包合同2019年下半年存量合同截止填报时间延后,明确各区商务主管部门做好技术合同登记证书寄送服务。

二、 提振消费信心,释放消费需求

2020年4月,为贯彻落实党中央、国务院的决策部署,加大经济社会发展工作力度,全力打响上海"四大品牌",加快建设国际消费城市,上海市出台《关于提振消费信心强力释放消费需求的若干措施》。主要包括[1]:

1. 举办"五五购物节"系列活动。举办"五五购物节,全城打折季"系列活动,组织重点商圈、特色商街、商业企业、品牌企业开展营销活动,通过线上引流带动实体消费,促进消费回补和潜力释放。

2. 大力发展新兴消费。发挥大平台、大流量作用,打响"上海云购物"品牌,打造云逛街、云购物、云展览、云走秀、云体验系列活动。开展重点商圈商街数字化营销试点,鼓励电商企业对重点商家、品牌给予入驻、流量、数据等专项支持。支持直播电商、社群电商、"小程序"电商发展。推广社区快递自提点和智能提货柜,鼓励线上平台开展"安心消费计划",做强非接触式经济。举办上海时装周和国际化妆品节。鼓励企业开展智能、节能家电和通信产品以旧换新活动。深化老字号"一品一策一方案",推动老字号上平台、进机场、进高铁、进免税店、进社区、进景点。发挥"6+365"进博会一站式交易服务平台作用,举办国别商品周和进口商品路演、推介等专项消费

---

[1] 上海市商务委员会.《上海市全力防控疫情支持服务企业平稳健康发展的若干政策措施》的政策解读[EB/OL].(2020-2-10)[2021-10-1]. https://sww.sh.gov.cn.

促进活动。

3. 促进文化旅游娱乐消费。实施"信心、安心、称心、暖心、欢心"文旅市场振兴计划,推出高质量、高品质文旅产品。聚焦市民文化节、国际艺术节、国际影视节、上海旅游节、英雄联盟S10全球总决赛等5大文旅节日重大活动,拉动吃、住、行、游、购、娱等延伸消费。适时推出美食旅游季、购物旅游季、健康旅游季、文博旅游季、影视旅游季、会展旅游季、夜间旅游季、艺术旅游季等主题旅游季活动,集中推出一批精品线路、特色活动、惠民措施,引导市民"看上海、逛景点、住酒店、看大戏、购特产"。整合形成"乐游上海"文旅护照,促进文旅综合消费能级提升。

4. 扩大餐饮服务消费。以"寻味魔都"为主题,举办"517"小吃节、厨艺大比拼等系列活动,发布美食榜单、首发餐饮新品。发掘"上海餐饮非遗",宣传餐饮"名店、名厨、名菜、名点"。鼓励线上餐饮平台加大促销力度。大力推行分餐制,推广使用公筷公勺,出台地方标准,倡导文明用餐新风尚。

5. 释放汽车消费潜力。有序推进老旧汽车报废更新,对2020年底前消费者转出、报废"国四"及以下排放标准汽车,同时在本市注册的汽车销售公司购买符合要求的"国六"排放标准新车,给予一定补贴。鼓励消费者使用新能源汽车,对2020年年底前消费者在本市注册的汽车销售公司购买纯电动汽车和插电式混合动力汽车,在车辆使用过程中产生的充电费用给予一定补贴。适当增加中心城区非运营客车牌照额度投放数量。鼓励在沪汽车销售企业积极让利。加大公交、出租等公共领域燃油车置换为新能源汽车工作力度。对将燃油汽车置换为新能源汽车的,允许消费者继续保留燃油汽车额度。

6. 加快推动信息消费。举办上海信息消费节,组织各类电商服务平台企业,开展"畅购、畅吃、畅游、畅享"系列活动,实现线上线下消费互动。鼓励促进智能终端、可穿戴设备、智能家居等新型信息产品升级消费,扩大网络视听、数字音频、网络文学、互联网游戏等信息服务。开展信息消费商圈行、社区行、校园行、企业行等体验升级活动,建设一批信息消费体验中心。开展5G和交互式网络电视(IPTV)终端产品大促销,5G及千兆宽带流量套餐优惠。

7. 做大家装消费规模。鼓励家装企业开展促销活动,加快家装消费信贷产品创新;鼓励银行业金融机构研究多样化的信贷产品,满足不同的消费金融需求,充分激发消费潜力。

8. 打造全球新品首发地。发布"全球新品""首店旗舰店"标准,对符合标准的新品首发活动和首店旗舰店落沪,给予财政资金支持。将新品首发和首店旗舰店品牌列入"上海市重点商标保护名录"。提升新品通关速度,推广进口商品检验结果采信制度,对在沪首发的进口服装新品,试点开展安全风险海外预评价工作。为新品首发品牌提供便捷高效的专利、商标注册申请和质押登记服务。

9. 创新发展夜间经济。聚焦地标性夜生活集聚区,探索24小时营业区试点。举办上海夜生活节,围绕夜购、夜食、夜秀等主题,推出购物不眠夜、博物馆不眠夜、深夜书店周等特色活动。在不影响周边居民和单位正常生产生活的前提下,有序放开酒吧、咖啡店、轻餐饮店等的"外摆位"限制。延长重点地铁线路夜间运营时间,完善夜间公交线路配套,增设出租车候车点。增设夜间道路临时停车场,扩容夜间停车资源。简化大型活动审批,落实活动审批时间、材料"双减半"。对同一场地举办相同内容的多场次大型活动,实行一次许可。对经常举办商业活动的商场,实行一次报备。

10. 加快步行街改造提升。推进南京东路步行街东拓工程,启动实施世纪广场改造,加快步行街业态调整、品牌提升,修订完善《上海市南京路步行街综合管理暂行规定》。首发南京东路、淮海路增强现实数字商业地图,推进南京东路线上直播和"有声化"改造。加大与国际知名商业街区的交流合作力度,进一步提升国际知名度。新增若干周末分时段步行街区。

11. 推动发展免税经济。支持免税品经营企业增设市内免税店。在免税店内设立一定面积的国产商品销售区,推动国产自主品牌走向国际市场。加快推进重点商圈离境退税商店全覆盖,扩大即买即退试点范围。

12. 营造浓厚消费氛围。充分发挥融媒体优势,整合主流媒体、网络新媒体、户外广告等宣传渠道,全面推介展示城市形象,营造促消费良好氛围。加大财政资金对重点促消费宣传推广活动的支持力度。提倡诚信消费,发挥商务诚信公共服务平台作用,发布重点商圈商务诚信指数,营造诚实守信、服务制胜、放心便捷的消费环境。

三、深化服务贸易创新发展

(一) 推出认定管理办法

为加快推进上海市服务贸易发展,不断优化服务贸易重点领域的空间布局,突出重点区域信息集聚、要素集聚和资源集聚的优势,推动贸易和产业的联动,2020年10月,上海市商务委员会制订了《上海市服务贸易示范基地和示范项目认定管理办法》,主要特点是[1]:

---
[1] 上海市商务委员会.《上海市全力防控疫情支持服务企业平稳健康发展的若干政策措施》的政策解读[EB/OL].(2020-2-10)[2021-10-1]. https://sww.sh.gov.cn.

一是从单纯推进服务贸易领域发展转向推进服务贸易领域和区域联动发展。这一转变旨在使市级服务贸易推进工作和区、园区一级的工作结合起来,从而帮助服务贸易推进举措、促进政策和重点项目落地,同时也能发挥集聚效应在推进重点领域发展中的作用。

二是提出认定示范基地+示范项目的模式。鉴于服务贸易各领域发展不平衡,对已经具备一定贸易规模,有一定集聚度的领域,认定为服务贸易示范基地,能够进一步提升其竞争力;对有较大发展潜力,但目前仍处于起步阶段的领域,认定为服务贸易示范项目,也有助于加快其发展速度。

三是从直接支持服务贸易企业发展转向营造良好的发展环境。传统的产业和贸易政策是围绕企业来制订和实施的,通常以投入财政资金补贴企业为主。而示范基地和示范项目并不直接创造服务贸易额,其主要功能在于帮助服务贸易企业开拓海外市场、对接金融服务、推进贸易便利化以及落实配套保障等,从而在一定程度上优化了服务贸易企业的发展环境,使企业能够将注意力集中于提升核心竞争力。同时也将以往集中于少数几个龙头企业的发展资源尽量覆盖到作为市场主力的中小企业,特别是承担创新风险,立足新技术、新模式、新业态和新领域的潜力企业,为有实力的企业营造良好的市场竞争环境,发挥市场在资源配置中的基础性作用。

(二)推行试点实施方案

2020年11月,上海市政府推出《上海市全面深化服务贸易创新发展试点实施方案》(以下简称《实施方案》),分为总体要求、试点任务、工作要求三个部分。试点任务共有8个方面22项任务,80条举措,主要包括这六大方向[1]:

一是全面落实国家试点要求,推动服务贸易改革开放向纵深发展。国家《全面深化服务贸易创新发展试点总体方案》明确要求试点地区依据国家有关部委的政策保障措施和指导,扎实推进服务贸易对外开放。《实施方案》围绕落实国家试点要求,提出争取金融、保险、航空、会展等领域的一批开放举措落地;积极推进境外人士国际资质认证、职称申报、职业资格考试等自然人跨境职业相关举措。

二是综合上海"五个中心"建设,提升服务贸易综合竞争力。实施方案突出上海的城市功能定位,结合深化上海国际经济、金融、贸易、航运和科创中心建设和国际文化大都市建设,提出技术贸易、金融服务、运输服务、文化旅游等重点领域的发展举

---

[1] 上海市商务委员会.《上海市全力防控疫情支持服务企业平稳健康发展的若干政策措施》的政策解读[EB/OL].(2020-2-10)[2021-10-1]. https://sww.sh.gov.cn.

措,包括支持关键技术进口;拓展金融科技应用场景;完善并实施便捷高效的国际船舶登记制度等举措;推进国家对外文化贸易基地(上海)和国家文化出口基地(徐汇)建设;建设中国邮轮旅游发展示范区、国家体育消费试点城市。

三是发挥特殊经济功能区优势,推进服务贸易要素有序流动。发挥临港新片区作为特殊经济功能区先行先试的优势,率先开展资金、人才和数据跨境流动便利化试点,加快打造服务贸易制度创新高地。提出:探索建立本外币一体化账户体系;加速推进经常项目贸易外汇收支便利化试点业务;建设世界顶尖科学家社区;实施汽车产业、工业互联网、医疗研究、金融等领域的数据跨境安全有序流动试点。

四是落实国家区域发展战略,推动服务贸易发展模式创新。实施方案围绕长三角一体化战略,提出探索建立沪苏浙皖服务贸易联盟,培育长三角科创圈,探索建立长三角数据流动、人才流动相关机制。同时还提出推动数字化转型、大力发展数字贸易的特色举措,包括认定一批数字贸易重点企业,强化国家数字服务出口基地功能。

五是立足品牌培育、合作网络和公共服务,健全服务贸易促进体系。实施方案围绕市场主体品牌培育、海外网络建设和公共服务保障,提出:树立服务贸易领域上海标准,推动实施专业服务跟随出海战略,深化上海与伦敦在金融、航运、贸易等领域的合作交流,建设一批服务贸易境外促进中心,认定和培育一批服务贸易示范基地和示范项目。

六是夯实发展基础,强化服务贸易创新发展保障措施。在完善管理机制方面,深化统筹协调机制,推进放管服改革,完善单一窗口和一网通办功能。在政策支持方面,优化本市服务贸易专项资金的支持方向和范围,支持设立市场化基金,简化办税流程,创新融资服务模式。在运行监测方面,加强各领域头部企业运行监测,完善基于国际收支平衡表的评估体系。

第二章 上海商业网点发展研究

第一节 上海商业网点发展概况

一、数据与分析方法概述

上海市商业网点发展概况是从商业网点的整体性出发,以消费数据为核心要素,分析上海市商业网点的消费特征和消费趋势。由于受到疫情的影响,部分分析还将2020和2019年进行了对比分析,以揭示疫情对商业网点发展的影响。分析所用数据主要来源于银联消费大数据。具体地,包括用户消费能力统计数据、用户消费类型统计数据和不同商业中心的消费额统计数据。所用到的辅助数据还包括上海市区县地理信息系统(GIS)空间矢量数据。这一部分的分析主要采用汇总统计法、图表法实现。但在分区统计分析方面,用到了基本的 GIS 空间叠置分析方法和空间统计分析方法。

二、上海商业网点消费画像分析

(一)居民消费能力

根据2020年上海市银联消费交易数据,可以将全部消费者的消费能力分为6个类别[1]。在全部类别中,"消费能力相当"类别的占比最高,而"消费能力高"类别为其次。消费水平由低到高呈现出明显的单峰分布特征,说明居民消费水平与一般的

---

[1] 按照银行卡消费金额和社会平均水平的对比情况,将消费者消费能力划分为显著低、低、相当、高、显著高、高额消费六个类别。

居民收入比例基本相符。

与2019年上海市居民的银联消费交易数据相比,2020年产生了极其明显的变化。在2019年,占比最高的是"消费能力相当"的居民,其次是"消费能力低"和"消费能力高"的居民。在2020年,几乎所有的消费类型都大幅减少。产生该变化的原因是自2019年末持续至今的新冠疫情。受全球新冠疫情的影响,居民的出行被限制,经济活动范围大幅度缩小,消费水平也快速下降,大量的居民选择居家消费,导致正常的消费类型占比下降。其中,"消费能力相当"的人群占比下降幅度最大。

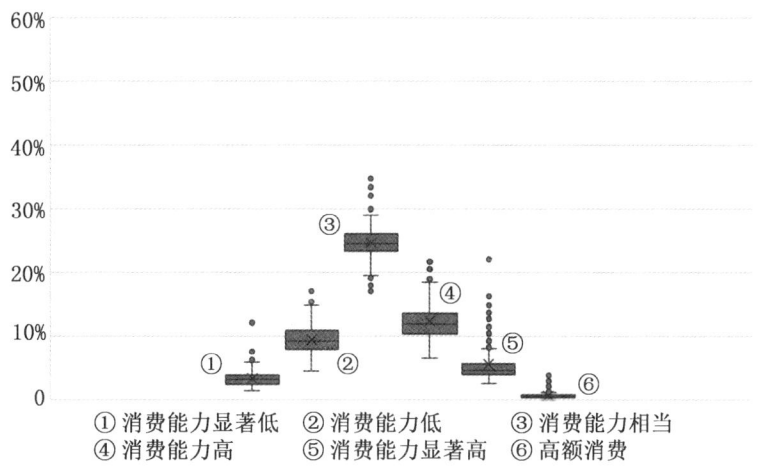

图2-1 2020年居民消费能力等级及占比箱线图

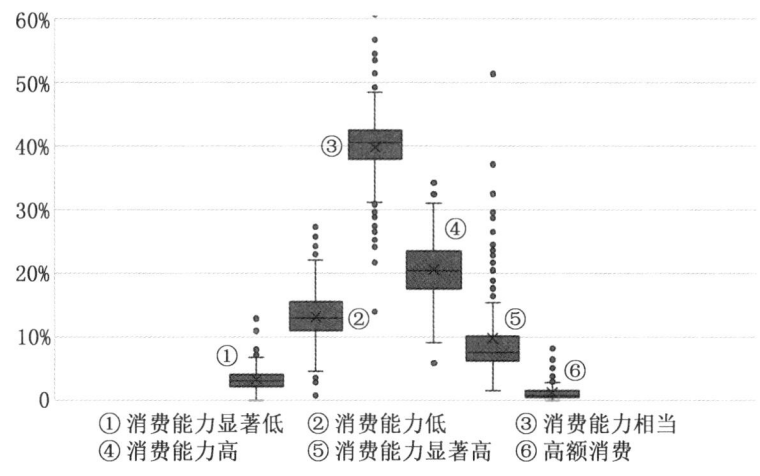

图2-2 2019年居民消费能力等级及占比箱线图

(二)居民消费类型

依据2020年上海市银联消费数据,将居民主要消费类型分为高端人群、白领人士、打拼生活、日常超市、低频消费、文艺小资、潜力客户、大宗交易和小微批发共9类[1]。白领人士、打拼生活、日常超市是排名前三位的消费人群,其中白领人士占到20%以上,打拼生活类型的消费也占到了15%左右,是上海居民三大主力消费类型。

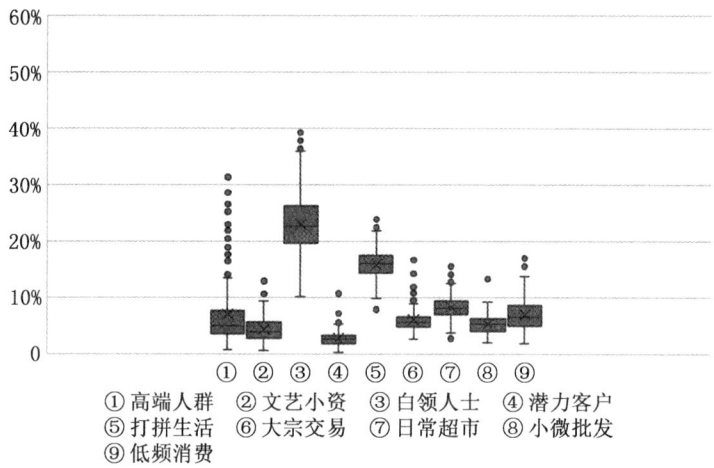

图2-3 2020年居民不同消费类型占比箱线图

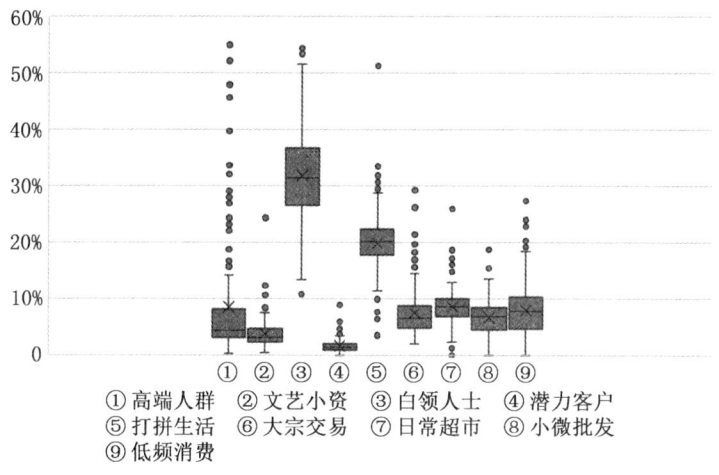

图2-4 2019年居民不同消费类型占比箱线图

---

[1] 银联基于持卡人近六月交易,综合交易品类、笔均和消费自由度等维度对持卡人进行分类。其中高端人群为"贡献佣金收入高,奢侈品消费金额、卡均金额最大,跨境消费倾向强"的消费群体;文艺小资为"追求生活情调,消费集中在百货服装"的消费群体;白领人士为"追求生活品质,消费集中在电子餐饮"的消费群体;大宗交易为"显著代表从商人群,贡献总交易金额最大,笔均金额最大"的消费群体;潜力客户为"注重生活,呈现显著的高水平消费倾向,但目前消费频率及金额总体较低"的消费群体;打拼生活为"目前消费水准较低但有提升空间"的消费群体;小微批发为"卡均交易金额仅次于商贾富豪,但交易类别以批发类为主"的消费群体;日常超市为"消费主要为发生在超市的日常类消费,资金较紧缺,取现概率高"的消费群体;低频消费为"趋于流失或渐入睡眠状态的客户,用卡次数最少"的消费群体。

在疫情开始前的2019年,上海居民的消费类型则是另一种格局。2019年高端白领型消费的占比达到了30%以上,打拼生活类型消费的占比也接近20%,两者占据了半数以上的消费类型比例。而其余8种消费类型的占比均低于10%。这充分体现出新冠疫情对于上海居民消费类型的影响。在疫情的大背景下,大量的城市白领和工薪阶层选择了居家办公,其消费活动也由工作地点的消费转变为居家消费,这直接导致了整体主力消费的下降。

(三)分区域居民消费能力

与此同时,本报告对上海市各个区域的居民消费能力进行了统计与分析。数据显示,从各个区域的总体态势来看,展现出与总体居民消费能力的高度相似性。2020年上海市所有区域的"消费能力相当"类型的消费能力都是占比最高的部分,其占比大部分都在25%左右,占比最低的青浦区也达到了23%左右。各区位列第二位的都是"消费能力高"的人群,占比均在15%左右。从各区域具体的消费能力来看,松江区、金山区和嘉定区是上海消费能力中位水平(消费能力相当)人群占比最高的区域;虹口区、黄浦区和静安区的消费能力则明显高于其他区域,尤其是消费能力显著高和高额消费的人群均位列上海市的前三位。

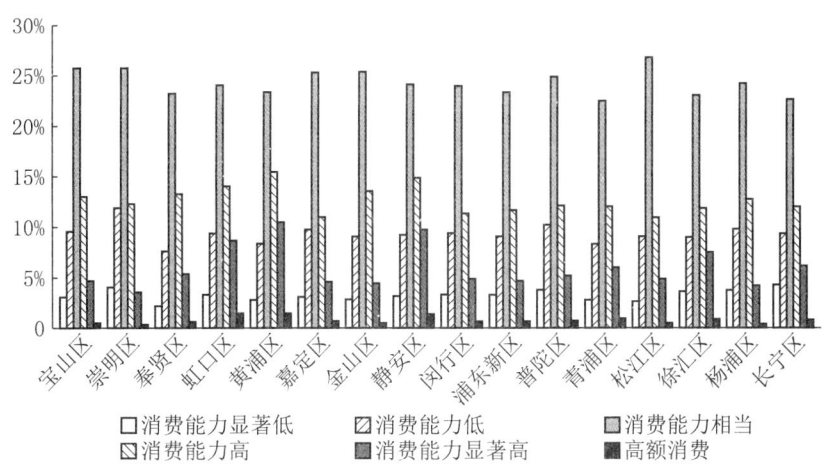

图2-5 2020年各区居民消费能力等级及占比

相对于2020年,在疫情尚未爆发的2019年,上海市各个区域的"消费能力相当"类型的消费占比非常高,达到了40%左右,但是黄浦区和静安区相对较低。而其他消费能力人群的分布趋势与2020年基本保持一致,虹口区、黄浦区和静安区依然是高端消费的主要集中地,松江区、嘉定区和金山区依然以中端消费能力的人群为主,这说明疫情并没有改变上海市各个区域消费能力的分布格局。这从一个侧面展现了上海市居民分布特点与消费能力的差异。黄浦区、静安区、徐汇区、虹口区作为上海最传统的中心区域,发展历史悠久且经济资源集中,居民的收入能力和消费能力均位居上海市前列,因此其高端消费的比例相对高,松江区、金山区和嘉定区则多为新上海市民的居住地,因此其消费者多为消费能力适中的人员居住。

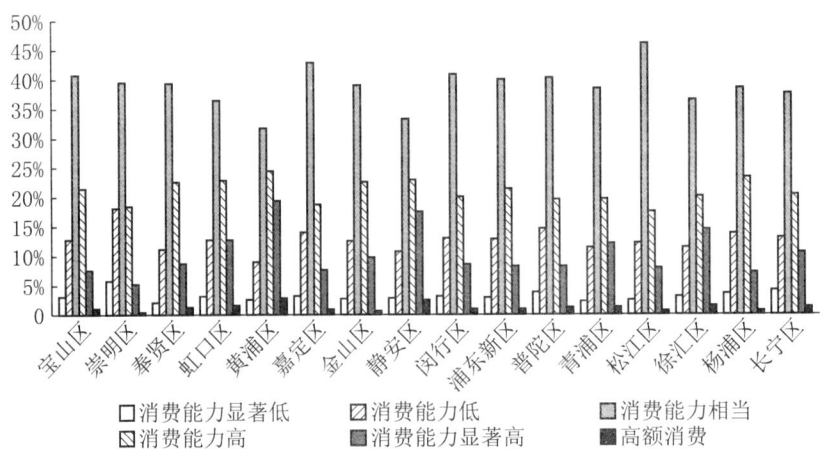

图 2-6　2019 年各区居民消费能力等级及占比

(四)分区域居民消费类型

根据 2020 年上海市银联交易数据,本报告对上海市各个区域的居民消费类型进行了统计分析。为了方便分析与可视化展示,该部分将 9 种消费类型分为两个大部分进行统计分析。首先是高端人群、文艺小资、白领人士、潜力客户和打拼生活这五个类别。2020 年,上海市各个区域中,高端人群和文艺小资占比最高的是在静安区和黄浦区,两者之和达到了惊人的 30%;除静安区外,白领人士在各个区域的分布相对均衡,维持在 25%~30% 左右;潜力客户在长宁区、徐汇区和普陀区有着明显的比例优势;松江区、嘉定区、崇明区和宝山区则是打拼生活型消费的主阵地,其占比都高于 25%,在这四个区,高端人群与文艺小资的占比则相对最低,崇明区的高端人群占比甚至不足 4%。

与 2020 年相比,2019 年各区的总体格局变化不大,但是可以看出,疫情发生之前,各个区域的文艺小资和潜力人群的比例都大幅高于疫情之后。各区高端消费的人群在疫情之后均出现不同幅度的下降,但静安区和黄浦区的高端消费人群在疫情之后却出现明显的反常上升。这说明在各个区域的分布特点上,静安区和黄浦区消费群体的收入水平和消费水平都处于显著的高值,相对其他区域具有极其明显的优势,居民的消费类型以高端消费和文艺小资为主,且受疫情的影响不大。尤其是在疫情导致上海市整体消费水平降低的情况下,这两个区域的消费群体仍呈现出强大的消费能力,实现了高端消费在疫情背景下的逆势上涨。其他区域在疫情的影响下,居民的消费能力受到了相当程度的削弱,高端消费和文艺小资占比显著降低,潜力客户也迅速减少,大量消费集中在了打拼生活上。同时,白领人士所占比例在各区也出现不同程度的下降,由前疫情时代的30%下降至后疫情时代的25%左右,从一个侧面说明了疫情之下上海市白领阶层的失业压力。

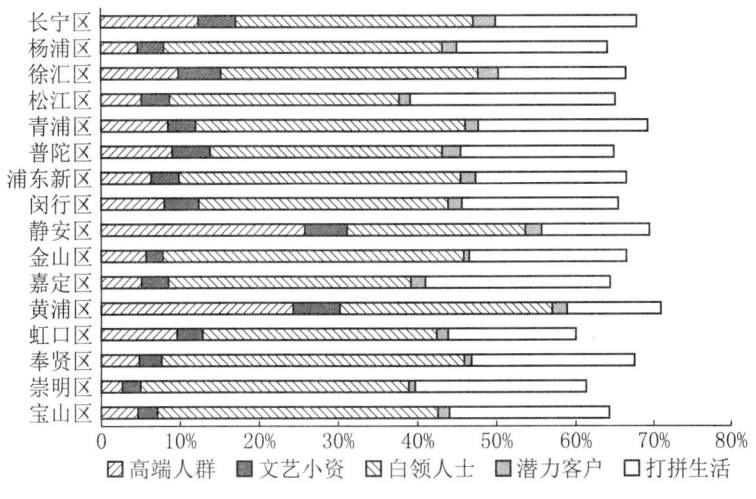

图 2-7 2020 年各区居民消费人群类型及占比

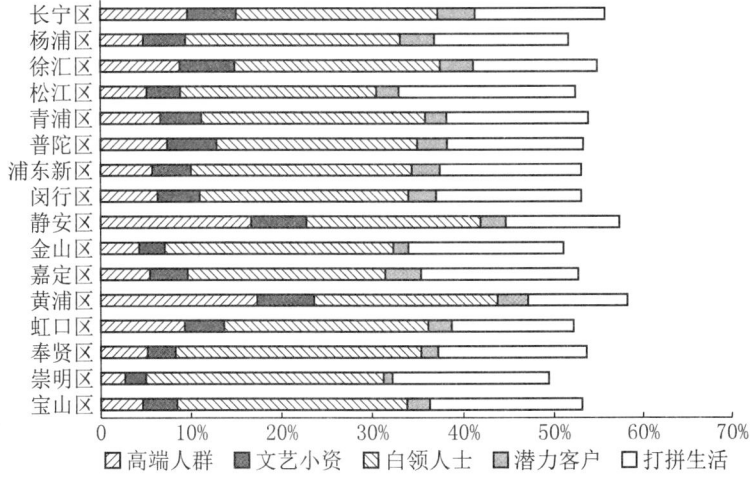

图 2-8 2019 年各区居民消费人群类型及占比

第二部分则是对于大宗交易、日常超市、小微批发和低频消费类型消费的分析统计。2020年,上海市大宗交易类型占比最高的是黄浦区、虹口区和徐汇区,都超过了5%;日常超市交易占比最高的是崇明区、宝山区和杨浦区;小微批发在各个区域的占比均在3%~4%左右;崇明区的低频消费则显著高于剩余其他区域。

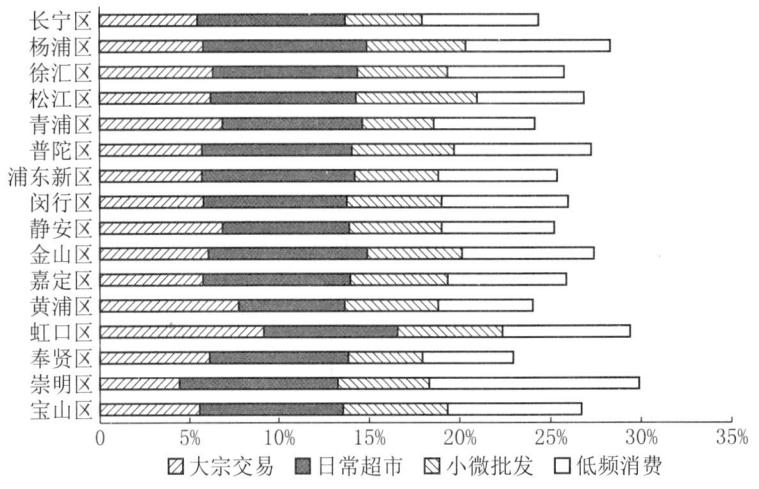

图2-9　2020年各区居民消费类型及占比

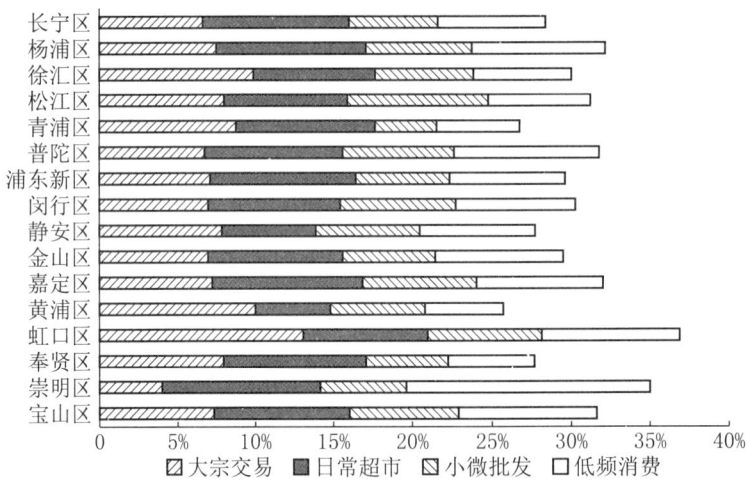

图2-10　2019年各区居民消费类型及占比

相比于2020年,2019年上海市各个区域的各类型消费占比显著降低。大宗交易、日常超市、小微批发和低频消费都显著高于后疫情时代;从整体上看,各个区域的消费特点变化不大,虹口区、黄浦区和徐汇区依然是大宗交易的主要集中地;崇明区的日常超市和低频消费仍占据重要的位置;除青浦区外,其他区域的小微批发均在5%左右。这说明疫情明显改变了上海市各区居民的消费结构和消费习惯。在后疫情时代,大宗交易、日常超市、小微批发和低频消费都受到严重的压缩。在地域特点上,虹口区、黄浦区和徐汇区是上海市对外贸易和大宗交易的中心地,崇明区由于远离上海市中心,其居民的消费习惯多以本地的超市和低频消费为主。

三、 上海商业网点平均消费分析

(一) 月平均消费

本节依据上海市银联交易数据,对上海市商业网点的平均月消费进行了分析。2019年,上海市平均月消费最高的地区是青浦区,超过了14 000元/月;其次是虹口区、黄浦区、静安区和徐汇区,都在10 000元/月左右;消费水平的第三梯队是闵行区、浦东新区、普陀区、松江区和长宁区,其消费水平在6 000元/月～8 000元/月;第四梯队则是宝山区、奉贤区、嘉定区、金山区和杨浦区,消费水平在4 000元/月～6 000元/月;消费水平最低的是崇明区,只有3 000元/月左右。2020年,在新冠疫情的影响下,上海市大部分地区的消费水平较2020年都出现了一定幅度的下降,其中青浦区的下降最为严重,由2019年的14 000元/月下降至2020年的6 500元/月,跌幅超过50%;而宝山区、奉贤区、黄浦区和静安区的消费水平却出现了上涨,宝山区达到8 000元/月,接近第二梯队的消费水平,黄浦区和静安区的消费水平则突破了12 000元/月;崇明区的消费水平在2020与2019年基本持平,依然是上海月均消费最少的地区。

消费水平的变化从一个侧面反映了上海市各区域功能结构与消费习惯。青浦区在后疫情时代,出现了超过50%的消费水平跌幅,与青浦区外来务工人员集中地的特点息息相关。在疫情的影响下,流入上海的外地工作者大量减少,因而导致青浦区的

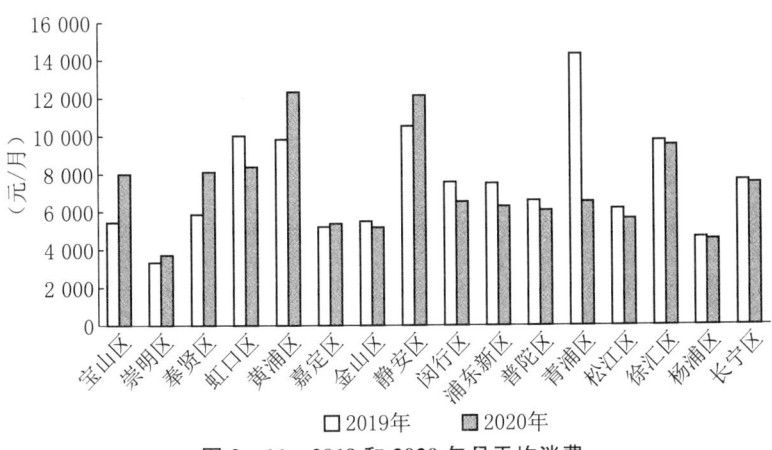

图2-11 2019和2020年月平均消费

消费能力出现了断崖式的下跌。静安区和黄浦区作为上海最核心的地区,在疫情期间的消费不降反升,其原因在于流入上海的外来务工人员减少,而这两个区域的居民的收入水平和消费水平依然坚挺,很大程度上消化了上海过剩的商品经济,使其月均消费出现明显上升。此现象表现出静安区、黄浦区和虹口区等上海老城区强大且稳定的消费能力。

(二)不同业态月平均消费

对于上海市不同业态的月平均消费,本报告也依据银联消费数据进行了分析和统计。2019年,零售业是上海市居民最大的消费环节,达到了540亿元/月的消费水平;其次是生活服务类行业,在250亿元/月左右;房地产服务业位居第三位,月均消费在100亿元上下;交通及物流服务消费是月均消费最低的项目,不到5亿元/月。至2020年,在疫情的影响下,上海市各个行业的月均消费水平都出现了巨大的下降,位居前三位的零售、生活服务和房地产服务业分别下跌30%、35%和60%,表现出疫情对上海市居民消费能力的巨大打击,受疫情和政策的双重影响房地产服务业为主的高附加值交易受损严重。

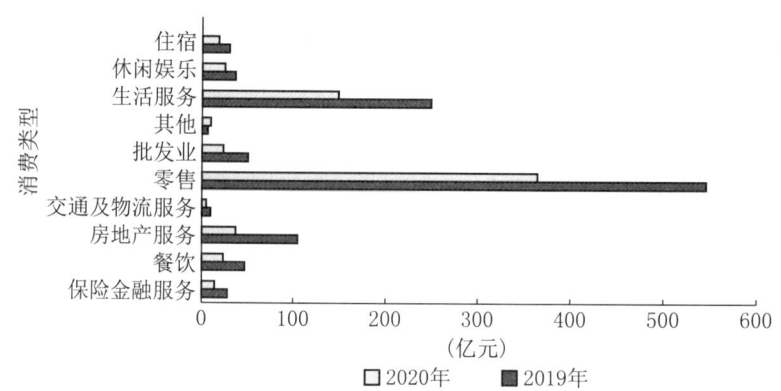

图 2-12 2019 和 2020 年各类商品月平均消费金额

四、上海商业网点外来消费分析

(一)分省份评价

上海市所有商圈的主要消费除了本市以外,还来自其他省份的地市。这一部分的分析包括:分别依据省份和地市统计分析上海所有商圈的总消费额,并分别对比 2019 和 2020 年的消费额差异。这一分析有助于理解哪些省份和地市对上海商业中心的消费贡献度较大,并在全国层面呈现怎样的结构特征,以及疫情对其产生了何种影响。

如图2-13和图2-14所示分别为2020和2019年所有商圈整体消费总额分省份的统计结果。从图2-13可以看出,2020年各个省份中,在上海所有商圈的消费总额最高、并处于第一梯队的依次为江苏省,消费总额约为90亿元;处于第二梯队的省份依次为河南省、浙江省、山东省,此三个省份的消费总额均在50亿元左右;处于第三梯队的省份依次为北京市、福建省和广东省,消费总额均接近30亿元。其他省份的消费总额均在20亿元以下。

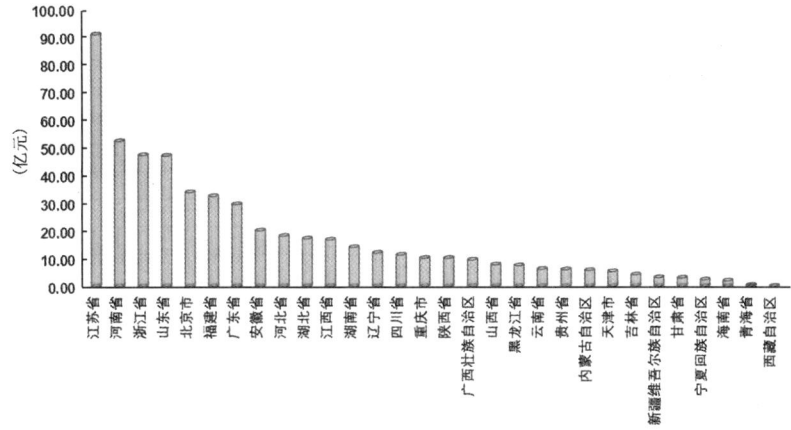

图2-13 2020年上海所有商圈整体消费总额分省份统计结果(未计入港澳台地区数据)

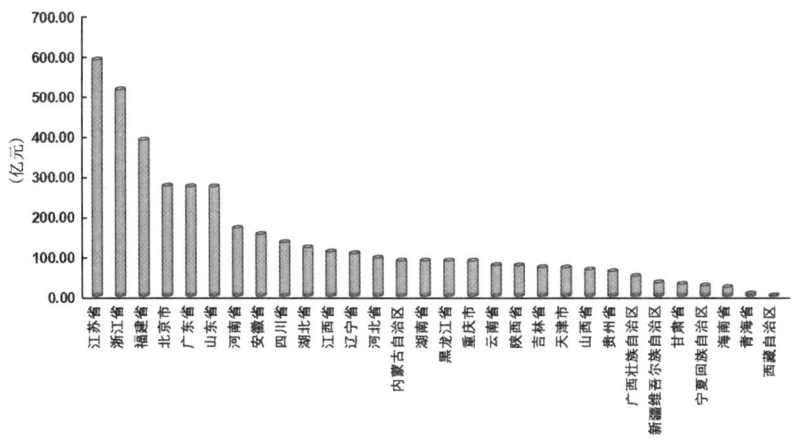

图2-14 2019年上海所有商圈整体消费总额分省份统计结果(未计入港澳台地区数据)

从图2-14可以看出,2019年在上海所有商圈的消费总额最高,并处于第一梯队的省份依次为江苏省、浙江省和福建省,消费总额分别达到了600亿元、500亿元和400亿元左右;处于第二梯队的依次为北京市、广东省和山东省,消费总额均高于250

亿元;处于第三梯队的依次为河南省、安徽省、四川省、湖北省和江西省,消费总额均超过100亿元。其他省份的消费额均在100亿元以下。

对比2020和2019年不难发现,疫情对上海商业中心的发展产生了非常大而深远的影响。上海以外的其他省份中,消费总额处于第一位的江苏省,其消费总额从2019年的约600亿元锐减到2020年的90亿元。大多数省份的锐减额达到原来的五分之一,甚至是十分之一。在位序上,江苏省、浙江省排名相对稳定,河南省从2019年的第七位升至2020年的第二位。整体而言,相比2019年,2020年不同省份的消费额差值进一步加大。

(二) 分地市评价

如图2-15和图2-16所示分别为2020和2019年上海所有商圈整体消费总额处于前30的城市及其所对应的消费额(上海本地除外)。整体上,2020年消费额最高的城市其消费额不足35亿元,而在2019年超过250亿元。消费额最低的城市,从

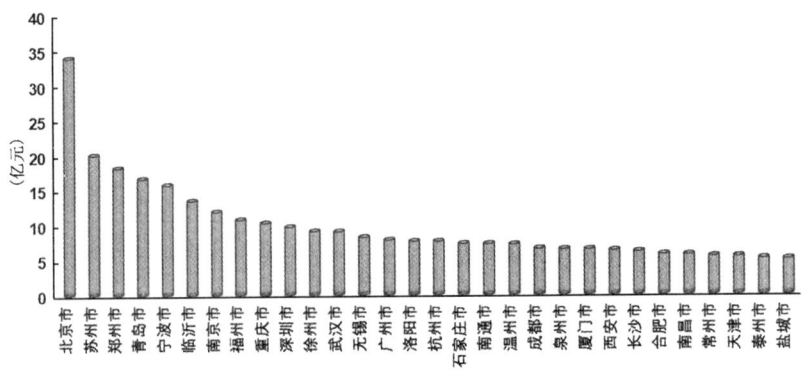

图2-15 2020年上海所有商圈整体消费总额分城市前30强统计结果(未计入港澳台地区数据)

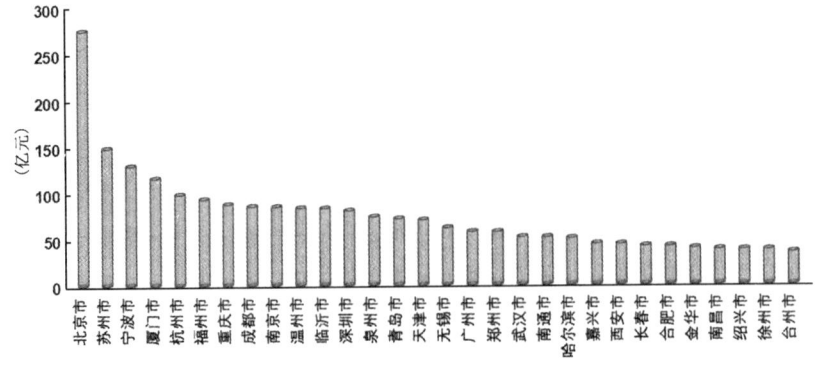

图2-16 2019年上海所有商圈整体消费总额分城市前30强统计结果(未计入港澳台地区数据)

2019年的接近50亿元锐减至2020年的5亿元左右。无论位序最高的城市还是位序最低的城市,消费额均大幅减少。

从图2-15和图2-16可以看出,两年排在前两位的均为北京市和苏州市。福州市、重庆市和南京市在两年中的位次也相对比较稳定。郑州市和青岛市从2019年的前十位以外跃入2020年的前五位。临沂市也从十名以外进入前十名。厦门市、杭州市和温州市则从2019年的前十位落后到十名以外。2020年不同城市的消费额下降也快于2019年。

第二节 上海商业中心发展评估

一、商业中心发展评估概述

(一)上海市商业中心概述

上海市商业中心是通过商业规划现状资料、大数据分析和银联商圈数据等多源数据的综合分析所确定的。最终,识别出16个大型的市级商业中心,同时还进一步确定和绘制了每个商业中心的空间位置和空间范围。表2-1列出了16个商业中心及其所在的区。从中可以看出,静安区的商业中心数量最多,有4个,占到总量的四分之一。其次是黄浦区,共计3个。长宁区和普陀区各有2个商业中心。徐汇区、杨浦区、虹口区、闵行区和浦东新区各有一个。

表2-1 上海市商业中心及其所在区

编号	商业中心	所在区	编号	商业中心	所在区
1	中山公园商业中心	长宁区	9	静安寺商业中心	静安区
2	豫园商业中心	黄浦区	10	火车站商业中心	静安区
3	徐家汇商业中心	徐汇区	11	陆家嘴商业中心	浦东新区
4	五角场商业中心	杨浦区	12	中环(真北)商业中心	普陀区
5	四川北路商业中心	虹口区	13	彭浦商业中心	静安区
6	南京路商业中心	黄浦区	14	新虹桥商业中心	长宁区
7	虹桥商务区核心商业区	闵行区	15	淮海中路商业中心	黄浦区
8	大宁商业中心	静安区	16	真如商业中心	普陀区

(二)商业中心评价数据

商业中心的评价需要从它的内部消费结构、商铺类型结构出发,还要考虑商业中心本身的区位条件,这包括周边的交通、人流等。此外,还需要从上海的整体性出发,分析其区域结构特征。因此,为了达到这一分析目的,采用银联的消费大数据分析商业中心的消费人群特点、不同商业中心的消费水平和消费类型等特征。在商业中心的商场结构分析中,使用高德POI("POI"为"兴趣点")作为主要数据源。其中包含了购物服务、餐饮服务、生活服务、休闲娱乐服务等类别。从中抽取在商业中心具有一定占比且能够表征其商场构成结构特征的子类参与分析。

在商业中心的区位分析过程中,选用公交车站、地铁站、汽车站、火车站和机场等设施POI作为主要数据源,分析商业中心的交通区位优势;还通过使用手机信令数据,分析和评价不同上夜班中心人口流量优势;此外,还使用上海市所有的社区面数据,评估每个商业中心的社区覆盖优势。而区域竞争力分析,则采用商业中心本身作为数据源进行分析。

(三) 商业中心评价方法

商业中心的评价内容主要包括三个方面,即上海市商业中心内部结构评价、上海市商业中心外部区位评价和上海市商业中心综合竞争力评价。其中,上海市商业中心内部结构评价又包括各个商业中心的消费人群、消费水平、消费类型和消费场所等四个方面的评价,最终实现人、货、场的综合评估。上海市商业中心外部区位评价具体包括交通区位分析、人口流量分析、社区覆盖分析和区域竞争分析等四个方面。而上海市商业中心综合竞争力评价,则是综合考虑内部结构评价、外部区位评价进行综合考量,得到每个商圈的整体综合竞争力水平。

在上海市内部结构评价中,主要通过基本的数理统计、地理信息技术支持下的空间分区统计、空间叠加分析和空间缓冲区分析等方法实现。在最终结果的可视化表达上,采用地图可视化方法以及地图与统计图表相结合的方法进行地图化呈现。在外部区位分析中,采用了GIS交通网络分析、空间汇总统计分析和空间叠加分析等量化分析方法。人口流量分析和社区覆盖度分析则采用缓冲区分析、样方统计分析等方法。区域竞争力则通过空间邻域分析、交互作用力分析等方法实现。在区域结构分析中,则主要采用多变量空间聚类方法,涉及遗传算法、区域增长等技术。

二、上海商业中心内部结构评价

(一) 消费人群

不同商业中心的消费人群特征分析是指基于银联消费数据中的消费者画像,分商圈统计出不同消费人群的数量及其占比,并通过统计图和地图相结合的方式,对统计分析结果进行可视化,可视化结果如图2-17所示。对这里的消费人群分类,主要是依据其消费金额和频次,划分为消费能力显著低、消费能力低、消费能力相当、消费能力高、消费能力显著高、高额消费等6类。

从图2-17中可以看出,"消费能力显著低"的人数在所有商圈中的占比都非常低,相比而言,彭浦商业中心和中山公园商业中心属于"消费能力显著低"的人数比重比其他商圈高一些。"消费能力相当"消费人群类别在大多数商圈中占比最大。此类人群占比较大,并且明显大于其他类别的消费人群的商业中心有新虹桥商业中心、中山公园商业中心、虹桥商务区核心商业区、彭浦商业中心等四个商业中心。而大宁商业中心"消费能力相当"人群所占的比重也非常大,但"消费能力高"的消费人群比重也非常大。

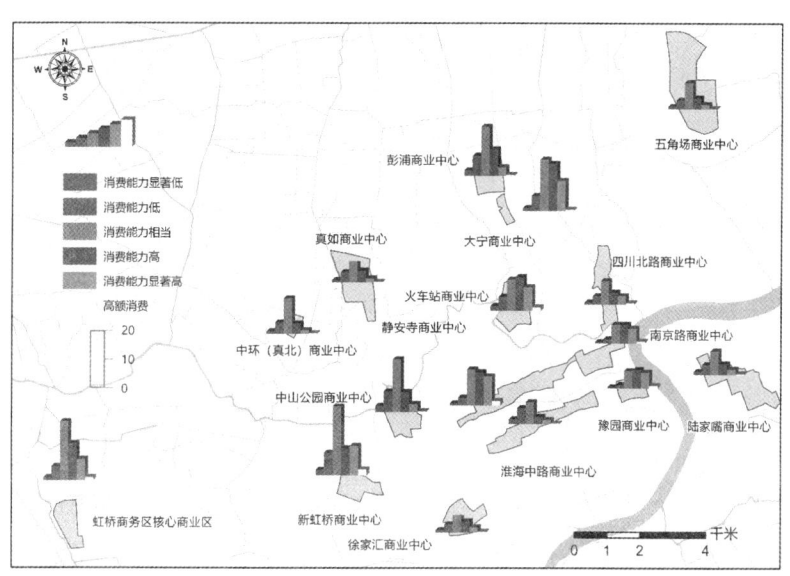

图2-17 各市级商业中心消费人群特征空间分布

在"消费能力显著低"和"消费能力相当"以外的类别中,"消费能力低"类型的消费人群在新虹桥商业中心、中山公园商业中心、虹桥商务区核心商业区、彭浦商业中心、大宁商业中心、淮海中路商业中心的比重较高,而在其他商业中心的比重相对较低。在大多数商圈中,属于"消费能力高"的人群比重仅次于属于"消费能力相当"类别的消费人群比重,排在第二位。其中比较特殊的是新虹桥商业中心,"消费能力显著高"类别的人群比重超过了"消费能力高"类别的人群。"消费能力显著高"类别的比重较高的商业中心包括新虹桥商业中心、静安寺商业中心、火车站商业中心和大宁商业中心。"高额消费"类别的比重占比相对较高的商业中心包括新虹桥商业中心、静安寺商业中心,其他商业中心此类别的比重都非常低。

整体而言,如果以"消费能力相当"为分界线,消费能力整体较高的商业中心包括:虹桥商务区核心商业区、新虹桥商业中心、中山公园商业中心、静安寺商业中心、火车站商业中心、彭浦商业中心、大宁商业中心。而在所有的商业中心中,大宁商业中心的高消费人群数量最多。

(二)消费水平

从图 2-18 可以看出,在上海市的市级商业中心中,依据银联数据所显示的消费水平可以分为五个级别。其中,消费水平最高的第一梯队包括四个商业中心,分别是静安寺商业中心、南京路商业中心、豫园商业中心和虹桥商务区核心商务区,其消费水平都在 12 894 亿元以上,地理位置上主要分布在上海最发达的黄浦江沿岸和虹桥商务区;第二梯队是新虹桥商业中心和火车站商业中心,其消费额都超过了 8 000 亿元,主要坐落于重要的交通枢纽附近;第三梯队是徐家汇商业中心、陆家嘴商业中心、四川北路商业中心和大宁商业中心;第四梯队是中环(真北)商业中心、彭浦商业中心和淮海中路商业中心;真如商业中心、中山公园商业中心和五角场商业中心则是消费水平最低的市级商业中心。

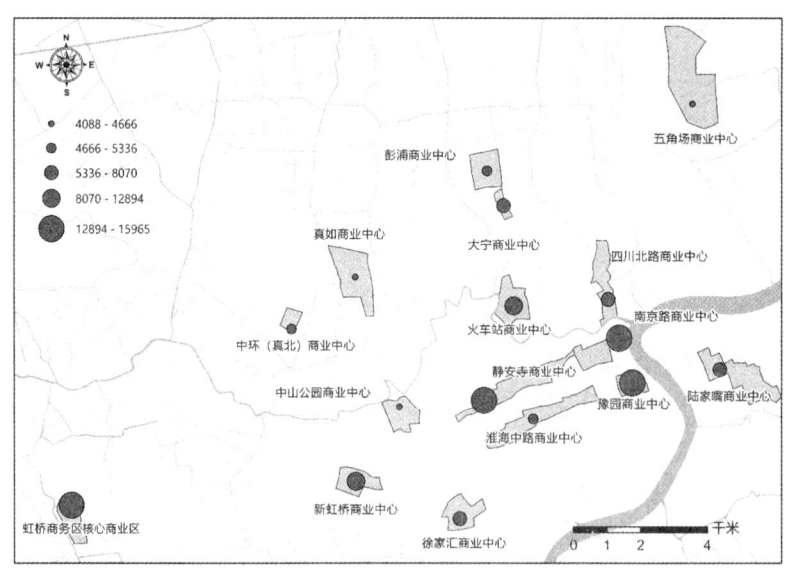

图 2-18 各市级商业中心消费水平空间分布

从整体上看,上海市商业中心的消费水平与其区位条件有着强相关性。消费水平最高的商业中心大都分布在上海黄浦江沿线的西岸和虹桥商务区,这是上海最繁华的商业区和最大的交通枢纽,人流量大且消费刚需高,形成了上海市的消费力双中心;其他的商业中心在浦西和虹桥两大中心周围依次分布,形成距离越近消费水平越高的格局。

（三）消费类型

图2-19是依据银联交易数据分析得到的上海市各市级商业中心消费类型的空间分布情况。依据交易的消费类型不同,将消费类型分为高端人群、文艺小资、白领人士、潜力客户和打拼生活等五大类。

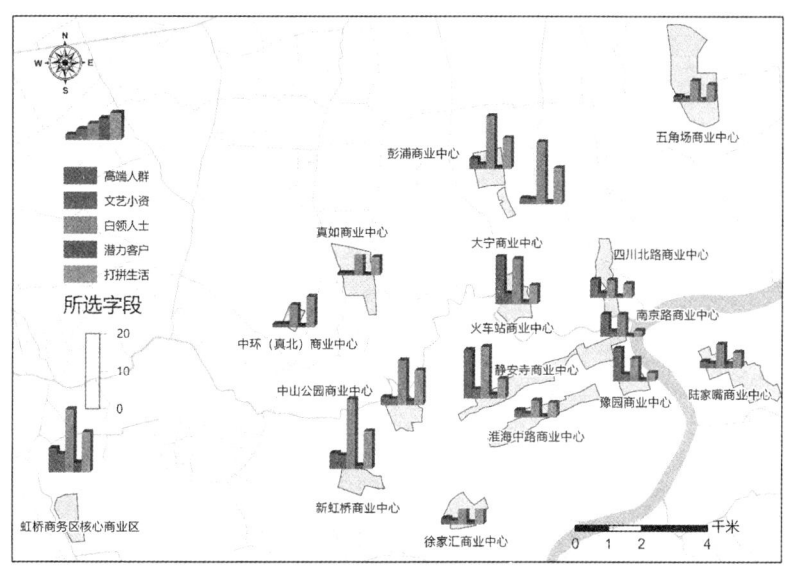

图2-19 各市级商业中心消费类型空间分布

从图2-19中可以看出,在各大商业中心的消费类型中,"白领人士"和"打拼生活"在各个商业中心的占比都非常高,这说明在上海市的主要消费人群,以白领阶层和打拼生活的人群为主,他们承担了上海市相当程度的消费内容。"高端人群"在各个商业中心的分布比例起伏很大;"文艺小资"和"潜力客户"类型的消费在各大商业中心的分布比例都较低。

从单个商业中心的消费类型来看,位于上海市中心的南京路商业中心、四川北路商业中心、静安寺商业中心、大宁商业中心,都呈现出"高端人群"和"白领人士"最高,"打拼生活"位列第三位的消费类型分布特点。该特点展现出,这些商业中心的主要消费人群,是由白领阶层以及更高的富裕阶层组成,其高端消费占比很高。而彭浦商业中心、大宁商业中心、中山公园商业中心、新虹桥商业中心都具有"白领人士"占比最高,"打拼生活"其次的特点,这与上海市中心以高端消费为主的商业中心产生了鲜明的对比,反映出这些地区白领阶层与工薪阶层广泛分布的特点。虹桥商务区核心商业区和陆家嘴商业中心的消费类型分布相对均衡,从一个侧面反映了虹桥交通枢纽和浦东新区居民的多样性较高,消费类型也相对多样均衡。

综合来看,上海市的高端人群消费主要分布于火车站、静安寺、南京路等上海的核心区域,"白领人士"和"打拼生活"则围绕上海核心城区呈现环状分布,虹桥商务区和陆家嘴商业中心则相对均衡。"文艺小资"和"潜力客户"在上海的分布普遍较低。

图2-20展示了"大宗交易""日常超市""小微批发"三种消费目的在上海市的分布格局。在总体上,"大宗交易"和"小微批发"在各个商业中心中的占比都较高,"日常超市"在商业中心的分布起伏较大。

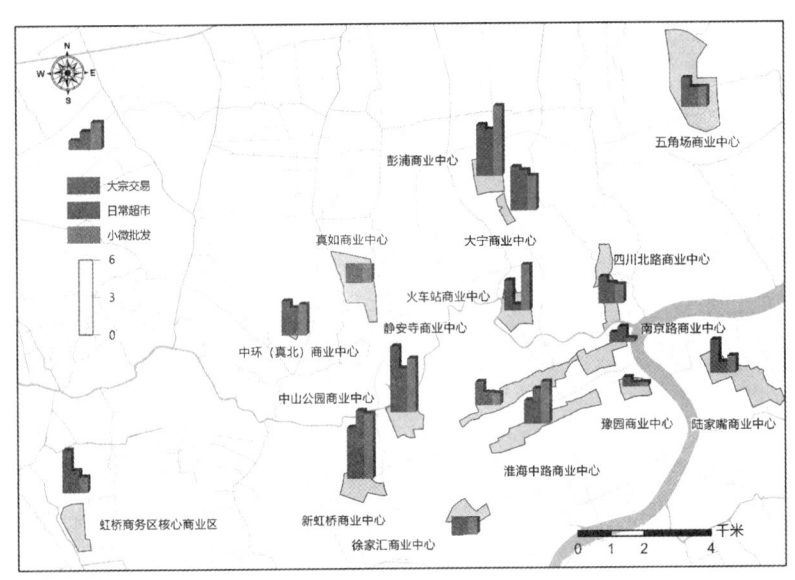

图2-20 各市级商业中心消费目的空间分布

分开来看,"大宗交易"在中山公园商业中心、静安寺商业中心、四川北路商业中心、中环(真北)商业中心、真如商业中心、虹桥商务区核心商业区、五角场商业中心、大宁商业中心和陆家嘴商业中心都是分布比例最高的消费类型;彭浦商业中心、火车站商业中心、南京路商业中心和徐家汇商业中心的"大宗交易"消费目的排第二位,展现了大宗消费在上海市的普遍性。

"小微批发"在彭浦商业中心、淮海中路商业中心、徐家汇商业中心和火车站商业中心是占比最高的消费类型,在其他主要的商业中心,以"小微批发"为目的的消费也占有相当高的比例。新虹桥商业中心和南京路商业中心,则是以"日常超市"为主的消费目的结构,说明在这两个地区,其消费往往以居民的自发消费为主,居民消费能力较强。在虹桥商务区核心商业区,"大宗交易"最多,"日常超市""小微批发"类型的消费目的占比非常高,仅次于位居第二位,该现象说明,在虹桥商务区核心商业区,其消费者多由流动人员构成,因此其消费习惯不同于市内的固定居民。

(四)消费场所

根据上海市银联交易数据,本报告对上海市不同商业中心的消费场所进行了分析统计。依据消费场所的不同,可以分为2大类共6小类。较大数量的场所可以分为购物服务、餐饮服务和生活服务三类(如图2-21所示);较小数量的场所可以分为休闲服务、医疗服务和教育培训服务三类(如图2-22所示)。

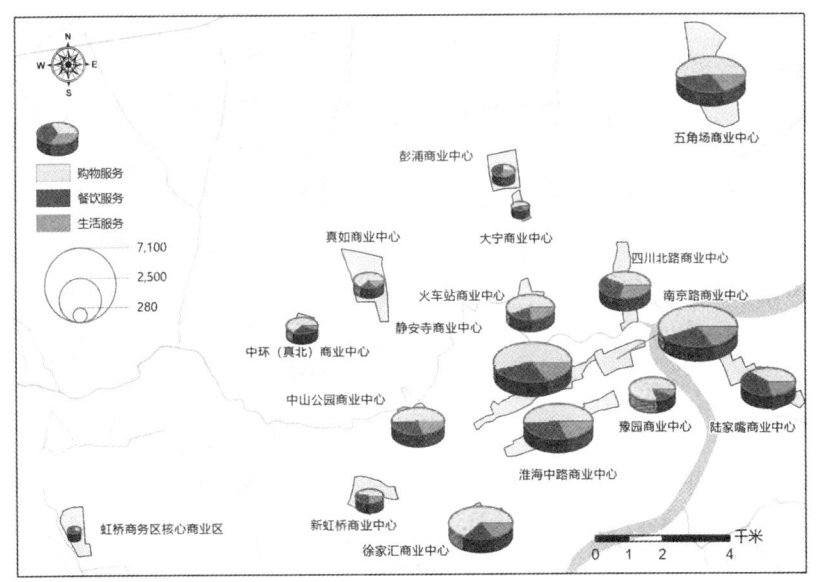

图2-21 各市级商业中心消费场所(较大数量的场所)特征空间分布

在大数量的消费场所中,购物服务场所在各个商业中心中都占据了最主要的位置,豫园商业中心、徐家汇商业中心、南京路商业中心、中环(真北)商业中心、真如商业中心、静安路商业中心、中山公园商业中心和五角场商业中心的购物服务占比都超过了50%,其中豫园商业中心的购物服务场所甚至占到了全部类型的75%以上。这充分体现了日常的购物服务在上海市居民消费比例中所占据的主体位置。餐饮服务

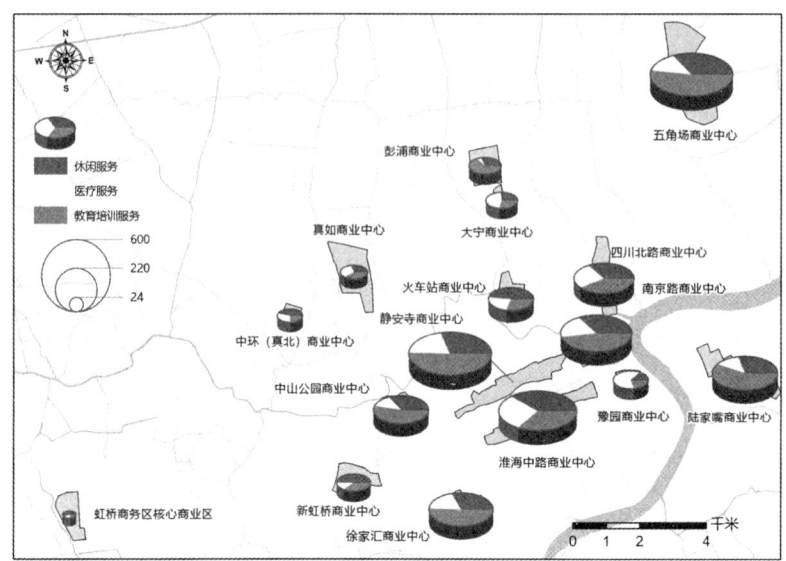

图 2-22　各市级商业中心消费场所(较小数量的场所)特征空间分布

在各个商业中心的占比与生活服务相类似,但在虹桥商务区核心商业区,其餐饮服务达到了惊人的75%左右,这说明虹口商务区的流动人口占比非常大,人群的消费以餐饮为主,固定居民所进行的生活服务消费非常低。

对于小数量的消费场所,上海市的各大商业中心也展现了明显的规律性和区位特殊性。对于大部分商业中心来说,教育培训服务的消费占比都是最高的。在徐家汇商业中心、陆家嘴商业中心、五角场商业中心、静安寺商业中心、中山公园商业中心、彭浦商业中心,教育培训服务的消费占比都达到了50%左右,彭浦商业中心有接近70%的小数量消费场所为教育培训服务。

但是依然有个别的商业中心,展现了不同于此的分布格局。虹桥商务区核心商业区的消费结构中,休闲服务是占比最大的部分,医疗服务次之,教育培训最少,从另一个侧面印证了虹桥商业区的流动人口的消费特点。而豫园商业中心内部,医疗服务的消费占比最高,在60%左右。

总体来说,在较大数量的消费场所中,购物服务占据了上海市绝大多数商业中心的头把交椅;在较小数量的消费场所中,教育培训服务则是占比最大的消费类型。而虹桥商务区核心商业区,由于独特的区位条件和众多的流动人口,展现了独特的消费场所分布格局,大数量消费场所以餐饮服务为主,小数量消费场所则是休闲服务占据主要位置。

四、上海商业中心外部区位评价

(一)交通区位

每个商业中心的交通区位指数是指通过综合分析与之邻近的公交车站、汽车站、地铁站点、火车站和汽车站的加权和,并对其结果进行归一化的量化指标,指数越大,则说明该商业中心的交通区位优势更大。

对16个商业中心分别计算其交通区位优势值并进行地图可视化后的结果如图2-23所示。从图中可以看出,静安寺商业中心和淮海中路商业中心具有最好的交通区位优势。相比较而言,彭浦商业中心、大宁商业中心和中环商业中心的交通区位优势最弱。具备较好交通区位优势的商业中心包括徐家汇商业中心、虹桥商务区核心商业区和火车站商业中心。其次是真如商业中心、四川北路商业中心、南京路商业中心和陆家嘴商业中心。此外,新虹桥商业中心、中山公园商业中心、豫园商业中心和五角场商业中心具有较弱的交通区位优势。

尽管在现实中几乎所有的大型商业中心都具备较好的交通条件,但将这些商业中心进行对比时,仍然可能存在较大的差异。而这里对16个商业中心交通区位优势的分析,正体现了这一客观事实。显然,静安寺商业中心和淮海中路商业中心比其他商业中心具有明显的交通区位优势。从图2-23中可以看出,具有相似交通区位优势的商业中心存在集聚现象。

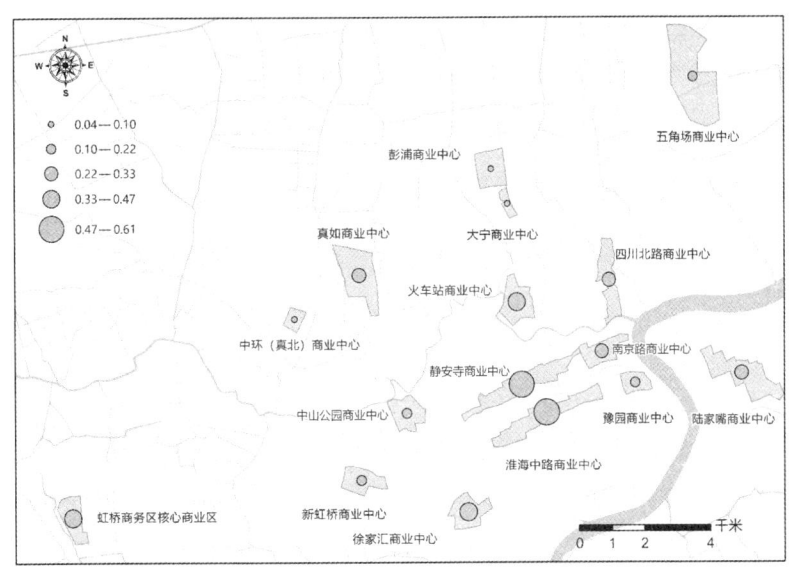

图2-23 各商业中心交通区位优势空间分布格局

(二) 人口流量

商业中心的人口流量优势是指邻近商业中心的潜在人流大小。人口流量越大，则表明该商业中心的人口流量优势较大，反之则越弱。这里的人流依据白天的平均人流进行计算，忽略了夜晚的人流量，这是因为商业中心一般不会在很晚或夜间开放。如图 2-24 所示为所有商业中心的人口流量优势分布图。

从图中可以看出，静安寺商业中心的人口流量区位优势最强，其次是四川北路商业中心、南京路商业中心、陆家嘴商业中心和淮海中路商业中心。人口流量优势一般的商业中心包括徐家汇商业中心、中山公园商业中心、火车站商业中心。人口流量较弱的商业中心较多，主要位于整个商业中心群的外围区域，它们分别是五角场商业中心、彭浦商业中心、真如商业中心、新虹桥商业中心和豫园商业中心。而大宁商业中心、中环商业中心和虹桥商务区核心商业区的人口流量优势则非常弱。

整体而言，具有较大人流量优势的商业中心数量少于具有较小人流量优势的商业中心数量。前者主要位于城市最为核心的区域，后者则主要位于城市中心城区的边缘地带。

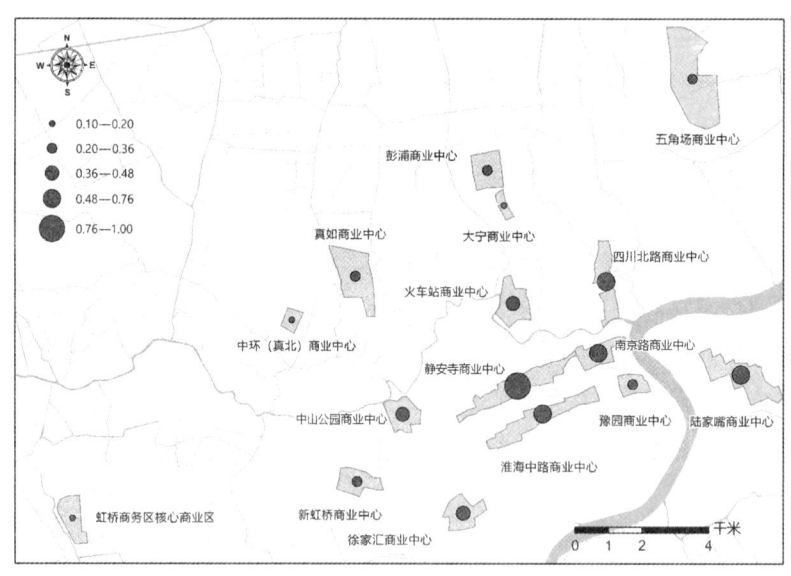

图 2-24　各商业中心人口流量优势空间分布格局

(三) 社区覆盖

社区覆盖优势是指每个商业中心在给定空间缓冲区范围内所能覆盖社区的数量多

少,所覆盖数量越多,则说明其所具备的社区覆盖优势越大,反之则越弱。如图2-25所示为各商业中心社区覆盖优势的空间分布格局地图。

对比图2-24和图2-25可以发现,整体上人口流量优势和社区覆盖优势的空间格局具有一定的相似性,这是由于人流量和社区的分布密度和分布规模有一定的正相关性。但另一方面,这些大型商业中心的人流不仅来自社区,还来自非常驻人口的外地游客。这也说明了这里所用人流量和社区覆盖度两个指标计算结果的正确性。从图2-25中可以看出,静安寺商业中心的社区覆盖优势最大,其次是中山公园商业中心、火车站商业中心、四川北路商业中心和淮海路商业中心。紧随其后的是五角场商业中心、南京路商业中心、徐家汇商业中、虹桥商业中心和真如商业中心。其他商业中心的社区覆盖度优势相对较低。

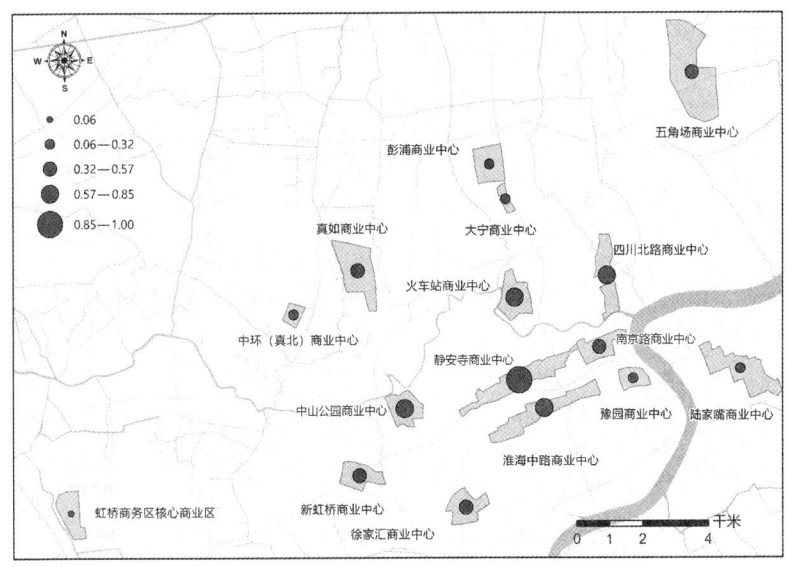

图2-25 各商业中心社区覆盖优势空间分布格局

(四) 区域竞争

区域竞争优势是指在某个区域中该商业中心的不可替代程度。换言之,即某个商业中心的区域竞争优势由所在区域的商业中心数量决定。数量越多,则说明该商业中心的区域竞争程度越强,商业中心的不可替代性越弱。如图2-26所示为各商业中心的区域竞争特征,值越大代表其区域的商业竞争程度越小。

从图中可以发现,虹桥商务区核心商业区和五角场商业中心的区域竞争较少,不可替代性较强,属于第一梯队。其次是徐家汇商业中心和陆家嘴商业中心,属于第二梯队。除了以上四个商业中心外,其他商业中心在空间上相对比较集聚,因此区域的不可替代性相对较弱。具体而言,处于第三梯队的商业中心多达六个,分别是中环(真北)商业中心、真如商业中心、新虹桥商业中心、中山公园商业中心、火车站商业中心和四川北路商业中心。处于第四梯队的是南京路商业中心和豫园商业中心。周边竞争最为激烈,不可替代性最弱的商业中心包括淮海中路商业中心、静安寺商业中心、大宁商业中心、彭浦商业中心。

总之,尽管这16个商业中心在区域中均具有一定的不可替代性,但如果将它们进行量化和对比分析,在相对值上必然存在显著的差异。值得注意的是,一个商业中心的区域竞争显然不仅是由其与其他邻近商业中心的距离和数量所决定的,但这里的分析主要聚焦于这一维度。

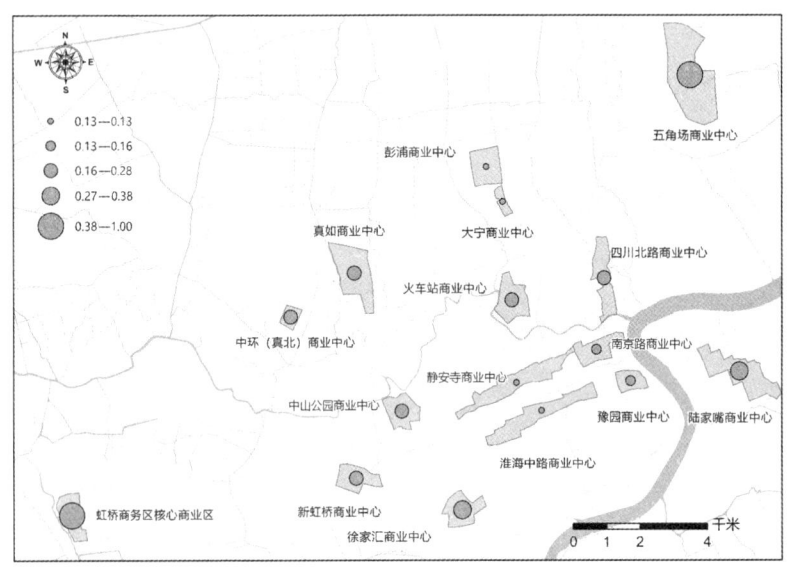

图 2-26　各商业中心区域竞争特征

五、 上海商业中心综合竞争力评价

对上海市16个大型商业中心从内部结构特征、外部区位特征两个维度进行综合分析和评价,可以得到如图2-27的结果。从图中可以看出,所有商圈被划分为四个等级。值得注意的是,这里的等级不仅仅是依据其规模,或其他某个指标,而是综合评价的结果,并且评价结果依赖于所使用的评价数据和评价原则,仅仅是提供一种较为合理的视角。

从图中可以看出,静安寺商业中心、淮海路商业中心、徐家汇商业中心和南京路商业中心的综合评价最优,属于第一梯队。而以上四个商业中心在空间上也具有集聚效应,均处于城市的核心区域。其次是陆家嘴商业中心、四川北路商业中心、五角场商业中心和豫园商业中心。除了五角场商业中心外,这些商业中心主要是在一级商业中心的外围。而三级和四级评价结果中的商业中心主要位于外围区域,或相对分布比较孤立。

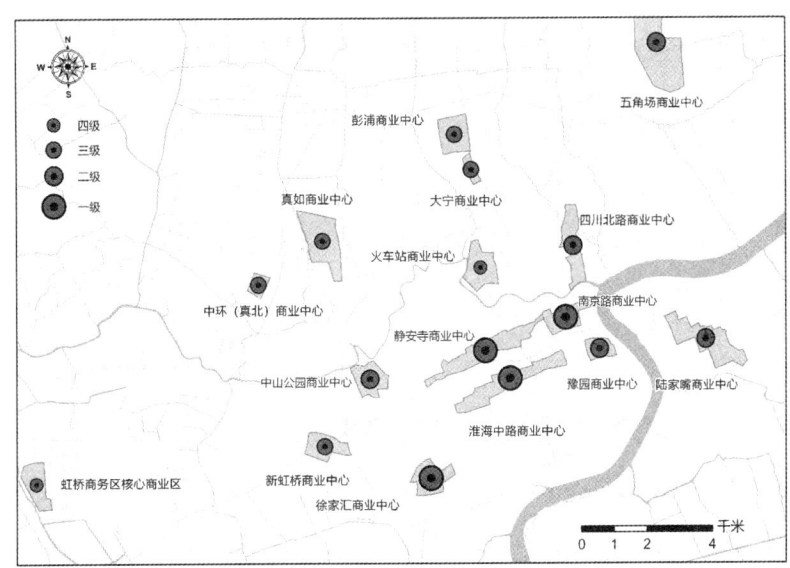

图 2-27 各商业中心综合评价结果及其区域结构特征

第三节 上海社区商业发展分析

一、上海社区商业发展特征分析

为了评测上海市社区商业主力业态的供给情况,本研究选取了餐饮服务、生活服务、社区购物、休闲娱乐、教育培训、药店诊所等六类社区商业主力业态,评测各区社区商业业态单因子覆盖情况。

(一) 餐饮服务业态

1. 覆盖度分析

餐饮服务,主要以中西式餐饮、中西式简(快)餐、糕饼店、茶饮店等商业业态为核心。餐饮业的覆盖度分析利用覆盖指数与覆盖标准差两个指标来定量化刻画。覆盖指数、覆盖标准差分别指行政区中所有社区1千米辐射范围内餐饮服务数量的平均值和标准差,覆盖指数越大,表明餐饮业的分布越多;覆盖标准差越大,表明不同社区辐射范围内餐饮服务数量的差异越大。

从图2-28可以看出,上海餐饮业的覆盖数量呈现明显的三级阶梯状分异:黄浦区和静安区中的餐饮业数量遥遥领先,虹口区、普陀区、徐汇区、长宁区、杨浦区处于中等地位,外围行政区中的餐饮店数量远远低于中心城区。为满足中心城区高密度人群的生活需求,大量餐饮业分布其中,致使各社区餐饮业覆盖度高。同时,中心城区功能结构复杂多样,不同社区功能定位不同,导致其内部餐饮业的覆盖情况差异显著,因此覆盖标准差指数较大。崇明区、金山区、青浦区餐饮业态分布最少,三者均分布在上海外围区域,人口相对较少,对餐饮业的需求量也低,因此餐饮业覆盖度较低。

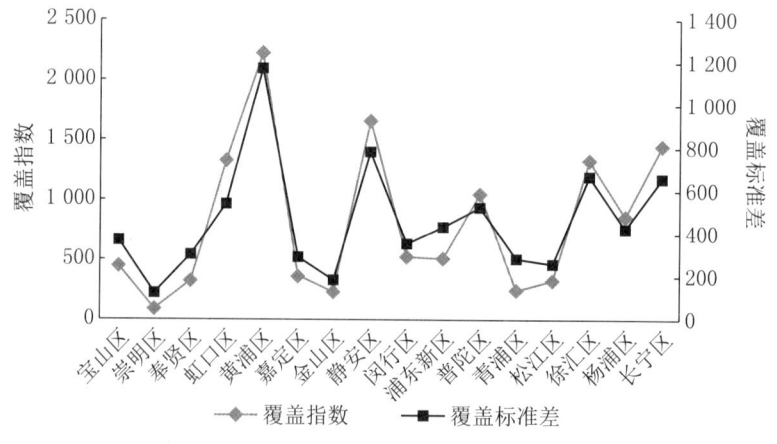

图2-28 上海社区餐饮业覆盖度分析

2. 便捷性分析

餐饮服务的便捷性分析指的是社区达到餐饮店的可达性分析,通过可达距离指数和可达距离标准差来定量化表示。可达距离指数和可达距离标准差分别指的是社区到达1千米辐射范围内餐饮服务距离的平均值与标准差。可达距离指数越大,表明到达餐饮服务的距离越远、便捷度越低。可达距离标准差越大,表明餐饮服务分布也越分散。

从图2-29可以看出,上海市各个行政区到餐饮服务的可达距离指数相差不大,均集中在660米左右,表明整个上海市餐饮服务主要分布在社区附近。虹口区、黄浦区、静安区和徐汇区可达距离标准差均很小,表明中心城区的餐饮服务分布最为集中。中心城区面积有限,人口分布集中,导致餐饮服务呈现聚集分布,各社区与餐饮服务的便捷度相差无几。以崇明区、奉贤区和青浦区为主的外围区域,可达距离标准差值远远高于中心城区。外区区域广袤的占地面积以及分散的人口分布决定了餐饮服务的分散分布格局,导致不同社区餐饮服务的便捷度差异较大。

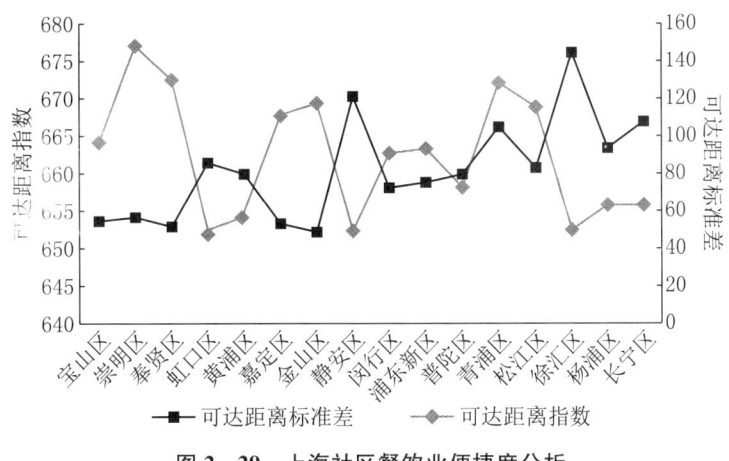

图 2-29 上海社区餐饮业便捷度分析

(二) 购物服务业态

1. 覆盖度分析

社区购物在城市生活中占有重要的地位,主要以大型超市、社区超市、便利店、菜市场为核心。本研究对社区购物服务业态的覆盖度分析基于覆盖指数与覆盖指标来定量化刻画。覆盖指数、覆盖标准差分别指行政区中所有社区 1 千米辐射范围内购物服务数量的平均值和标准差,覆盖指数越大,表明购物服务的分布越多;覆盖标准差越大,表明不同社区辐射范围内购物服务数量的差异越大。

图 2-30 表明,上海购物服务覆盖指数与覆盖标准差的分布趋势一致,均呈现出明显的区域分异:上海市中心的黄浦区购物服务覆盖指数占据上海市的首位,虹口区、静安区紧随其后;分布在外围区域的嘉定区、金山区、闵行区、浦东新区、松江区的购物服务覆盖度最低。从某种意义上说,购物服务可以看作衡量城市化发展水平的一个指标,其代表着一个城市的经济、商业发展水平。上海是我国的金融中心,尤其市中心的繁华程度举世闻名,吸引了大量购物服务聚集于此,因此市中心的购物服务覆盖度高。但市中心复杂多样的功能结构,导致不同社区中购物服务的覆盖度差异较大。外区区域的经济、商业和人口远不及市中心,对购物服务的需求较少,因此外围行政区各社区中的购物服务覆盖程度均较低。

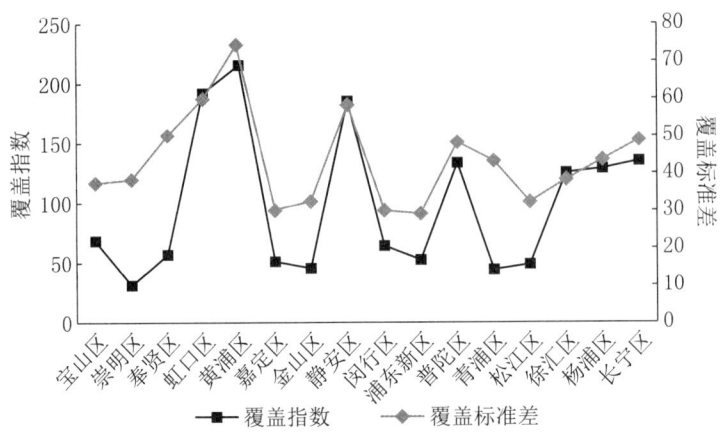

图 2-30　上海社区购物业覆盖度分析

2. 便捷性分析

便捷的购物可以提升城市生活质量,因此了解一个城市的购物便捷性具有重要的意义。购物的便捷性分析通过可达距离指数和可达距离标准差来进行刻画。可达距离指数越大,表明购物所需出行距离越远、便捷度越低。可达距离标准差越大,也表明购物服务分布越分散。

从图 2-31 可以看出,上海市各个社区的购物可达距离指数均在 660 米左右,差异微小。不同区域的可达距离标准差分异明显。市中心(虹口区、黄浦区、静安区、普陀区、徐汇区、杨浦区、长宁区)的购物可达距离标准差远远低于以崇明区、青浦区为代表的外围区域。市中心面积有限,为了满足高密度人群的购物需求,购物服务发展迅猛,呈现密集分布,各社区的购物便捷度相差无几。经济相对落后的外围区域拥有广袤的区域,购物业分散分布,不同社区的购物便捷度差异显著。

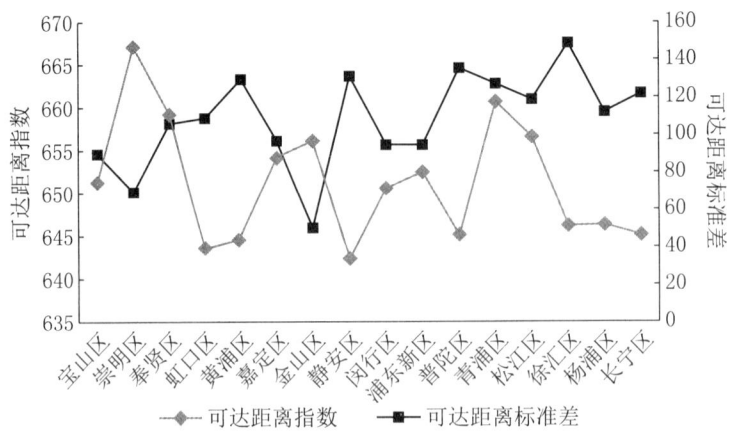

图 2-31　上海社区购物业便捷性分析

(三) 生活服务业态

1. 覆盖度分析

社区生活服务主要以美容美发、金融通讯、维修洗护、文印照相、物流快递、售票中介、宠物服务、亲子培训等商业业态为核心,通过上海市生活服务的覆盖度分析利用生活服务覆盖指数与覆盖标准差两个指标来定量化刻画。覆盖指数、覆盖标准差分别指行政区中所有社区1千米辐射范围内生活服务数量的平均值和标准差,覆盖指数越大,表明生活服务的分布越多;覆盖标准差越大,表明不同社区辐射范围内生活服务数量的差异越大。

图2-32直观地显示出上海市各区的生活服务业有明显的三级阶梯现象。黄浦区、虹口区、静安区三者的生活服务覆盖度遥遥领先,普陀区、徐汇区、长宁区以及杨浦区处于第二梯队,外围区域(宝山区、崇明区、奉贤区、嘉定区、金山区、闵行区、浦东新区、青浦区、松江区)的生活服务覆盖度明显低于市中心区域。市中心区域人口大量聚集,只有高覆盖度的生活服务才能满足高密度人口的生活工作需求。但由于市中心鲜明的功能分区,导致市中心区域不同功能定位的社区(如居住区与商业区)中生活服务的分布差异大于外围区域。

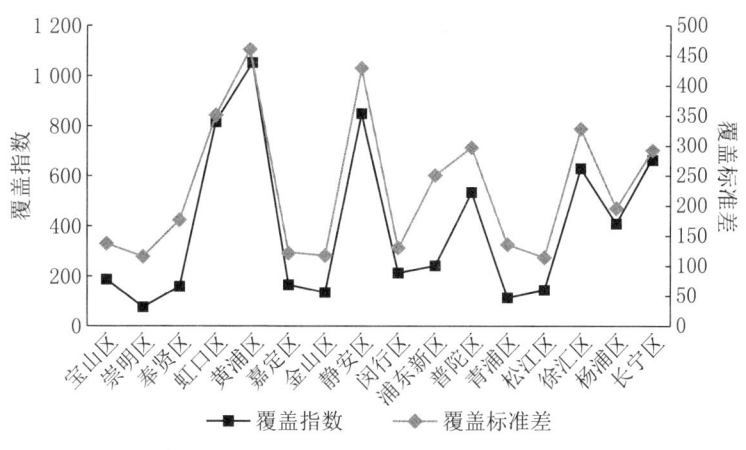

图2-32 上海社区生活服务业覆盖度分析

2. 便捷性分析

生活服务的便捷性分析通过可达距离指数和可达距离标准差来定量化表示。可达距离指数和可达距离标准差分别指社区到达1千米辐射范围内生活服务距离的平均值与标准差。可达距离指数越大,表明到达生活服务的距离越远、便捷度越低。可达距离标准差越大,也表明生活服务分布也越分散。

上海市各区域距离生活服务产业的可达距离指数和标准差指数如下图2-33所示,各区域距生活服务的可达距离指数差异微小,均在660米左右。可达距离标准差指标呈现出明显的两极分化,以崇明区、奉贤区为代表的外围区域,其可达距离标准差远高于虹口区、黄浦区、静安区、普陀区、徐汇区、长宁区等市中心区域。市中心区域面积有限,生活服务聚集分布,各社区到其的平均距离差异微小。外围区域面积广袤,生活服务分散分布,不同社区生活服务的便捷度差异较大。

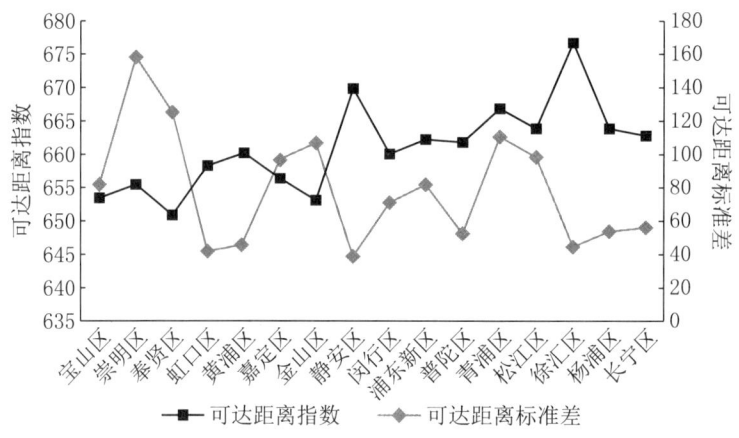

图2-33 上海社区生活服务业便捷度分析

(四)休闲娱乐业态

1. 覆盖度分析

社区休闲娱乐服务主要以健身运动、医疗诊所、KTV会所、酒吧茶馆、养生洗浴等商业业态为核心,利用休闲娱乐服务覆盖指数与覆盖标准差两个指标来定量化刻画。覆盖指数、覆盖标准差分别指行政区中所有社区1千米辐射范围内休闲娱乐服务数量的平均值和标准差,覆盖指数越大,表明休闲娱乐服务的分布越多;覆盖标准差越大,表明不同社区辐射范围内休闲娱乐服务数量的差异越大。

上海市各区的休闲服务业覆盖度情况如图2-34所示,覆盖指数与覆盖标准差指数分布趋势一致,两极分化显著。以黄浦区、静安区、徐汇区、虹口区为代表的市中心区域休闲服务业覆盖指数和覆盖标准差远远领先于以崇明区、金山区、青浦区为代表的外围区域。市中心吸引了大量休闲娱乐服务的聚集以满足大量人口的娱乐需求,由于市中心功能丰富多样且不同区域功能结构差异显著,因此不同社区中休闲娱乐服务的覆盖度相差较大。外围区域功能结构相对单一，因此各社区中休闲娱乐服务的覆盖度相差较小。

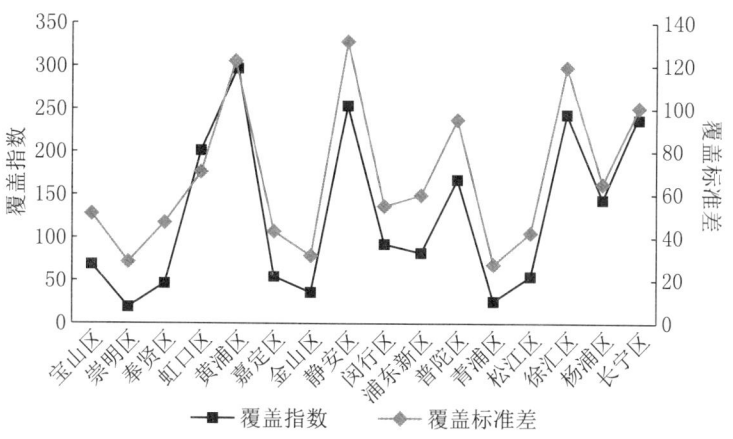

图2-34 上海社区休闲服务业覆盖度分析

2. 便捷性分析

休闲娱乐的便捷性分析通过可达距离指数和可达距离标准差来定量化表示。可达距离指数和可达距离标准差分别指社区到达1千米辐射范围内休闲娱乐距离的平均值与标准差。可达距离指数越大，表明到达休闲娱乐服务的距离越远、便捷度越低。可达距离标准差越大，也表明休闲娱乐服务分布也越分散。

上海市各区距离休闲娱乐服务产业的可达距离指数和标准差指数如下图2-35所示，各区域距休闲娱乐服务的可达距离指数差异微小，均在650米左右。可达距离标准差指标呈现出明显的三级阶梯状分异，外围区域的崇明区、奉贤区、嘉定区、金山

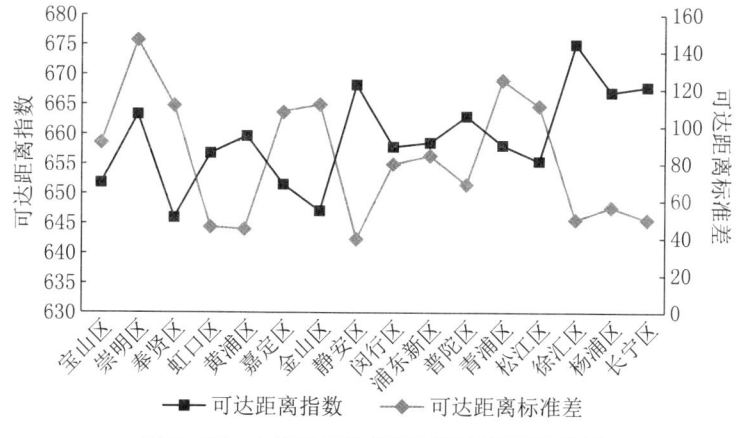

图2-35 上海社区休闲娱乐服务便捷度分析

区、青浦区、松江区、宝山区的可达距离标准差最高；闵行区、浦东新区和普陀区次之，虹口区、黄浦区、静安区、徐汇区、长宁区等市中心区域最低。市中心区域面积有限，休闲娱乐服务聚集分布，各社区到市中心的平均距离差异微小。外围区域面积广袤，休闲娱乐服务数量少且分布分散，不同社区的休闲娱乐服务便捷度差异较大。

（五）教育培训业态

1. 覆盖度分析

教育培训业态主要以成人及儿童教育培训机构业态为主，不包括各类公办和民办学校。本研究基于覆盖指数、覆盖标准差定量化评估一个地区教育培训业态的覆盖度，对于认识和了解该区域具有重要意义。覆盖指数、覆盖标准差分别指行政区中所有社区1千米辐射范围内教育培训服务数量的平均值和标准差，覆盖指数越大，表明教育培训服务的分布越多；覆盖标准差越大，表明不同社区辐射范围内教育培训服务数量的差异越大。

上海市教育培训服务业态的覆盖情况如下图2-36所示，呈现出明显的两极分化。市中心的黄浦区、虹口区、静安区、徐汇区、长宁区和普陀区的教育培训服务覆盖度遥遥领先于外围区域，其中崇明、金山区和青浦区的教育培训覆盖度最低。市中心经济繁荣，对教育的重视程度以及投入成本均高于经济相对落后的外区区域，因此其教育机构的数量也领先于外围区域。但由于市中心鲜明的功能分区，导致市中心区域不同功能定位的社区（如居住区与商业区）中教育培训服务的分布差异大于外围区域。

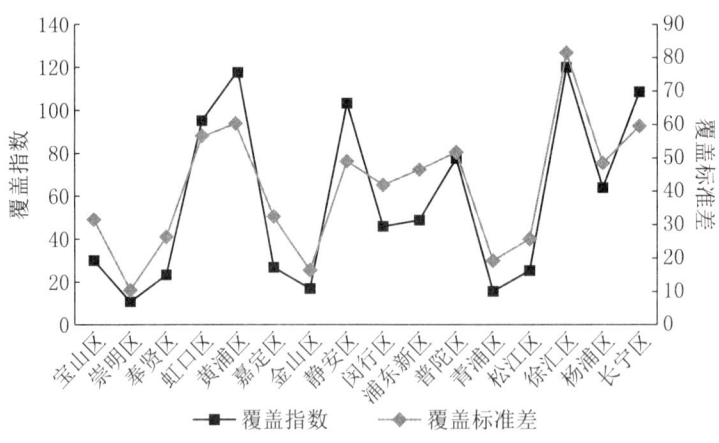

图2-36 上海社区教育培训业覆盖度分析

2. 便捷性分析

距离教育机构的远近在当今购房因素中占据越来越重要的地位，分析各社区到教育机构的便捷性对于城市居民意义重大。教育培训服务的便捷性分析通过可达距离指数和可达距离标准差来进行刻画。可达距离指数越大,表明教育培训所需出行距离越远、便捷度越低。可达距离标准差越大,表明教育服务分布越分散。

上海市各区域距离教育培训机构的可达距离指数和标准差指数如下图 2-37 所示。各个区域的距教育机构的平均距离差异微小,均在 650 米左右。可达距离标准差指标呈现出明显的两极分化:以崇明区、奉贤区为代表的外围区域,其可达距离标准差远高于市中心区域(虹口区、黄浦区、静安区、徐汇区、长宁区等)。市中心区域面积有限,教育培训机构聚集分布,各社区到达教育机构的平均距离均较小。外围区域面积广袤,教育机构覆盖度少,不同社区到教育机构的便捷度差异较大。但由于市中心鲜明的功能分区,导致市中心区域不同功能定位的社区(如居住区与商业区)中教育培训服务的分布差异大于外围区域。

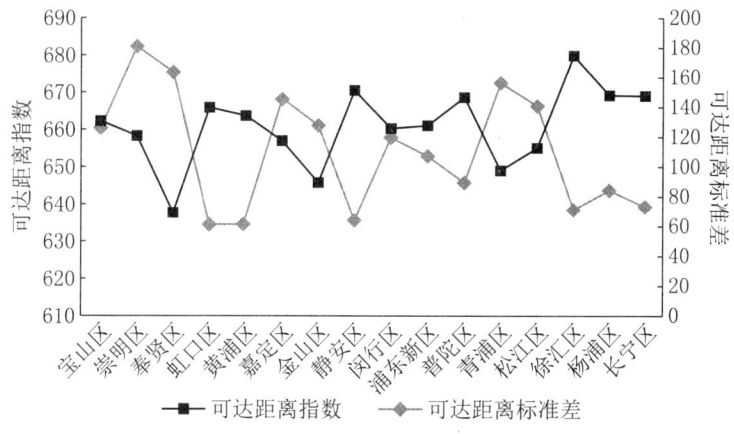

图 2-37　上海社区教育培训服务便捷度分析

(六) 药店诊所业态

1. 覆盖度分析

社区药店诊所业态主要以各类小型诊所、药店为主,不包括医院。本研究基于药店诊所服务覆盖指数与覆盖标准差两个指标来定量化刻画。覆盖指数、覆盖标准差分别指行政区中所有社区 1 千米辐射范围内药店诊所服务数量的平均值和标准差,覆盖指数越大,表明药店诊所服务的分布越多;覆盖标准差越大,表明不同社区辐射范围内休闲药店诊所数量的差异越大。

上海市各区的药店诊所覆盖情况如下图 2-38 所示,不同区域药店诊所覆盖指数差异显著。处于市中心区域的黄浦区、虹口区、静安区、徐汇区、长宁区覆盖度处于领先地位,普陀区、杨浦区紧随其后,外围区域的崇明区、宝山区、奉贤区、嘉定区、金山区、闵行区、浦东新区、青浦区、松江区覆盖度最低。市中心区域人员密集,对药店诊所的需求量大,但不同功能定位下的社区(如生活型社区与商业型社区)需求量差异显著,因此市中心区域不同社区的药店诊所覆盖度的差异性较大,而外围区域由于功能单一,生活居住和工作娱乐区域区分不明显,因此各社区中药店诊所服务的覆盖度相差微小。

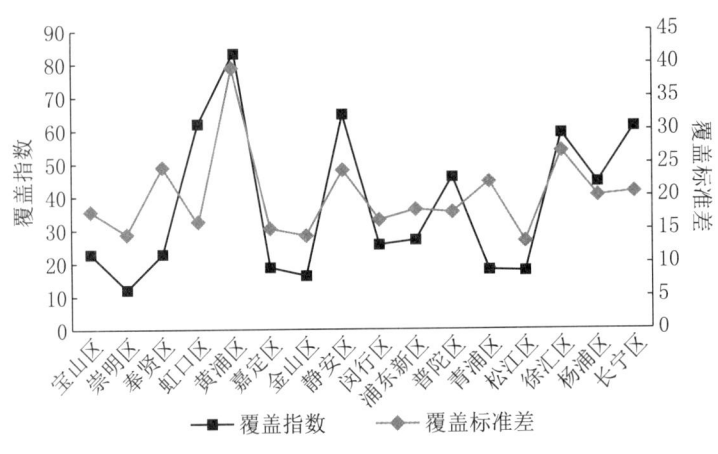

图 2-38 上海社区药店诊所业覆盖度分析

2. 便捷性分析

药店诊所服务的便捷性分析通过度量到达药店诊所的距离来进行刻画。可达距离指数和可达距离标准差分别指社区到达 1 千米辐射范围内药店诊所距离的平均值与标准差。可达距离指数越大,表明到达药店诊所服务的距离越远、便捷度越低。可达距离标准差越大,也表明药店诊所服务分布也越分散。

上海市各区距离药店诊所产业的可达距离指数和标准差指数如图 2-39 所示,各区域距休闲娱乐服务业的可达距离指数差异微小,均在 660 米左右。可达距离标准差指标呈现出明显的三级阶梯状分异,外围区域的崇明区、奉贤区、嘉定区、金山区、青浦区、松江区的可达距离标准差最高;宝山区、黄浦区、闵行区、浦东新区次之,虹口区、静安区、徐汇区、普陀区、杨浦区、长宁区等市中心区域最低。市中心人口密度大,各社区对药店诊所的需求大,因此药店诊所覆盖度高,各社区到药店诊所的距离差异也小。外围区域面积广袤,药店诊所数量少且分布分散,不同社区的药店诊所服务便捷度差异较大。

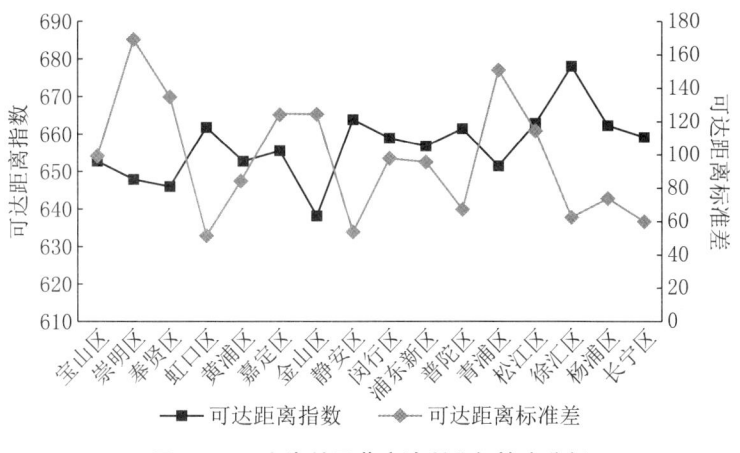

图 2-39 上海社区药店诊所业便捷度分析

二、 上海社区商业中心案例分析

(一) 大型社区商业中心案例

案例名称:"金桥国际"

基本情况:金桥国际商业广场(以下简称"金桥国际")位于上海市浦东新区金桥路张杨路,项目总占地近6万平方米,开发商为香港崇邦集团,建设方为上海爱梦敦置业有限公司,以"花园里的商场,商场里的花园"的独特定位,以客户体验为导向,加之独具特色的文化艺术活动,成为浦东极具代表性的社区商业地标。错落有致的11栋建筑,构成开放的商业空间,与花园广场、景观庭院有机结合,形成丰富多变且立体互动的商业布局,在商场中享受公园的闲适自由,在公园里感受商场的便利舒适。在2020年新冠疫情之中,金桥国际这一鲜明的定位,让顾客更深切感受到环境、生态、自然与社区商业融合得恰到好处,让每一位消费者在购物的同时,享受阳光、雨露,呼吸自由、清新的空气。

消费面向:周边1千米核心消费区共覆盖58个居住小区,居住总人口约12.53万人,25~44岁的中青年为主力消费群体,拥有一定数量的中高端国际消费群体,拥有4个中学、4个小学、13个幼儿园,平均房价650 414元/平方米,有1个轨交站点,81.82%的消费者停留时间在1小时以内。[1]社区覆盖金杨社区、碧云国际社区、沪东社区、浦兴社区、金桥镇社区、高行外高桥社区、洋泾社区等,企业覆盖金桥经济技术开发区、外高桥保税区、张江科学城等区域。

---

[1] 数据来源:边界猎手APP、数位观察(www.swguancha.com)。

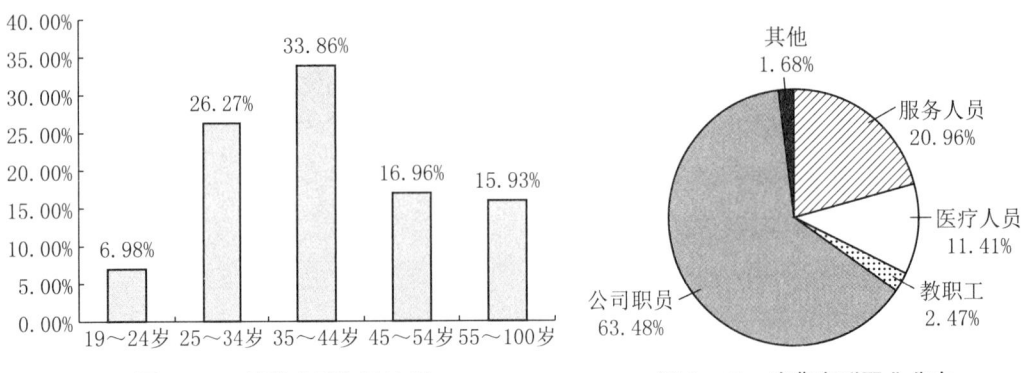

图 2-40 消费客群年龄比例   图 2-41 消费客群职业分布

业态构成:商业广场共拥有 236 家商户,其中购物 98 家、餐饮 83 家、生活服务 19 家、休闲娱乐 6 家、儿童亲子 30 家,盒马鲜生、卡通尼乐园、好乐迪 KTV、国美电器等为主力业态,店铺客流指数排前十位的店铺餐饮占比 60% 以上,餐饮业态到访偏好显示西式餐饮占比 55.18%。

表 2-2 金桥国际商业广场商业业态统计表(2020 年数据)

业态分类	总数(个)	新店(个)	上海首店(个)	营业面积(平方米)
美 食	83	16	3	29 152
购 物	98	32	1	30 485
休闲娱乐(电影、KTV、健身等)	6	3	2	9 614
生活服务(美容美发、银行、洗衣等)	49	20	1	20 940
合 计	236	71	7	90 191

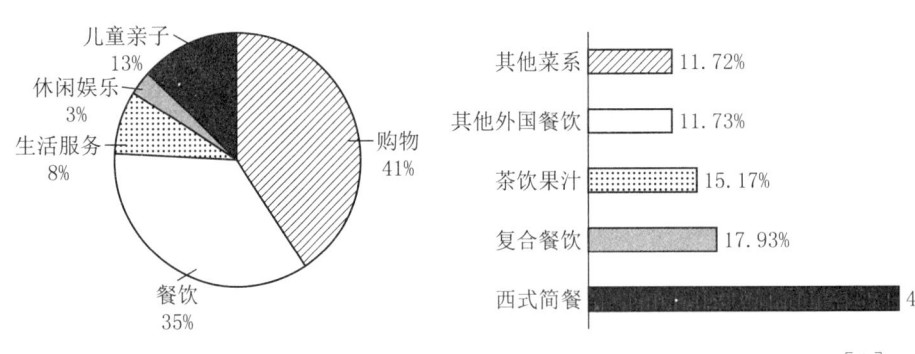

图 2-42 商业业态占比   图 2-43 餐饮业态到访偏好[1]

建设经验:业态整合塑就商业主题。金桥国际通过业态整合,打造开心里 Casa

---

[1] 数据来源:数位观察(www.swguancha.com)。

Lohas、智荟 Inno Social、真园 Kidergarten、礼坊 Giftopia、无限道 The Arcade 等主题商业空间,通过主题塑造、业态创新、价值塑造等手法提升品牌资产,匹配更合适的品牌推广体系,促进实体商业资产价值提升。例如于2020年5月全新打造无限道 The Arcade,贯通7座首层,室外公共空间与室内周边品牌商户融合,打造开放式的环境。通过招商的调整引入海马体、萨莉亚、红蜻蜓、裕莲糖水等商户,与原有的尚汝卿、萌宠社等形成互补,打造健和美主题街区,用主题内街形态提升社区商业中心购物体验。

针对青年社群营造社交空间。2020年4月,位于2座4层的原上海歌城撤场,将近3200平方米的室内空间释放出来,运营商根据金桥青年高知群体较多的特点,将客群锁定为90后、00后的新青年消费群体,将2座4楼定位成"有品位、懂生活、喜创意"的年轻人聚会场所,名为"智荟 Inno Social"。引入楠火锅、先启半步颠、1/4 Miles 街舞、Balance 清吧等不同业态的商户,既有闻名全国的网红店,也有精耕细作的概念店,通过有效的业态调改更好地满足目标客群需求。

体验业态增加提升商业引力。体验业态由于其多频消费的特点,可以吸引消费者反复前往商业中心,从而提升项目的人流基数。金桥国际利用7座3楼屋顶,打造"开心里 Casa Lohas"开放运动空间,联动2层的去浪滑雪、超级猩猩、风火轮等商户,首层喜地及室内外公共空间,共同构成水平与垂直空间的双循环动线,进一步提高体验项目的丰富度。

系列活动设计提升商户销售。商业中心举办活动是引流的常规途径,但消费群体的契合、活动设计的新颖、关联商户的配合、广告推广的跟进都直接关联到活动的有效性。金桥国际2020年精心设计了一系列活动,例如主打运动生活、户外探索、绿色环保的"天使爱美绿系列活动";屋顶运动场与周边办企业联动举办企业运动会,与浦东农委合作将田间农作引入商场,与不同的公益组织开展流浪动物公益领养、Chums 城市露营等系列活动;智荟 Inno Social 邀请创意与智慧领域的 KOC 成为品牌形象与宣传者,与西西弗书店、浦东图书馆等开展文化线上+线下体验活动,开展"乐活夜金桥"品牌活动带动商户夜间销售等;"真园 Kidergarten"举办"Safari 走进非洲"系列活动,结合非洲旅游、非洲音乐课堂、飞羽奥秘等多维度内容吸引新老客人关注;与竹园小学艺术合作"艺起来 艺术节",以儿童节为契机与学校进行深度合作,将公共空间释放成为身边的美术馆等。

(二)中型社区商业中心案例

案例名称:"国和1000"

基本情况:"国和1000"的所在地原为一家陈旧的中型超市,物业为杨浦商贸集团所有,但并不自营,而是长期租赁,建设规划亦为中型超市量身定做。随着大型卖场、社区超市的出现,租赁的超市运营商处境尴尬,往往不到租赁期便接连撤资迁走,原有物业已失去市场。2018年改建后重新开业,商业面积12 990.7平方米,成为城市更新类社区商业中心的经典案例,赢得周边居民的广泛喜爱。

消费面向:周边1千米核心消费区共覆盖53个居住小区,均以三四十年前的多层居住区为主,居住总人口约15.14万人,35岁以上的中老年为主力消费群体,区域拥有上海体育学院,5个中学、6个小学、12个幼儿园,教育资源丰富,平均房价53 655元/平方米,有两个轨交站点。[1]

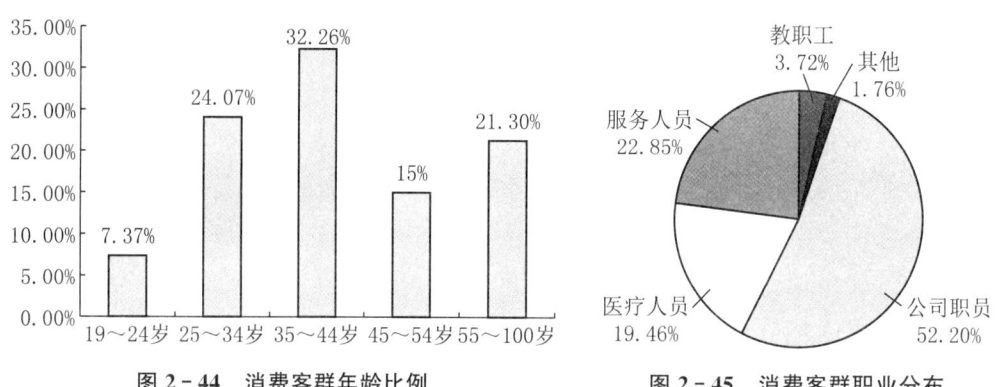

图2-44 消费客群年龄比例　　图2-45 消费客群职业分布

业态构成:商业广场共拥有47家商户,其中购物5家、餐饮27家、生活服务6家、休闲娱乐2家、儿童亲子7家,拥有玩家LIFE、星巴克、乐凯撒等主力业态,店铺客流指数排前十位的店铺餐饮占比70%以上,餐饮业态到访偏好显示中式简餐占比最高,为27.05%。[2]

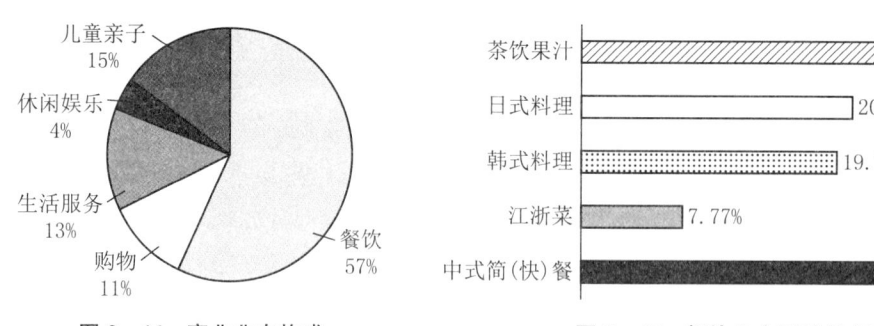

图2-46 商业业态构成　　图2-47 餐饮业态到访偏好

[1] 数据来源:边界猎手APP、数位观察(www.swguancha.com)。
[2] 数据来源:数位观察(www.swguancha.com)。

建设经验:创新业态构成。社区早餐、本帮特色、咖啡西餐等组成"舌尖环游记",儿童教育、亲子互动、孩童娱乐、学习辅导等组成"童梦总动员",共享厨房、社区中心、多功能室、共享书吧、喜事助老等组成"共享乐无界",自助售药、快递配送、健身活动、综合维修、物资回收等组成"生活小驿站"。

公益回馈为先。由于其清晰的国资背景,使得项目将回馈社区居民放在物业经营的首位,将物业4层创新改造为"共享乐无界"板块,包含社区服务中心区、24小时营业的健身房区、舞台区、多功能会议区等,为周边社区居民提供品质生活的场所,插花瑜伽、咖啡拉花、品茗论道,引领着居民发现另一种生活方式,社群空间的打造为"国和1000"始终保持内容引力创造了基础。

设计大胆突破。整体结构上,以魔方为造型。通过变换魔方的用途和位置,营造"垂直向"街区;项目顶层表皮营造家庭化,反映社区生活的氛围;立面街区化,塑造立体的街市空间;同时对原本单调封闭的室内空间进行了重新塑造,引入阳光,并塑造出黄色、蓝色、绿色等不同色彩的主题中庭,为人们带来更多的舒适性和立体生活空间体验;同时限定商铺装修风格,要求通过统一的框线造型形成店铺立面的旋律,让富有特色的各个商铺立面设计能凸显出来。

招商突出连锁。以品牌连锁店或区域特色店为主,从万家LIFE到主力店星巴克、乐凯撒,再到品牌连锁店桂源铺、鲜芋仙、泰煌鸡,大餐饮930本帮菜、酸菜鱼,日本料理、意式餐饮萨莉亚等,商铺品牌连锁达到80%以上,且性价比贴近居民消费才有资格入场。

丰富社区服务。以"匠心工坊+小邻通+法律咨询"的业态形式提供家政维修、修剪回收、公益法律服务等社区增值服务;以共享厨房、共享中庭、共享工位提供聚会、会客、工作等社区交流空间;在互联网家提供自助拍照、自助售药、自助打印等社区自助服务;在公益馆为老年人提供社交、学习、咨询等社区养老服务。

(三)菜场核心社区商业中心案例

案例名称:"高陵集市"

基本情况:上海市普陀区高陵路268号的高陵路菜市场2019年3月闭市,经过一年的改造变身兼具网红气质和在地人缘的"真如·高陵集市"。集市采用了政府与社会资本合作(PPP)模式,街道的财政资金投资了二层公共区域,首层市场化运作的菜场部分由瀚立商业管理(上海)有限公司投资,并统一由瀚立商业对项目进行整体的运营管理。

消费面向:周边1千米核心消费区共覆盖53个居住小区,居住总人口约8.84万人,35岁以上的中老年为主力消费群体,拥有3个中学、3个小学、12个幼儿园,平均房价48 915元/平方米,目前1千米范围内无轨交站点,14号线(在建)真光路站步行440米,公交网络较为发达。[1]

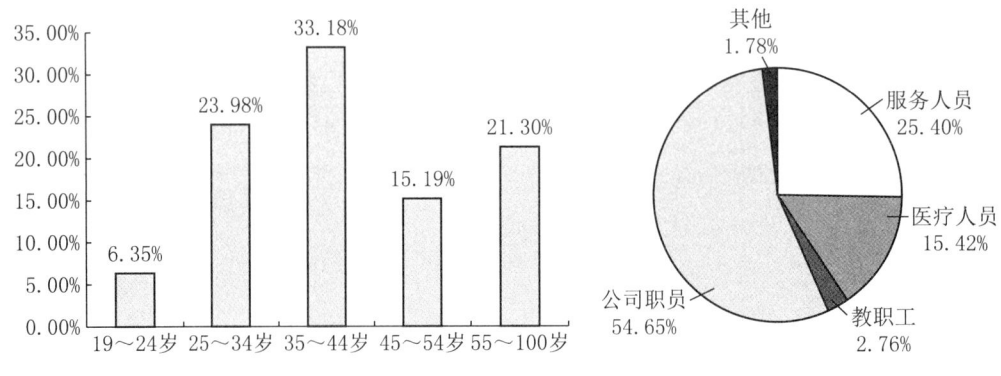

图2-48 消费客群年龄比例　　　　图2-49 消费客群职业分布

业态构成:一楼菜场使用面积将近3 600平方米,包含蔬菜摊、瓜果摊、海鲜摊、家禽摊、熟食店、酱菜摊、南北干货摊、面食摊、杂货部、鲜花店、老字号上海特色小吃馆等。菜市场铺位130个左右。二楼社区服务的平台,占地2 700平方米,融合了党群服务、社区服务、社区管理等三大职能,设置了党群共享空间、新时代文明实践分中心、老人日间照料、社区食堂、便民服务站、儿童成长中心、社区大舞台、共享健身空间等,打造丰富的社区交流空间和活动场景,促进邻里和谐生活。

建设经验:老字号餐饮稳定客流。高陵集市创意地将上海传统餐饮大规模引入菜场集市,选取居民普遍认可度高、价格实惠的品牌特色小吃塑造菜场的特色,先后引进大富贵、小绍兴、沈大成、大壶春、功德林、鲜得来、小金陵、真老大房、泰康等12个著名品牌,使菜场获得稳定客流。

社区服务创造黏性。高陵集市引入街道社区服务中心,将社区商业功能与社区公益服务功能相结合,同时引入社区食堂、日间照料中心、儿童成长中心、共享健身房、百姓大舞台、半日学堂、便民理发洗衣等半公益便民业态,使高陵集市成为周边居民心目中的社区客厅,增加消费者对高陵集市的到访黏性和信赖程度。

场景化设计塑造特色。高陵集市用沉浸式的老上海石库门场景塑造集市的特色,整个装潢设计追求一种民国复古风,穿行在集市中,抬头就会看到老上海的店招,海派风格的装修使得老市场变身为充满老上海风情的网红打卡地。同时,将真如700

---

[1] 数据来源:边界猎手APP、数位观察(www.swguancha.com)。

年的历史、普陀区的非物质文化遗产等,以瓷盘画形式呈现在文化墙上向社区居民展示,在提升居民的归属感的同时,也赋予了集市海派文化属性。

数字化管理提升效益。高陵集市通过数字化管理平台打通了计量、追溯、收银等环节,实时监测摊位的交易情况,从而保证商品安全可溯源。同时,集市还构建了线上线下一体化的会员体系。

政府加持成就便民属性。真如街道在高陵集市改建中具有举足轻重的作用,政府在控制生鲜价格、增设公益服务、降低企业成本、协调商户配合等方面的坚持塑造了高陵集市的便民属性,也成为政府协同企业共同更新老旧社区商业的经典案例。

三、上海社区商业发展经验分析

2020年上海社区商业成为政府更加关注的民生工程,在政府的全力推动和支持下,社区商业在提质增量、民生保障、内容优化等方面不断突破创新,主要表现在早餐工程持续推进、社区商业多元更新、内涵升级迅速加剧等方面。

(一)早餐工程持续推进

2008年起,商务部在全国多个城市推广早餐工程。2011年,上海市被列为"全国早餐示范工程试点城市",自此上海早餐工程建设正式拉开序幕。2012—2019年,早餐工程被连续列入市政府实事项目,成为政府惠民利民的重要举措,建设了24家主食加工配送中心(中央厨房),基本形成"经营集约、布局合理、模式多元、品种丰富"的早餐供应体系。2020年早餐零售网点的布局成为关注热点,为了确保市民"吃得上、吃得起、吃得好、吃得安",市政府在上海市的早餐零售网点的规划、布点、提质上不断创新,取得了明显的成效。

1. 发展的起步期

2011年,上海市被列为"全国早餐示范工程试点城市"后,市商务委发布了《关于做好上海2011年"早餐示范工程"建设项目申报工作的通知》,标志着上海"早餐工程"进入前期准备阶段。文件提出要推进上海市早餐经营的规模化、规范化、连锁化,形成"布局科学、经营规范、品种丰富、质量安全、价格合理"的早餐供应服务体系。还提出重点培育4家"早餐示范工程"龙头企业,支持它们新建或改造主食加工配送中心,并建设一批标准化固定门店式早餐企业。最终,上海大富贵小吃有限公司、上海新亚大家乐餐饮有限公司、上海中饮餐饮管理有限公司、上海记盛餐饮管理有限公司被选为"早餐示范工程"建设试点企业。4家企业均为上海传统老字号,这是考虑到老字号更适合大多数民众口味,食品安全也有所保证。而且老字号经营经验相对丰富,经营成本更易控制,更能保证早餐工程的长久实施。

经过近一年的前期准备,2012年上海"早餐工程"建设全面启动,把早餐工程纳入市政府实事项目,财政配套资金4 000万元,采取以主食加工配送中心为支撑,帮帮车、移动早餐车定时、定点组织化的经营模式。同期发布了《关于2012年市政府实事项目早餐工程建设实施要求的通知》,各区县也积极响应,纷纷制订上报实施方案,建立健全领导小组、工作小组,陆续召开早餐工程动员部署会、推进会。同年,8家企业被选为上海市早餐工程主食加工配送中心项目建设试点企业。政府明确了对它们的建设要求,并给予专项资金支持。除了建设固定早餐网点外,半固定的流动供餐车也被引入早餐工程,促进上海早餐网点实现全覆盖,尤其在写字楼密集的商务区。

标准化门店式的早餐网点建设在讲究安全、卫生和高性价比等统一标准的基础上,鼓励企业在经营模式上发挥各自特色,目标是形成以中式点心店为主,超市、便利店为辅,西式点心店点缀,固定、流动供应点共同参与的早餐网点格局。

2. 发展的成长期

2013年开始,上海早餐网点建设进入稳步推进的成长期。市政府每年根据上一年度早餐工程实施情况,发布当年的"早餐工程"建设实施方案,以合理安排本年度早餐工程建设行动,并出台相关建设规范。主食加工配送中心和标准化早餐门店数量逐步增加,覆盖范围越来越广,早餐品类日益丰富。

到2014年,上海市共建成包括"老盛昌"在内共计20家,每家规模在1 000平方米以上,上接基地、下接网点的早餐工程主食加工配送中心,直营或间接为全市共计5 374个早餐网点提供配送,涵盖餐馆、大卖场、超市、便利店、标准化菜场、团膳等,实现销售43.58亿元。工厂化、标准化的主食加工配送中心已经占全市早餐供应50%以上市场份额。通过"早餐工程"实事项目的实施,传统中式早餐从现代化的流水线上"款款"走出,上海早餐供应网点也从小、散、乱进入"品牌化""连锁化"新阶段,涌现出"大富贵小吃""巴比馒头""鸿瑞兴""迎园食汇""早陆晚玖""老盛昌""乔家栅"等早餐品牌,锁定各自目标人群。到2016年,市政府累计投入财政专项资金1亿元,建成24家早餐工程主食加工配送中心,直接配送1 800个早餐网点,间接配送6 000个早餐网点。

2017年开始,上海"早餐工程"将模式创新作为发展重点,进入资源共享新阶段。24家早餐加工配送中心企业都参与早餐工程资源共享工作。通过资源共享,消费者可以在一家早餐门店买到来自不同企业的产品,早餐品种上做到了互补、互惠、互利,早餐门店的供应品种得到极大丰富。这种跨企业的经营方式打破了传统经营格局,以开放的姿态开展资源共享,开创了早餐企业合作的先例,"共享早餐"模式得到社会一致认可。

2018年,经过六年的早餐工程建设,上海市已形成"多形式、立体化、广覆盖、高便捷"的早餐网点布局体系,创新出适应不同区域、不同消费群体的新模式、新业态。如"早菜结合"模式,放心早餐进入标准化菜市场、生鲜超市;"早社结合"模式,实现"早餐工程、白领午餐、老人助餐、社区便民服务"等四位一体发展;"早居结合"模式,早餐网点与大居配套;"堂吃＋外卖"模式,通过设置堂吃大厅、熟食外卖房、点心外卖房,兼具堂吃、外卖功能,满足不同消费群体的需求;"小门店、大电商"模式,小门店通过电商平台和配送体系,实行网订店取、配送上门等服务。

2019年,上海市发展"便利店＋早餐"这一新的经营模式纳入早餐工程建设议程,进一步扩大早餐网点涵盖范围,并公布首批50家连锁便利早餐示范点名单,便利蜂、罗森、全家等一批门店入选。同时在"早餐工程"建设实施方案中提出推广上海特色小吃馆模式,完善"菜市场＋早餐"经营模式,规范移动早餐网点建设管理,拓展"互联网＋早餐"服务范围等建设任务。

3. 发展的升级期

2020年上海市委、市政府办公厅联合印发《关于进一步推进我市早餐工程建设的意见》(以下简称《意见》)。与前几年的早餐工程建设意见相比,这一版《意见》针对当下早餐工程面临的问题和短板做出很多升级更新,提出许多创新性的早餐网点发展模式,标志着上海新一轮"早餐工程"启动,迎来升级发展期。在《意见》的指导下,上海市商委、各区商委会同市区级商业联合会,将早餐零售网点的查遗补缺工作落到实处,使上海市早餐供给水平得到较大提升。主要工作开展围绕以下几个方面进行:

规划先行,突出顶层设计科学性。根据《意见》,制定《上海推进早餐工程建设实施方案》(以下简称《实施方案》),明确6个方面的重点任务和18项具体举措,构建以中央厨房为核心、连锁早餐网点为主体、多种形式为补充的早餐供应体系,推动早餐服务更便捷、更丰富、更健康。组织编制并发布《本市早餐工程网点规划和业态导则》,对上海市民的早餐消费需求特征、各区早餐网点的供需情况、各早餐业态的发展状况进行详尽分析,明确了构建以中央厨房为核心,连锁早餐网点为主体,特色单店、流动餐车、外卖平台配送等多种形式为补充的早餐供应体系,并制定早餐网点建设任务清单、流动餐车设置任务清单和网订柜(店)取网点建设任务清单等具体执行目标。

模式创新,突出早餐业态先进性。不断加快对新模式、新业态的探索,网订柜取提升早餐供给体系智慧度,积极推进盒小马、逸小兔、光明"新零售＋早餐服务",鼓励发展便利店＋早餐服务＋网订柜（店）取、超市＋早餐服务＋网订柜（店）取、早餐社区门店＋网订柜（店）取，大大提升了早餐供给的便利度。推出盒小马、逸小兔、光明BK24等网订柜取门店，一批便利店、超市和早餐门店实现网订店取，近500台智能取餐柜完成布局。同时主动探索流动餐车的供给模式，光明、百联、盒马、中饮巴比等企业的流动餐车，均已在产业园区、商办楼宇、大型居住社区和地铁站点等早餐薄弱区域开展运营。支持餐车企业通过"一车多址"开展早餐、午餐和夜市等多种经营活动。发展外送到家服务，拓展早餐网点服务半径。

树立标杆，突出早餐网点示范性。加快树立早餐标杆形象，发挥示范引领作用，制定公布三个"早餐工程"专属商标（Logo），"Hello"图样Logo主要用于流动餐车，"厨师帽"图样logo主要用于西点面包坊等西式早餐企业，"面点师和传统早餐四大金刚"图样logo主要用于传统早餐企业、社区门店。截至目前，全市合计已有40家企业、45个品牌张贴logo。其中，25家中央厨房企业门店的张贴率达到85%左右，早餐工程示范门店张贴率达到90%以上，"便利店＋早餐服务"企业张贴率达到95%以上。

提质优化，突出早餐供给品质性。推进光明、鑫博海等5家核心中央厨房企业与其他早餐门店（点）进行产品对接，汇总可共享早餐单品超过1 000个，已共享早餐单品360个，遍布全家、罗森、良友便利等4 000多个门店。会同光明集团、市商业联合会举办"上海早餐工程共享早餐暨光明千店百品早餐项目启动仪式"，发布共享早餐示范企业6家、示范点155家名单，22家供需双方企业进行了签约，光明、清美等13家企业现场展示了125个可共享早餐套餐。同时，制定《早餐营养优化计划》，指导企业加大健康早餐的研发与上市。目前，鑫博海、清美、光明等12家企业，已推出针对三高糖尿病患者、老年养生人群、儿童、青少年的208款营养健康套餐。

政策支持，突出营商环境友好性。各区相关部门逐项落实《实施方案》中的"八项政策"，重点包括：鼓励各区试点实施"一证多址"，推广"一地多证"；优化小型餐饮服务提供者临时备案管理，加强信息共享，增加办理渠道；放宽便利店经营品种限制和门店对外宣传形象限制；放宽早餐时段停车限制；鼓励互联网外卖送餐平台降低早餐外卖服务佣金等，最大限度激发主体经营活力。[1]同时，上海市商委、各区商委联合上海市、区级商联会形成早餐工程推进联动机制，高效推动早餐网点的增量提质，显示出规划执行的协同性。[2]

---

[1] http://ss.shanghai.gov.cn/.
[2] 《上海商联》，上海商联会，2021年4月。

（二）社区商业多元更新

社区作为城市运作的基本单元，为居民提供了不可或缺的居住和经济活动场所，而社区商业中心的建设更新水平直接关系到居民满意度、幸福度的提升，目前已成为政府、资本、企业广泛关注的领域。2020年上海整个社区商业发展呈现多元更新的局面：

社区商业运营主体趋于联合。上海一直都非常重视社区治理，2018年上海市人民政府发布的《上海城市总体规划（2017—2035年）》就阐述了社区单元建设，同时，在治理方式上也明确需"政府引导、市场运作、社会参与"的总体思路，科学化社区治理的基石。在巩固疫情防控成效基础上，2020年复工复产、促进消费成为首要任务，如何有效引导市场力量参与打造社区商业的共建、共治、共享机制成为社区商业发展的重要课题。上海社区商业的发展除了新建社区型购物中心外，更多的是基于老旧物业的城市更新项目。据估算，上海大量核心区商业物业资产所有权由公有制企业所持有，其中大部分并非由业主直接组建团队对物业进行运营管理，而是通过转让租赁权或委托运营管理等方式交给了商业运营商运作，这种商业二房东模式因缺乏政府和国企的实际监管与参与，因而追求短期回报、避免社会责任、忽视社区营造等特点成为大量社区商业经营不善的根源。2020年上海社区商业领域国企业主与民营运营商的融合更为紧密，长宁区属国企上海九华商业与创邑实业的"愚园路项目"、真如街道与瀚立的"高陵集市"、杨浦商贸集团与瑞商联城的"国和1000"都成为社区商业运营主体深度协作联合的优秀案例，政府和国企明确的社区治理目标、信任开放的合作态度，以及切实有力的政策支持都为社区商业良性发展提供了有利的背景基石。

社区商业发展形态趋于多元。随着社区商业发展的深入实践，社区商业的形态更加多元，关于社区商业的形态划分行业也有着不同角度的标准。国家商务部出台的国家标准把社区商业按居住人口规模、建筑面积、服务半径分为社区商业中心、社区便民商业中心和街坊商业；而商业地产领域则有按项目形态分为盒子、外街、内街、混合的分类方式，也有按投资主体的运营方式分为自持、销售、混合的分类。2020年上海新建社区商业的形态更加多元，社区属性新开项目11个[1]，宝山1家、奉贤2家、嘉定1家、浦东4家、普陀1家、青浦2家，包含盒子型社区购物中心如百联临港生活中心、新环广场、金鑫生活广场等，街区型社区购物中心如桃源·π商业广场、尚悦西街、十一街等，其中百联临港生活中心、新环广场、桃源·π商业广场、尚悦西街商业业态较为丰富，其他项目有待持续关注。同时，社区商业存量改造项目有增多趋势，例如

---

[1] 数据来源：联商网。

小而美的邻里街区金地、喜悦荟、南六及晶朵汇都为行业提供了优秀的更新手法。

社区商业管理水平趋于提升。在全面推进复工复产的过程中,社区商业针对消费者所表现出来的突出的服务能力和消费需求的满足,预示着其在未来商业模式中的潜力,越来越多的头部企业关注到社区商业这片新蓝海,龙湖、万科、保利等房地产企业,已研发出不同的社区商业产品线,阿里和京东这些互联网巨头也在十分积极地进行社区商业的布局,整个行业的社区商业运营管理水平也随之提升,主要体现在:1.设计水平更加专业。随着众多社区商业的成功运营,培养出越来越多的社区商业管理人才,精细全面的客群分析、招商前置的业态规划、强调功能的商场定制等都体现规划水平的提升。2.运营模式更加成熟。越来越多的专业社区商业管理团队经过多年的市场锤炼,在招商筛选、营销推广、物业管理、社群营造、商户支持方面的水平也越来越专业,逐步形成自己的社区商业运营体系和营利模式。3.盈利能力更加复合。创邑、锦和、瀚立等社区商业运营团队在经历政府支持的初创期后,逐步摆脱对财政支持的依赖,通过自持物业增效、社区商业自营、融合社区服务等方式逐步完善自身盈利模式,用复合多元的运营方式提升物业盈利水平。4.品牌意识更加强烈。随着社区商业建设改造需求的持续增长,越来越多的社区商业运营商着力塑造自己的社区商业运营品牌,提升商业价值。

(三)内涵升级迅速加剧

社区商业业态更加丰富。随着社区商业快速发展,真正的需求逐步受到关注,社区商业业态也在竞争和需求的双重推动下日趋丰富,形成更加优化的商业业态组合。目前总体上看,社区商业业态虽然在不同形态的社区商业中心中配置不同,但主要由以下几个模块构成:1.社区购物业态,主要以大型超市、社区超市、便利店、菜市场为核心,目前呈现出超市趋于小型化、菜场融合多样化、便利店功能复合化的趋势。在上海社区中传统日杂店基本已被京东便利、罗森便利等连锁便利品牌收编,但小型菜场、水果店呈现增多趋势且多为传统夫妻店,社区小型购物场所的规范管理仍待关注。2.社区餐饮业态,主要以中西式餐饮、中西式简(快)餐、糕饼店、茶饮店等为核心,在线上餐饮快速发展的时代,社区餐饮呈现出增加线上送餐服务、关注服务口碑塑造、餐饮价格更加亲民的趋势。疫情之后,社区一度出现部分只做外卖业务的餐饮店铺,当时其卫生条件和规范管理不足,目前已基本得到整治。3.生活服务业态,主要以美容美发、金融通讯、维修洗护、文印照相、物流快递、售票中介、宠物服务、亲子培训等为核心,目前呈现出服务形态更加多元、复合性店铺增多、社交属性增强的趋势。生活服务品牌更加关注社区赛道,从单一的配套功能逐渐进化为全生活解决方案的提供商。4.健康娱乐业态,主要以健身运动、医疗诊所、KTV会所、酒吧茶馆、养生洗浴等为核心,疫情之后居民更加关注健康状况,因而健身运动和保健医疗的商业业态逐步增多,其中以小型专业健身房、舞蹈房、牙医齿科等增加较快。5.公益服务业态,2020年上海社区商业在社区公益服务业态的更新上尤为明显,大量社区商业综合体将社区商业服务与社区公益服务相结合,主要以社区共享空间、社区公益食堂、社区老年托管中心、社区便民服务中心、社区公益大学等为核心,目前呈现出公益服务专业化、社区活动常态化、文化属性增强化等趋势,公益服务业态的加入使社区商业中心的社区黏性加强,成为社区居民真正的"邻里客厅"。

线上线下融合趋于深入。疫情推动社区电商的快速发展,完成了社区电商业态的全面普及,随着整个社会经济的全面稳定,线上线下商业在社区场景下快速融合,逐步形成更为深入的协作运营模式。2020年上海社区商业线上线下融合呈现以下特征:1.线下店铺积极发展线上业务,在线化业务明显增强,核心地区80%以上实体店铺具备线上配送服务,其中餐饮类线上商业服务增长最快,同时互联网营销、社群营销等线上营销方式成为线下店铺的基本配置。2.社区团购逐步趋于规范,社区团购通过团长制、集采集配和预售制,带来了流量成本、履约成本、生鲜损耗的降低,兼具性价比和时效性。2020年在相关部门的监管引导下,互联网巨头、传统商超、供应商、渠道商等大型企业纷纷入局,社区团购平台逐步规范。社区团购现阶段主要聚焦家庭厨房,食材类仍是主要商品。从长期看,以"引流"为核心到"差异化"为核心,是社区团购电商对于用户的培育过程,也将是平台选品和盈利的关键策略。[1]

深度社区营造成为热点。社区商业承担更多美好生活"体验感""获得感"的职能,社区商业综合体正逐步从社区购物中心变为社区生活中心,突出情感性、共享性、互动性。2020年,社区商业中心普遍更加关注社区文化挖掘、友邻环境创新、社群组织培育、共享机制建立等领域的社区营造途径,用丰富的社区体验内容增强邻里关系。创邑作为上海深度社区营造的先行者,推出"社趣更馨"计划,在街区更新完成后以社区营造后置的形式介入街区关系的构建。两年的驻地改造,"社趣更馨"通过"社区营造""街区创生""品牌设计"等三大板块,缔造周边居住者、生活者、工作者的共同关系。参与式设计工作坊的开展使得设计师与居民、职能部门一同设计美好家园;公共艺术落地社区场域,使得居民在周边即可获得与艺术对话的机会;商业向善行动促成商户联盟的建立,以更友善的形式反哺周边居民;社会创新行动的开展,激发在地群体与青年群体一起创造有趣的行动。[2]爱梦敦置业在金桥国际商业广场的更新中,通过"天使爱美绿系列活动""企业运动会""流浪动物公益领养""Chums城市露营""乐活夜金

---

[1] https://card.weibo.com/article/m/show/id/2309404679921539875330.
[2] https://mp.weixin.qq.com/s/uuRKFlJDkEa4-6YvyamQ2g.

桥""艺起来 艺术节"等活动增强社区不同社群的归属感。联动社区运营共创资源，关注人群美好生活的营造，秉持着商业向善的理念，以社会创新作为赋能手段，以连贯性行动向不同的社区场景注入新活力，成为社区深度营造的热点。

第四节 上海特色商业街区发展分析

一、上海市特色商业街区发展概况

（一）由量变转向质变

《"十三五"时期上海国际贸易中心建设规划》提出进一步形成市区联动、企业参与的发展合力，共同解决制约特色商业街区发展的瓶颈问题。上海市按照部署与国内外特色街区开展交流合作，促进特色商业街区提质升级；打造了一批有特色、有品质、有品牌的街区市集、街区节庆；培育了一批"有特色、有品牌、有秩序"的夜市特色街区；提升了街区的文化休闲、餐饮住宿能级，培育了一批集聚和展示上海工匠精神、凸显前店后厂、展现一流度假品质的特色商业街区；多措并举打造了一批国内外知名的特色商业街区，并正在形成一批具有全球知名度的消费地标，向着打造"历史有根、文化有脉、商业有魂、经营有道、品牌有名"的上海特色商业街区的总体发展目标，先后两批公布了69条特色商业街区。

2015年，上海市商务委推选出了65个特色商业街区，2016年又在上海国际旅游度假区内增补了2个特色商业街区（上海迪士尼小镇和奕欧来上海购物村）。在2016年11月29日举行的"上海市商业街区发展大会暨上海特色商业街区发展联盟揭牌仪式"上，全市67个特色商业街区集中亮相，一展上海这座国际大都市的别样风情。在2019年上海购物节开幕式上，上海市特色商业街区发展联盟又发布了20个特色商业街区，除了18个街区已包含在之前的67个名单中之外，又新增了2个街区，分别为陕西北路老字号专业街和百联奥特莱斯广场。

"十四五"开局伊始，《上海市国民经济和社会发展第十四个五年规划和二〇三五年远景目标纲要》正式公布，到2025年，贯彻落实国家重大战略任务取得显著成果，城市数字化转型取得重大进展，国际经济、金融、贸易、航运和科技创新中心核心功能迈上新台阶，人民城市建设迈出新步伐，谱写出新时代"城市，让生活更美好"的新篇章。具体包括城市核心功能更加强大、人民群众生活更有品质、城市精神品格更加彰显、生态环境质量更为优良、超大城市治理更加高效。[1]这为包括上海特色商业街

---

[1] 资料来源：《上海市国民经济和社会发展第十四个五年规划和二〇三五年远景目标纲要》。

区发展在内的上海商业发展指明了方向和目标。"十四五"期间,上海商业将进一步贯彻落实《上海城市总体规划(2017—2035年)》,围绕上海建设社会主义现代化国际大都市的发展定位,结合上海建设"五个中心"、打响"四大品牌"的发展战略,以推动商业高质量发展、创造高品质消费生活为核心,加快建设具有全球影响力的、彰显鲜明城市品格的国际消费中心城市,指导商业设施合理发展、空间有序布局,引导构建与社会主义国际化大都市相匹配的、功能完善、层次清晰、保障有力的商业网点体系。具体将构建包括由"国际级商业中心、市级商业中心、地区级商业中心、社区级商业中心"构成的4级商业中心,包括"特色商业街区、夜间经济集聚区、首发经济示范区"等X个特色商业功能区,以及以"商贸物流体系、智慧信息体系"为主的2个配套支撑系统。[1]

其中,特色商业街区是指满足人们个性化、差异化、专业性等特色消费需求,由某一特色吸引力衍生出众多规模不一、特色鲜明的商业及服务设施,以带状街道形态为主线,呈网状辐射,依托主街、支马路形成连绵的商业功能片区,统一管理并具有一定规模的区域性商业集群。根据所在区域的功能定位、业态特色、历史风貌、人文底蕴,培育发展一批彰显上海历史文化脉络和海派商业文明、商产旅文体深度融合、主题鲜明、内涵丰富、生态优美、管理先进的特色商业街区。上海目前有23个特色商业街区,见表2-3。69条浓缩为23条凸显了上海特色商业街区发展规划的战略性转变,由在面上注重数量扩张转为在点和线上打造品质商业街区,力求凸显特色,彰显上海历史文化脉络与海派商业文明。

表2-3 上海市特色商业街区一览表

序号	特色商业街区	所属行政区	条 数	占 比
1	上海佛罗伦萨小镇	浦东新区	4	17.4%
2	迪士尼小镇			
3	上海奕欧来奥特莱斯			
4	陆家嘴滨江休闲街			
5	豫园商城	黄浦区	4	17.4%
6	上海新天地			
7	思南公馆			
8	云南路老字号美食街			

---

[1] 资料来源:《上海市商业网点布局规划(2021—2035)》。

(续表)

序号	特色商业街区	所属行政区	条 数	占 比
9	吴江路休闲街、丰盛里	静安区	2	8.7%
10	陕西北路老字号专业街			
11	武康庭	徐汇区	5	21.7%
12	衡山坊			
13	建业里			
14	上生·新所			
15	幸福里			
16	ART愚园生活美学街区	长宁区	1	4.3%
17	1933老场坊	虹口区	1	4.3%
18	大学路	杨浦区	1	4.3%
19	梅川路缤纷生活体验街	普陀区	1	4.3%
20	老外街101	闵行区	1	4.3%
21	金山嘴老街	金山区	1	4.3%
22	尚都里	青浦区	1	4.3%
23	泰晤士小镇	松江区	1	4.3%

数据来源：根据本研究成果整理。

（二）整体空间布局

就整体空间分布情况来看,23个特色商业街区遍布于徐汇区等12个区,具有一定的覆盖面,较好地满足了本地居民和外来旅游者购物、餐饮、休闲、娱乐等特色消费需求,丰富了特色商业功能区的布局和内涵,已成为上海4级商业中心体系中最具特色的组成部分。同时又具有一定的集聚性和中心性。浦东新区有4条,占比17.4%;浦西区域一共有19条,占比82.6%。其中浦西区域有11条主要集中在徐汇区、黄浦区和静安区等中心城区,占比依次为21.7%、17.4%和8.7%,其他8条散布在长宁区、虹口区等8个区。

（三）细分类型结构

1. 发生学视角的类型结构

从发生学的视角来看,商业街区的特色形成主要源于其依赖的资源优势。通过资源梳理可以发现,23条特色商业街区的资源禀赋主要集中在四个方面:历史文化资源、文化旅游资源、环境景观资源和产业品牌资源。历史文化资源主要是指具有文化价值的地区、具有风貌价值的建筑空间和街道空间。文化旅游资源主要是指街区本身及周边兼具旅游度假功能或包含较为知名的文化场所。环境景观资源主要是指街区空间具有独特形式与风格，或街区依托较为特别的自然景观而形成。产业品牌资源则主要是指特色品牌（如传统老字号）、特色行业（如餐饮街、酒吧街）、特色销售模式（如名品折扣店）等。

其中，历史文化资源型特色商业街区9条，占比39.1%；文化旅游资源型特色商业街区8条，占比34.8%；环境景观资源型特色商业街区3条，占比13.0%；产业品牌资源型特色商业街区3条，占比13.1%，详见表2-4。

表2-4 发生学视角的特色商业街区类型与结构

类型	历史文化资源型	文化旅游资源型	环境景观资源型	产业品牌资源型
条数	9	8	3	3
占比	39.1%	34.8%	13.0%	13.1%

数据来源：根据本研究成果整理。

2. 功能性视角的类型结构

从特色商业街区满足本地居民和外来旅游者购物、餐饮、休闲、娱乐等特色消费需求的视角来看，23条特色商业街区可分为餐饮休闲型、时尚购物型、创意创客型、旅游文化型、专业或市场类等5种类型。其中，餐饮休闲型特色商业街区是指环境较好，美食、购物、创意集中的街区；时尚购物型特色商业街区是指高档次零售品牌集中的购物街区；创意创客型特色商业街区是指依托人文活动或休闲节点发展起来的偏重文创的商业街区；旅游文化型特色商业街区是指依托历史遗迹或旅游景点形成的街区；专业或市场类特色商业街区是指专业性较强的购物街区。

其中，餐饮休闲型特色商业街区9条，占比39.1%；时尚购物型特色商业街区3条，占比13.0%；创意创客型特色商业街区6条，占比26.1%；旅游文化型特色商业街区4条，占比17.4%；专业或市场类特色商业街区1条，占比4.3%，详见表2-5。

表2-5 功能性视角的特色商业街区类型与结构

类型	餐饮休闲型	时尚购物型	创意创客型	旅游文化型	专业或市场类
条数	9	3	6	4	1
占比	39.1%	13.0%	26.1%	17.4%	4.3%

数据来源：根据本研究成果整理。

二、 上海市各类特色商业街区发展分析

（一）餐饮休闲型特色商业街区发展分析

1. 上海市餐饮休闲型特色商业街区数量和分布

9条餐饮休闲型特色商业街区主要集中在浦东新区和浦西的中心城区，其中黄浦区、静安区和徐汇区各2条，分别占比22.22%；浦东新区、长宁区、普陀区和闵行区各1条，分别占比为11.11%。上海市餐饮休闲型特色商业街区空间布局详见表2-6。

表2-6 上海市餐饮休闲型特色商业街区空间布局

序号	特色商业街区	所属行政区	条 数	占 比
1	陆家嘴滨江休闲街	浦东新区	1	11.11%
2	上海新天地	黄浦区	2	22.22%
3	云南路老字号美食街			
4	吴江路休闲街、丰盛里	静安区	2	22.22%
5	武康庭	徐汇区	2	22.22%
6	衡山坊			
7	ART愚园生活美学街区	长宁区	1	11.11%
8	梅川路缤纷生活体验街	普陀区	1	11.11%
9	老外街101	闵行区	1	11.11%

数据来源：根据本研究成果整理。

2. 上海市餐饮休闲型特色商业街区业态和结构

根据对POI提取的数据进行有效性筛选，以吴江路休闲街、丰盛里、武康庭和云南路老字号美食街为例，分析上海市餐饮休闲型特色商业街区业态结构，详见表2-7。

表2-7 上海市餐饮休闲型特色商业街区业态结构

业态类型*	吴江路休闲街、丰盛里		武康庭		云南路老字号美食街[1]	
	业态数量（家）	业态占比	业态数量（家）	业态占比	业态数量（家）	业态占比
餐饮服务	82	22.22%	15	50.00%	128	47.41%
风景名胜	4	1.08%	0	0.00%	0	0.00%
公共设施	4	1.08%	0	0.00%	7	2.59%

[1] 云南路老字号美食街是指南起金陵东路，北迄延安东路的云南路段。

(续表)

业态类型*	吴江路休闲街、丰盛里		武康庭		云南路老字号美食街	
	业态数量(家)	业态占比	业态数量(家)	业态占比	业态数量(家)	业态占比
公司企业	66	17.89%	6	20.00%	10	3.70%
购物服务	65	17.62%	2	6.67%	56	20.74%
交通设施	7	1.90%	2	6.67%	6	2.22%
金融保险	7	1.90%	1	3.33%	2	0.74%
科教文化	14	3.79%	0	0.00%	3	1.11%
汽车服务	0	0.00%	0	0.00%	0	0.00%
商务住宅	29	7.86%	1	3.33%	10	3.70%
生活服务	71	19.24%	2	6.67%	34	12.59%
体育休闲	4	1.08%	1	3.33%	5	1.85%
医疗保健	3	0.81%	0	0.00%	1	0.38%
政府机构	7	1.90%	0	0.00%	1	0.38%
住宿服务	6	1.63%	0	0.00%	7	2.59%
合　　计	369	100.00%	30	100.00%	270	100.00%

资料来源：根据POI数据资料整理所得。

* 表中业态类型显示的是POI数据的一级分类。其中餐饮服务包括餐馆、糕饼店、咖啡厅、甜品店等；公共设施包括公共厕所、紧急避难场所等；购物服务包括超市、服装鞋帽皮具店、化妆品店、花鸟虫鱼市场、专卖店等；交通设施指停车场；科教文化包括博物馆、展览馆、培训机构等；生活服务包括美容美发店、摄影冲印店等；体育休闲包括酒吧、KTV、健身中心等。

吴江路休闲街整体升级改造方案几经修改，于2019年正式开街。改造后的吴江路充分依托步行街人气带动效果和地铁线交汇的强导流作用，进一步延展吴江路的美食标签和时尚文化，让吴江路这条"背街小巷"变得有"厚度"，并向"街区""街群"方向发展。同时，时尚地标——吴江路与历史文脉地标——张园·丰盛里项目形成业态对接，呈现出历史文化与现代文化的交融碰撞、和谐统一，在繁华的南京西路商圈酝酿出独特的城市文化氛围，使吴江路和张园成为城市文化的"展示厅"[1]。据不完全统计，吴江路休闲街、丰盛里369家业态中，餐饮服务类82家，占比22.22%，生活服务类71家，占比19.24%，公司企业和购物服务类分别为66家和65家，占比各约18%。武康庭位于徐汇区武康路374与376号，坐落于静谧的昔日法租界区，从2010年世博会就开始定点接待游客。商铺包括获奖餐厅、葡萄酒店、美容院、服装店、花店、画廊等。

---

[1] 范彦萍.吴江路休闲街年内正式开街[N].青年报，2019-02-20(10).

在30家业态中,餐饮服务类单类独大,15家,占比50%,其次为公司企业类,6家,占比20%,其他则辅助于购物服务类和生活服务类业态。云南路老字号美食街位于黄浦区闹市中心,南起金陵东路,北至延安东路,紧邻上海著名的大世界游乐中心。据不完全统计,现有业态270家,其中餐饮服务类128家,占比近一半(47.41%),其次为购物服务类,56家,占比20.74%,生活服务类34家排在第三位,占比12.59%。

就表2-7来看,餐饮休闲型特色商业街区业态结构呈现出如下特征:一是餐饮服务类业态通常要占到总业态的30%~50%,充分彰显主力业态的地位和作用;二是购物服务类业态必不可少,通常在20%左右,起到一定的辅助效果,满足市场一站式消费的需求;三是生活服务类等其他业态的配置要因地制宜,具体要考虑所在区域的商务住宅和公司企业内消费群体的偏好等情况。

(二)时尚购物型特色商业街区发展分析

1. 上海市时尚购物型特色商业街区数量和分布

上海市时尚购物型特色商业街区主要集中在浦东新区(2条,占比66.67%);另外一条在徐汇区,占比33.33%。上海市时尚购物型特色商业街区空间布局详见表2-8。

表2-8 上海市时尚购物型特色商业街区空间布局

序号	特色商业街区	所属行政区	条数	占比
1	上海佛罗伦萨小镇	浦东新区	2	66.67%
2	上海奕欧来奥特莱斯			
3	建业里	徐汇区	1	33.33%

数据来源:根据本研究成果整理。

其中,上海佛罗伦萨小镇—名品奥特莱斯位于上海浦东新区卓耀路58弄,于2015年1月开业,是上海首个被评为3A级旅游景区的奥特莱斯。它引进了超百家环球名品,包括博柏利(Burberry)、古驰(Gucci)、阿玛尼(Armani)、Etro、菲格拉慕(Salvatore Ferragamo)、范思哲(Versace)、盟可睐(Moncler)、巴利(Bally)、杰尼亚(Ermenegildo Zegna)、蔻驰(Coach)、I.T、Michael Kors、汤丽柏琦(Tory Burch)、施华洛世奇(Swarovski)、UGG等,其中普拉达(Prada)、圣罗兰(Saint Laurent)、芬迪(Fendi)、思琳(Celine)、马克·雅可布(Marc Jacobs)等5家为上海独家的奥特莱斯门店。

2. 上海市时尚购物型特色商业街区业态和结构

根据对POI提取的数据进行有效性筛选,以奕欧来奥特莱斯为例,分析上海市时尚购物型特色商业街区业态结构,详见表2-9。

表 2-9 上海市奕欧来奥特莱斯特色商业街区业态结构

业态类型	餐饮服务	风景名胜	公共设施	公司企业	购物服务
业态数量(家)	6	8	7	1	71
业态占比	4.62%	6.15%	5.38%	0.77%	54.62%
业态类型	交通设施	金融保险	科教文化	汽车服务	生活服务
业态数量(家)	23	3	1	5	5
业态占比	17.69%	2.31%	0.77%	3.85%	3.85%

资料来源:根据POI数据资料整理所得。

上海奕欧来奥特莱斯于2016年开幕,紧邻上海迪士尼度假区,为国家4A级旅游景区。建筑糅合米兰、维也纳、纽约和巴黎20世纪20年代的装饰艺术风格,充满了爵士时代的韵味。逾百家一流的亚洲及国际时尚和生活方式品牌精品店汇集于此,购物大道旁设有多家餐厅和咖啡店,呈现出与亚洲其他购物目的地截然不同的风情。在130家业态中,购物服务类业态71家,占比54.62%,交通设施类业态23家,占比17.69%,风景名胜类、公共设施类和餐饮服务类分别为8家、7家和6家,占比分别为6.15%、5.38%和4.62%。凸显了时尚购物的主题和特色,同时反映了大型主题特色商业街区周边停车场等交通设施配套的重要性、必要性和保障性。

(三) 创意创客型特色商业街区发展分析

1. 上海市创意创客型特色商业街区数量和分布

上海市6条创意创客型特色商业街区分别散布在5个行政区。其中徐汇区2条,占比33.33%,虹口区、杨浦区、青浦区和松江区各1条,占比均为16.66%。上海市创意创客型特色商业街区空间布局详见表2-10。

表 2-10 上海市创意创客型特色商业街区空间布局

序号	特色商业街区	所属行政区	条 数	占 比
1	上生·新所	徐汇区	2	33.33%
2	幸福里			
3	1933老场坊	虹口区	1	16.66%
4	大学路	杨浦区	1	16.66%
5	尚都里	青浦区	1	16.66%
6	泰晤士小镇	松江区	1	16.66%

数据来源:根据本研究成果整理。

2. 上海市创意创客型特色商业街区业态和结构

根据对POI提取的数据进行有效性筛选,以1933老场坊和上生·新所为例,分析上海市创意创客型特色商业街区业态结构,详见表2-11。

表2-11 上海市创意创客型特色商业街区业态结构

业态类型	1933老场坊		上生·新所	
	业态数量(家)	业态占比	业态数量(家)	业态占比
餐饮服务	27	17.53%	96	13.83%
风景名胜	4	2.60%	1	0.14%
公共设施	1	0.65%	6	0.87%
公司企业	40	25.97%	249	35.88%
购物服务	39	25.33%	89	12.82%
交通设施	6	3.90%	23	3.31%
金融保险	2	1.30%	13	1.88%
科教文化	13	8.44%	25	3.60%
汽车服务	1	0.65%	1	0.14%
商务住宅	1	0.65%	34	4.90%
生活服务	12	7.79%	111	15.99%
体育休闲	8	5.19%	18	2.59%
医疗保健	0	0.00%	9	1.31%
政府机构	0	0.00%	15	2.16%
住宿服务	0	0.00%	4	0.58%
合计	154	100.00%	694	100.00%

资料来源:根据POI数据资料整理所得。

1933老场坊园区主体位于上海市虹口区沙泾路10号、29号,坐落在沙泾港、浦虹港两条水系交汇处。紧邻四川北路和海宁路等繁华商业主干道;七浦路服饰市场和四川北路商业带近在咫尺。南临南外滩时尚圈,东临北外滩商业圈,西临四川北路商业圈,北临鲁迅公园等,轨道交通4号线围绕而过,距海伦路站不到600米。结合创意体验与创意生产,融互动与灵感为一体,打造为上海新一代创意聚集区,以全新的面貌"登台亮相"历史遗留建筑,融入现代时尚,成为上海的新地标。建筑一共五层,改造后由商铺、办公、展厅等组成。其中二楼除餐饮服饰商铺外,还有一个特色的剧场——1933微剧场。在154家业态中,公司企业和购物服务类业态分别为40家和39家,分别占比约25%,餐饮服务类业态27家,占比为17.53%。位于延安西路1262号的上生·新所,地处上海44片历史文化风貌区之一的新华路历史文化风貌区,现已成为集公共开放公园、商业活动、办公产业、文体空间于一体,符合市民生活需求的15分钟生活圈和"7×24小时的开放街区"。在694家业态中,公司企业类业态249家,占比35.88%,生活服务类业态111家,占比15.99%,餐饮服务类业态96家,排在第三位,占比13.83%。

就表2-11来看,创意创客型特色商业街区业态结构呈现出如下特征:首先,创意创客类公司企业作为主力业态。通常占比为30%左右,单类独大。主力业态的集聚程度反映了该类特色商业街区创意创客的能力和辐射力。其次,餐饮服务类或购物服务类业态是该类特色商业街区的密切关联业态。一方面满足街区内公司企业员工的用餐和购物需求,同时吸引了街区外顾客前来一站式消费。第三,生活服务类业态的配置往往和商务住宅类业态的多少成正相关。说明生活服务类业态的消费对象主要为商务住宅内的居民。

(四)旅游文化型特色商业街区发展分析

1.上海市旅游文化型特色商业街区数量和分布

4条旅游文化型特色商业街区分别分布在浦东新区(1条,占比25%),黄浦区(2条,占比50%)和金山区(1条,占比25%)。上海市旅游文化型特色商业街区空间布局详见表2-12。

表2-12 上海市旅游文化型特色商业街区空间布局

序号	特色商业街区	所属行政区	条 数	占 比
1	迪士尼小镇	浦东新区	1	25%
2	豫园商城	黄浦区	2	50%
3	思南公馆			
4	金山嘴老街	金山区	1	25%

数据来源:根据本研究成果整理。

2.上海市旅游文化型特色商业街区业态和结构

根据对POI提取的数据进行有效性筛选,以上海迪士尼小镇、思南公馆和豫园商城为例,分析上海市旅游文化型特色商业街区业态结构,详见表2-13。

表 2-13　上海市旅游文化型特色商业街区业态结构

业态类型	上海迪士尼小镇		思南公馆		豫园商城[1]	
	业态数量(家)	业态占比	业态数量(家)	业态占比	业态数量(家)	业态占比
餐饮服务	54	20.77%	54	29.19%	77	15.19%
风景名胜	7	2.69%	11	5.95%	74	14.60%
公共设施	24	9.24%	2	1.08%	13	2.55%
公司企业	1	0.38%	7	3.78%	7	1.38%
购物服务	37	14.23%	35	18.92%	295	58.19%
交通设施	14	5.38%	9	4.86%	1	0.20%
金融保险	6	2.32%	1	0.54%	6	1.18%
科教文化	1	0.38%	14	7.57%	4	0.79%
汽车服务	0	0.00%	3	1.63%	0	0.00%
商务住宅	1	0.38%	7	3.78%	0	0.00%
生活服务	60	23.08%	20	10.81%	14	2.76%
体育休闲	50	19.23%	18	9.73%	4	0.79%
医疗保健	3	1.15%	1	0.54%	7	1.38%
政府机构	2	0.77%	1	0.54%	5	0.99%
住宿服务	0	0.00%	2	1.08%	0	0.00%
合　　计	260	100.00%	185	100.00%	507	100.00%

资料来源:根据POI数据资料整理所得。

上海迪士尼小镇与迪士尼乐园主入口紧密相连,是一个全开放式的免费主题商业街。作为一种典型的特色商业街区,迪士尼小镇的业态规划极具特征,一南一北各自布局了两个迪士尼独有的主力店:迪士尼世界商店和华特迪士尼大剧院。除此之外,小镇业态被规划成了五个组团,分别为小镇市集、百老汇广场、百老汇大道、百食香街、小镇湖畔。据不完全统计,现有业态260家。其中,排在前三位的业态分别为生活服务类,60家,占比23.08%;餐饮服务类,54家,占比20.77%;体育休闲类,50家,占比19.23%。思南公馆地处上海浦西市中心核心区域,毗邻环境优雅的复兴公园,东靠交通便捷的重庆南路,与北面的淮海路、东面的新天地、南面的田子坊相得益彰,提供了多种休闲方式及不同体验,更加生动地体现了城市生活的美好与和谐。

---

[1] 豫园商城是指福佑路、安仁街、方浜中路、校场路围成的区域。

思南公馆共有四个功能区,包括思南公馆酒店、特色名店商业区、思南公馆公寓和企业公馆。就具体业态来看,据不完全统计,185家业态中,餐饮服务类业态54家,占比29.19%,购物服务类35家,占比18.92%,生活服务类20家,占比10.81%。豫园商城作为豫园股份旗下的世界级文化地标,自2018年开始启动品牌焕新和升级改造工作。历经三年左右的时间,国潮风与时尚风融合,豫园正在打造上海独特的消费与文化体验之地,传统文化与城市精神在这里得到了更年轻的诠释。据不完全统计,现有业态507家。其中,购物服务类业态295家,占比近六成(58.19%),很好地诠释了"商城"的内涵。其次为餐饮服务类业态77家,占比15.19%。排在第三位的为风景名胜类业态74家,占比14.6%。

从表2-13来看,上海市旅游文化型特色商业街区业态结构呈现以下特征:其一,购物服务类和餐饮服务类业态是主力业态,通常占比为50%~60%,较好满足了本地居民和外来游客的购物休闲与用餐需求。其二,生活服务类业态必不可少。生活服务类业态的数量与配置主要和街区及周边的商务住宅规模密切相关,反映了本地居民为生活服务类业态的主要消费市场。其三,体育休闲类和科教文化类业态是必要的辅助业态,主要满足本地居民康健类休闲消费及其他一些延伸类消费需求。

三、 上海特色商业街区案例借鉴

他山之石,可以攻玉。上海特色商业街区之所以为国内其他城市所青睐,一方面在于其特色鲜明、主题突出,力求能从独特的视角诠释上海这座城市的魅力;另一方面还在于其发展演变过程中文脉的延续和传承,鲜有大拆大建,持续的微更新焕发出无限生机,总能撩动顾客的好奇心,使人慕名而来,满载而归。

1. 武康路上的蝴蝶结效应

如果在百度引擎中输入"上海蝴蝶结",就会关联显示"上海蝴蝶结阳台""上海蝴蝶结阳台奶奶"等关键词,相关搜索结果达两万余条,并一度成为2020年,也是疫情以来第一个"五一小长假"旅游后续的热门话题。如此网红的"蝴蝶结效应"其实源自一个不经意的举动——牛年春节期间,这幢楼底层住户邻居家媳妇提议挂上去的粉红色蝴蝶结(或许只是想渲染一下过年的喜庆气氛)。就是这样一个"无心插柳柳成荫"的小小举动成就了"上海蝴蝶结阳台"和"上海蝴蝶结阳台奶奶",更成就了原本就很网红的武康路特色商业街区前来打卡的人气。从媒体的连续报道内容来看,除了向公众还原了"蝴蝶结效应"的来龙去脉,更多关注和热议的似乎就是楼内居民的不堪其扰。其实这亦并非个案,之前因为影视拍摄选景等造就的网红打卡地困扰同样发生在同里古镇等其他景区(点)。这一起个案发酵为举国关注的舆论热点,自然有其偶发性因素,但背后是否有其必然性?

"蝴蝶结效应"发生在上海,网红于上海武康路。试问,如果同样的无心之举发生在其他城市的某个阳台,"蝴蝶结效应"能否显现? 答案是未必。原因至少有三个:其一,蝴蝶结阳台所在的位置是武康路129号,这是一处上海市优秀历史建筑,由邬达克于1929年设计,砖木结构,西班牙风格。武康路位于上海市徐汇区,被誉为"浓缩了上海近代百年历史"的"名人路",沿线有优秀历史建筑总计14处,保留历史建筑37处。2011年6月11日,武康路入选由原文化部与国家文物局批准的第三届"中国历史文化名街"。其二,中国大陆第一家迪士尼主题乐园布局在上海,包括蝴蝶结在内的迪士尼主题乐园及其典型元素已融入这座城市的每一处细节,全域休闲旅游的效果日益显现。其三,蝴蝶结阳台所处的武康路本身就是上海数十条特色商业街区中的佼佼者。所以,在上海,武康路上,梧桐树下,在鹅黄色墙面光影婆娑的映衬下,"蝴蝶结阳台"才能宛如童话中的城堡,阳台上向游客挥手打招呼的奶奶才能被网友称为"迪士尼城堡中的公主"。这一切发生的有些突然,但又可谓顺其自然。

2. 上生·新所唤醒城市记忆

如果说新天地是上海世纪之交旧城改造的里程碑的话,上生·新所则是上海二十年后又一具有示范意义的城市更新新标杆。上生·新所地处延安西路1262号,所在区域是上海44片历史文化风貌区之一的新华路历史文化风貌区,建筑群包括孙科别墅、哥伦比亚乡村俱乐部、海军俱乐部、上生所麻腮风研发大楼、上生所试剂楼、上生所大食堂、报告厅等。20世纪20年代,这里曾是供外籍侨民休闲娱乐的哥伦比亚总会。1951年,上海生物制品研究所进驻后,由于研究所的特殊性,这里便不再对外开放。直到60余年后,上生所整体搬迁,上海万科进驻,上生·新所的城市更新项目正式启动。现已成为集公共开放公园、商业活动、办公产业、文体空间于一体,符合市民生活需求的15分钟生活圈和"7×24小时的开放街区",并正在打造成为"走向大众的遗产"和长宁区国际精品示范区。

上生·新所之所以能被誉为城市更新新标杆,既源自长宁区大力推动文化遗产保护、区域城市更新与产业深度转型,又得益于上海生物制品研究所主动腾退老旧工业区的社会担当,和万科集团以开发者和运营者的双重身份参与历史街区的保护更新工作,肩负起盘活存量空间、传承历史文脉、促进产业升级的使命,但归根结底在于其"以人为本"的更新理念和实践。

首先,《上海2035,迈向卓越的全球城市》明确提出,历史街区城市更新至少须贯彻三大理念:建筑是可阅读的,街区是适合漫步的,城市始终是有温度的。上生·新所正是这一理念的真正践行者,既着力延续着城市街区的文脉,又赋予老建筑适合时代和未来城市发展的使用功能,实现街区功能再造和城市活力的激发。其次,多方共建和城市共享的开发策略使老弄堂焕发新腔调。运营方上海万科通过"留、改、拆",将原有单一、封闭的生产区转变为公众开放区,集文化、创意办公、商业、餐饮、零售于一体,成为上海市民工作、休闲、消费、娱乐的场所和外来游客打卡的网红地。第三,有机构筑上生·新所独有IP,唤醒城市记忆。一是尊重历史文脉,活化老建筑,赋能建筑新产业,植入新业态,打造新功能,使"产业空间"更新;二是打造公共开放空间,通过产业功能的导入,使市民休闲娱乐运动的新场所活化,实现"公共空间"更新;三是通过微更新、微改造、微美化、微调整,优化街区生活环境,打造服务体系,使"居住空间"更新。三大模块更新,旨在提升空间影响力、文化影响力和内容影响力,进而打造可封装、可复制的IP场景运营的综合能力。[1]

3. 数字化引领豫园穿越古今

2021年9月,上海市商务委在数字商务高质量发展推进会议上推出了数字商圈等7个数字化转型应用场景。豫园商城以"容易来、舒适游、方便买"的理念全新打造的"数字商圈标杆"示范场景位列其中,数字化正在引领豫园商城穿越古今,向上海市民和全球游客展示着她辉煌的历史文化和未来的美好愿景。作为上海城市文化名片,豫园商城不仅是上海人接待全球朋友的文化会客厅,更是广大年轻人体验国潮、拥抱文化复兴的"打卡地"。豫园商城正在充分发挥上海城市文化名片与地标性商圈的优势,利用科技创新手段,通过C端用户数字化、M端管理数字化、B端商户数字化,建设数字化全域运营平台,实现全场景融通和消费流程再造,打造"数字商圈标杆"示范场景。[2]

首先,"数字商圈标杆"示范场景能更好地服务游客。基于5G和增强现实(AR)技术的"乐游豫园—导游导览导购平台"一期于2021年7月建成上线,集成了出行、停车等公共信息;基于"园庙市"一体化的独特场景优势,整合了70余个文旅点位和消费场景,涵盖楼宇街区、园庙经典、字号传奇、豫里甘肆等内容,推送了豫园故里—豫园漫步—空中豫园等系列经典游览路线;结合豫园商城全域营销活动,开展AR寻宝集卡、IP主题游戏、网红打卡等活动,探索用数字化手段重新构建"容易来、舒适游、方便买"三个标志性场景应用,提升C端用户的游乐体验感。为游客提供集"导航、信息、互动、营销、领券"的一键式综合服务。其次,"数字商圈标杆"示范场景惠及商户

---

[1] 感谢上生·新所运营负责人沈媛媛女士在资料搜集方面的大力支持。
[2] 上海学习平台."容易来、舒适游、方便买",豫园商城打造"数字商圈标杆"示范场景[EB/OL].(2019-09-07)[2021-12-01].

增收。豫园商城依托线上平台积极推进商圈会员融通,协同商圈各个品牌与商户构建统一的会员生态,实现数据、积分和权益互动;并积极与外部优质权益合作,刺激到店消费,赋能商户的营收增长。第三,"数字商圈标杆"示范场景提升管理能级。豫园商城建立网格化管理系统,基于电子地图,极大地缩短流程链,提速品质管理调整;建立豫园商城大数据决策平台,沉淀核心运营数据指标。同时,豫园商城客流数据已经对接公安大数据平台,支持分时段、分区域的客流峰值预警,通过大数据实时分析,为大客流场景下的现场秩序管理和安全保驾护航。

四、上海特色商业街区发展经验

1. 持续特色商业街区资源赋能,起到四两拨千斤的效果

上海都市旅游三十余年的探索与实践,商旅文深度融合,孕育和催生了一批具有鲜明的文化主题和地域特色,具备旅游休闲、文化体验和公共服务等功能,融合观光、餐饮、娱乐、购物、住宿、休闲等业态,能够满足游客和本地居民游览、休闲等需求的特色商业街区,具有良好的发展基础。

在"美好"理念(上海世博会提出"城市,让生活更美好")、"分享"理念(上海"十二五"规划提出把增进市民福祉、促进人的全面发展作为发展的出发点和落脚点,让全体市民更广泛地参与发展过程,更多更公平地分享发展成果,在共建共享中有更多获得感)、"温度"理念(中共上海市第十一次代表大会报告指出,建筑是可阅读的、街区是适合漫步的、公园是最宜休憩的、市民是遵法诚信文明的、城市始终是有温度的)、"两高"理念(把高质量发展和高品质生活作为城市建设发展的根本落脚点)和"两城"理念(人民城市人民建、人民城市为人民)的指引下,上海始终忌讳大拆大建,而是通过微更新不断赋能街区资源,以绣花的功夫画龙点睛式实现街区资源的整合、优化与提升,起到四两拨千斤的效果。一个蝴蝶结可以使阳台成为网红,一个二维码可以使建筑可阅读等,都是最好的例证。同时,微更新还更有利于城市街区文脉的延续与传承,强调形式服务于内容,也更加符合坚持节约资源和保护环境的基本国策,以新发展理念引领街区高质量发展。

2. 加快特色商业街区场景活化,实现商旅文融合和特色凸显

"蝴蝶结效应"反映的其实是特色商业街区特色吸引物极度缺失的问题。从国内特色商业街区的发展来看,类同的只有"形似的皮囊",缺失的则是"有趣的灵魂"。试想,当处处皆是有温度的街区场景的时候,游客还会朝着一个蝴蝶结阳台蜂拥而上吗?因此,首先需要明确的是特色商业街区的初心和使命,那就是不断为游客和本地

居民提供追求美好生活的产品、服务和场景，而不单单是冷冰冰的建筑外壳。如果说产品与服务满足的是物质层面的需求的话，精神层面的需求的满足则必须依赖于活化的街区场景。阳台上的蝴蝶结不禁使人想起迪士尼卡通人物中少女着装时常用的配饰，才能给人以直观的视觉冲击和无限的童话想象。由此可见，与千篇一律的街区建筑景观相比，真实的生活场景和原住居民的日常生活面貌才是街区文化内涵的有效载体，才能准确表达街区的民风民俗，才能给游客耳濡目染的情感体验，才是街区的特色所在。

3. 升级特色商业街区主客关系，引导主客各享转换为主客共享

"蝴蝶结效应"引发的所谓游客和居民之间的矛盾冲突，从本质上看，主要源自主客各享的心理诉求，即休闲旅游目的地的原住居民和外来游客首先考虑的是自身利益的满足。疯狂打卡的游客一心急于满足自己对新鲜事物的猎奇心理，游客过度的打卡就会无意之中侵犯到原住居民的安全防线。这种主客各享的现象往往发生在休闲旅游目的地发展的初期阶段，游客的旅游文明程度和原住居民的旅游接纳程度均有待提升，双方的本位主义必然导致利己主义，利己主义自然会引发一些矛盾，甚至冲突。

因此，需要升级特色商业街区的主客关系，通过理念引导、政策支持和舆论导向等多管齐下，使主客关系从主客各享循序升级到主客共享。具体而言，主客共享至少可以从三个方面进行考虑：空间共享、利益共享和文化共享。空间共享指的是原住居民和游客能够在共同的街区内开展各自需要的生活、生产和休闲活动，且互不影响。利益共享指的是游客在街区内的休闲消费能够通过适当的渠道惠及到街区内的原住居民，原住居民才愿意主动将空间让渡给旅游者共享，这也是主客共享的核心所在。文化共享指的是基于空间共享和利益共享，原住居民和游客发自内心的主动分享，在换位思考中互为"景中人"或"人中景"。所以，空间共享是利益共享和文化共享的前提，利益共享是空间共享和文化共享的关键，文化共享是空间共享和利益共享的保障，三者互为一体，相互支撑。

在阳台上向游客挥手打招呼的奶奶被网友称为"迪士尼城堡中的公主"，这其实是游客对原住居民的至高褒奖，从某种程度上说应该也是对空巢老人的另一种形式的陪伴，只是游客打卡的度需要适可而止，打卡的方式也值得商榷。因为主客共享不能等同于主客均享，正如美国学者杰弗瑞·戈比（2006）所言，首先应该为市民提供高的生活质量，有美味食物，能与自然接触，有艺术的和历史的保留，能运动，有节假日、露天市场和其他休闲带来的令人愉快的事，接着才是为非常有限的旅客提供这些休闲娱乐。

4. 加强特色商业街区品牌建设,借力流量时代进行推广

特色商业街区品牌建设是指街区经营主体对街区品牌进行的规划、设计、宣传、管理等相关工作。因此,从品牌建设的基本要求来看,至少应该包括品牌的规划设计、品牌的宣传推广和品牌的动态管理。其中,街区品牌的规划设计需要准确定位,不断提炼品牌的内涵,不断增强品牌的辨识度;街区品牌的宣传推广一方面需要整体策划和分步实施,另一方面需要借助流量平台,通过网红热点吸引全民参与;街区品牌的动态管理需要与时俱进,不断赋予老品牌以新内涵,不断挖掘新的营销亮点,不断开拓新的推广载体。比如小红书用户评价蝴蝶结阳台和奶奶:超级时髦、浪漫至死方休、空气中都是浪漫因子,引起网友的围观。一条拍摄到"武康路的蝴蝶结阳台,奶奶今天出来了,好慈祥"的视频刷爆抖音,点赞 6.4 万个,评论近万条。所以,加强特色商业街区的品牌建设既要善于打造街区的网红 IP,又要善于运用流量时代的各种宣传媒介,以极为节约成本的方式获取超越想象的推广效果,以游客"口口相传"的方式赢得市场的认可!

2021 年 4 月 1 日,为贯彻落实党的十九届五中全会精神,打造文化特色鲜明的国家级旅游休闲街区,由文化和旅游部牵头编制的《旅游休闲街区等级划分》正式实施。之后,国家发改委联合文化和旅游部又印发了《关于开展旅游休闲街区有关工作的通知》,明确各地要合理规划旅游休闲街区建设,结合地方实际,组织认定一批省级旅游休闲街区,加强品牌建设和大数据挖掘运用,并将于下半年开展国家级旅游休闲街区的认定。9 月初,上海市文化旅游局试点认定了 4 家上海市级旅游休闲街区,分别是武康路—安福路街区、思南公馆街区、愚园艺术生活街区和多伦路文化名人街。

鉴于此背景,上海特色商业街区要牢牢把握千载难逢的发展机遇,依托"中华商业第一街"南京路步行街、旧城改造与海派文化融合典范的新天地、城市更新新标杆上生·新所等基础和优势,对标对表标准,深挖文化特色,形成特色商业街区的"上海模式"和"上海品牌",发挥应有的示范效应。

第三章 上海商业品牌研究

第一节 自有品牌发展概述

一、自有品牌内涵及发展历程

自有品牌(Private Brand,简称PB)通常也被称为零售商品牌(Retailer Brand)、商店品牌(Store Brand)和自有标签品牌(Private Label Brand)等。如其名称一样,多年来关于自有品牌的定义有很多。其中,学界较为广泛引用的是Ghosh的观点,他认为零售商自有品牌是与制造商品牌(Nation Brand,简称NB)相对应,由零售商委托制造商生产,并以零售商名称命名,只在该零售商店内销售的品牌[1]。然而,近年来随着自有品牌的快速发展,其内涵表现出新的特征。自有品牌不仅在零售商的独家渠道销售,还延伸到其可控的渠道进行分销[2];既可以是以零售商名称命名的,也可以是由零售商重新创造的品牌[3]。综上所述,自有品牌是由零售商完全拥有,独自冠名,独家销售或在其可控渠道内分销的品牌。

自有品牌的发展历史悠久,实质上是伴随着近代西方零售业崛起而成长起来的。纵观其发展历程,可分为四个阶段[4]。

---

[1] Ghosh. A Retail Management[M]. Chicago: Dryden Press, 1990.
[2] Koskinen S. Private Label: European Brand Leader[J]. European Retail Digest, 1999, 21: 5—8.
[3] 自有品牌制造商协会(PLMA). www.plmainternational.com.
[4] 中国自有品牌发展研究报告[R].自有品牌产业研究(PLRI), 2021.

第一阶段　萌芽期(19世纪中叶—20世纪30年代末)

一般认为,自有品牌发源于19世纪中叶的英国。1844年,英国第一家消费者合作社——英国合作社集团(The Co-Operative Group,简称Co-op)作为最早的自由连锁组织成立。为了保证货源充足,1870年Co-op开始涉足食品加工生产和海外采购,推出了统一冠名为"Co-op"的食品,这应该是第一个真正意义上的自有品牌,距今已有150年历史。紧随其后的是玛莎百货(Marks & Spencer,简称M&S)。1884年创建,到1930年代末,经过反复摸索,M&S奠定了自有品牌开发体系的原型,也成为自有品牌开发史上的先驱企业。1939年,M&S的PB占比已高达90%。可见,此阶段伴随着近代零售业的崛起,西方自有品牌发展已初具规模,但当时制造商品牌尚未形成广泛的品牌影响力。

第二阶段　成长期(20世纪40年代—80年代末)

20世纪40年代,受到世界经济大萧条的影响,欧美一些零售商开始经销以自己商店命名的更廉价的自有品牌商品。到50年代,制造商开始大力发展品牌营销,使消费者逐渐产生品牌依赖。宝洁、可口可乐和雀巢等一批优秀的制造商品牌崛起让零售商看到了品牌的威力。60年代末到70年代,随着经济进入全球性低谷,英法等国的自有品牌建设进入了大发展时期,主打低价诉求,以黑白色简易包装为特点,向消费者传达比制造商品牌更便宜的低价特色。70年代末80年代初,欧美经济逐渐复苏,自有品牌得到迅速发展。1979年,欧美国家联合成立了自有品牌制造商协会(Private Label Manufacturers Association,简称PLMA),拥有来自70多个国家和地区的会员单位3 200多家。

第三阶段　转型期(20世纪90年代—20世纪末)

进入20世纪90年代,随着零售组织化程度的提高,自有品牌开发进入了一个新的发展时期。PB产品的品质与包装设计都更接近NB水准,品种也更为丰富多样。此时期,自有品牌发展的主流开始转为品质化诉求,并向着多元化、层次化、效率化方向发展,从而使得自有品牌为零售商创造了更高的市场份额、利润率和顾客忠诚度。20世纪90年代末,英国自有品牌销售占比达到了30%~40%,美国自有品牌占比实现了15%~20%[1]。一百多年来,自有品牌已经成为世界零售商发挥竞争优势的"杀手锏"。发达国家的零售巨头,如美国的沃尔玛(Wal-Mart)和开市客(Costco);英国的玛莎百货(M&S)和乐购(Tesco);德国的麦德龙(Metro)和奥乐齐(Aldi);日本的7-11(7-Eleven)和永旺(Aeon)等都是自有品牌开发的领军企业。

---

[1] International Label Retailing: Indicator and Trend[R]. Nielsen, 1998.

第四阶段　创新期(21世纪至今)

进入21世纪以后,自有品牌开发出现了三个明显趋势:绿色安全、品质化和差异化的诉求;跨界联合;互联网制造[1]。如美国本土超市乔氏超市(Trader Joe's)主打丰富、健康和精致的有机食品自有品牌开发策略,形成高度差异化的竞争优势。德国利德尔(LiDL)折扣超市,通过提供"惊喜＋方便＋全面"的自有品牌商品,升级购物体验,与其竞争对手奥乐齐实行错位竞争。在跨界联合上,智利超市D&S销售美国零售商西夫韦(Safeway)的高端自有品牌商品。与此同时,互联网的崛起催生了电商自有品牌的快速发展。全球电商大鳄亚马逊(Amzon),截至2020年推出了111个自有品牌的22 617种产品,是2018年的3倍之多[2]。而在互联网迅猛发展的中国,电商自有品牌乘势而起,接连诞生了三只松鼠、网易严选、小米有品和京东京造等众多优质的电商自有品牌。近期,在新零售技术赋能下,以盒马、永辉为首的新零售企业异军突起,纷纷发力高品质自有品牌开发,将O2O作为自有品牌的延伸触达新方式。中国自有品牌日益活跃的市场表现,一改往昔低价低质落后的局面,显示出巨大的发展潜力。全球自有品牌掀起新的发展浪潮,迎来了新的机遇与挑战。

二、国内外自有品牌发展现状

(一) 国外自有品牌发展现状

1. 整体发展:全球自有品牌发展持续向好

进入21世纪以来,自有品牌增长成为一个全球性的经济现象。零售门店的扩张、电子商务的普及以及数字经济的崛起,为自有品牌提供了新的增长机会。根据2018年尼尔森对全球60个国家和地区的调查,PB全球占比持续增加(图3-1)[3]。截至2020年,全球零售市场中PB平均占比达19.2%,年销售额为1 830亿美元,销售额同比增长5%,PB增速及对零售增长的贡献都是NB的2倍[4]。

2. 地区发展:各地区发展程度不均

自有品牌渗透呈现欧美高、亚太低的特点(图3-1)。据2018年尼尔森调查,

---

[1] 周勇.中国自有品牌开发与国外相差了两万五千里.https://www.chinashop.cc/news/29353.html.
[2] 亚马逊自有品牌数量2年内快速增加.跨境达人, https://www.hcggzy.cn/kuajing/diansh.
[3] The rise and rise again of private label[R]. Nielsen, 2018.
[4] 中国自有品牌行业发展白皮书2021[R].达曼国际咨询,2021.

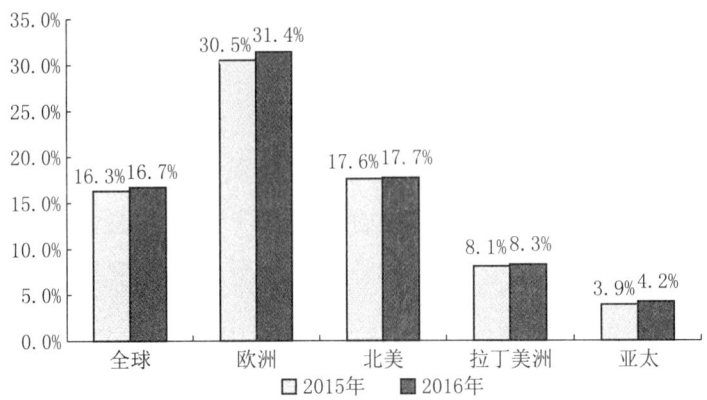

图 3-1 全球各地区自有品牌市场占比

资料来源：The rise and rise again of private label，Nielsen(2018)。

2016年各地区PB渗透率为欧洲31.4%、北美17.7%、拉美8.3%、亚太4.2%。其中，西欧地区发展最为成熟，自有品牌已经能够与主流品牌所抗衡(图3-2)。2020年，瑞士PB占比高达50%以上，位列全球第一。紧随其后的是，西班牙、英国和德国，PB占比均超过了40%。与之形成强烈反差的是，中国和东南亚等国家PB占比仅为2%~3%。可见，自有品牌的发展是以欧美发达国家为引领，而中国等新兴国家及发展中国家还有待大幅提升。之所以造成这样地区间自有品牌发展程度不均衡，主要原因是零售行业集中度高低差异(图3-3)。PB占比和头部零售企业市场占比呈现明显的正相关关系，即零售行业集中度越高，零售商规模优势越大，资源整合能力也越强，越有能力推出更多的自有品牌商品。

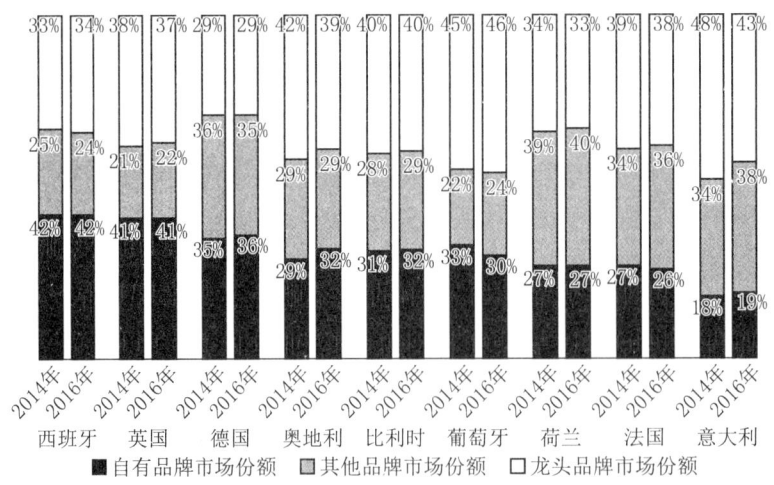

图 3-2 西欧各国自有品牌、主流品牌及其他品牌市场占比

资料来源：The rise and rise again of private label，Nielsen(2018)。

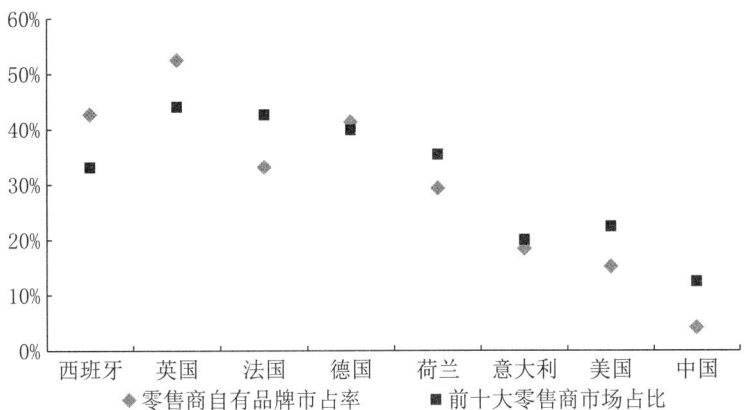

图3-3 自有品牌市场占比和前十大零售商市场占比散点图

资料来源:存量格局下自有品牌建立竞争优势,华金证券研究报告(2019)。

3. 主导企业和销售渠道:多业态和全渠道并行

国外自有品牌开发的主导企业是:连锁超市(含大卖场,如沃尔玛、家乐福、乐购等)、会员制仓储式超市(如山姆、开市客、麦德龙等)、便利店(如7-11、罗森等)、药妆店(如屈臣氏)、折扣店(如奥乐齐)、一元店(如Dollar Tree)和电商平台(如亚马逊)等。目前,自有品牌销售渠道涵盖线上和线下。伴随着电子商务的高速发展,越来越多的零售企业通过打造全渠道销售自有品牌。

例如,亚马逊作为全球最大的电商平台,日用杂货类的自有品牌销量遥遥领先,并于2017年收购全食超市(Whole Foods)进军线下,着力打造全渠道生态圈。在美国,连锁超市PB渗透率达18.4%,略高于其他业态;在日本,便利店PB渗透率为50%,领军企业7-11 PB占比高达70%[1]。而且,在中国等亚洲地区,便利店也是目前增长最快的业态,PB渗透速度持续加快。在欧洲,折扣店PB渗透效果尤为突出,其快消品销售份额从10年前的17%上升到现在的22%,可以说连锁超市NB份额已经被折扣店PB抢夺[2]。总体来说,未来五年,折扣店、便利店、在线杂货零售等业态发展势头强劲,将会为自有品牌增长提供更多的机会。

4. 品类构成:冷鲜食品和日用杂货渗透率高

零售商通常会选取技术壁垒较低,市场成熟度、采购频次和消费预算占比较高,消费者感知差异较低的品类进行开发[3]。国外自有品牌品类主要集中在食品类的即食品、冷冻食品、方便食品和有机食品等,非食品类的健康美容护理用品、家居用品

---

[1] 自有品牌——制造型零售的未来[R].广发证券研究报告,2019.
[2] 全球零售企业自有品牌的"发展趋势、开发逻辑、应用策略"[R].方正证券研究报告,2018.
[3] 同上。

和服装服饰等。在欧洲,冷冻食品和冷藏食品渗透率超过40%,高于非食品类商品(图3-4)[1]。在美国和日本,卫生纸、软饮料和包装食品等快消品渗透率高于服装和电器等半耐久消费品。另外,近年来,为了满足消费者日益增强的健康便利诉求,生鲜食品、有机食品和天然食品成为线下实体店实现自有品牌销量增长的新亮点。

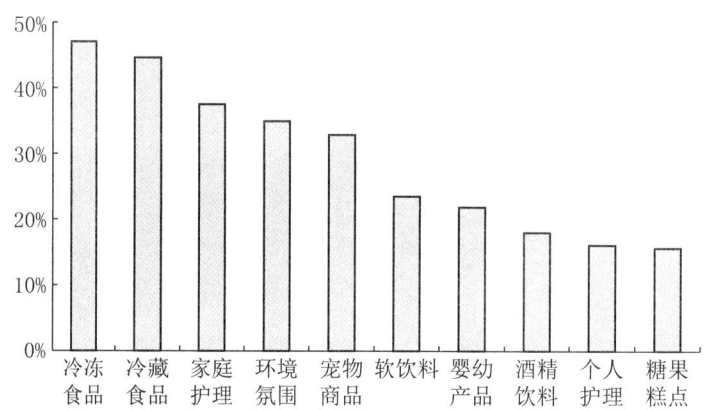

图3-4 2018年欧洲各品类自有品牌占比

资料来源:自有品牌——制造型零售的未来,广发证券研究报告(2019)。

5. 产品定位:极致性价比和高端差异化路线各具特色

对标NB,PB整体定位是"同质低价",普遍处于中低价格带。根据第三方公司IRI调查,欧美代表国家PB折价率平均为28%,其中法国最高达到38.7%(图3-5)[2]。从价格—质量定位的分层来看,大致可分为两类:

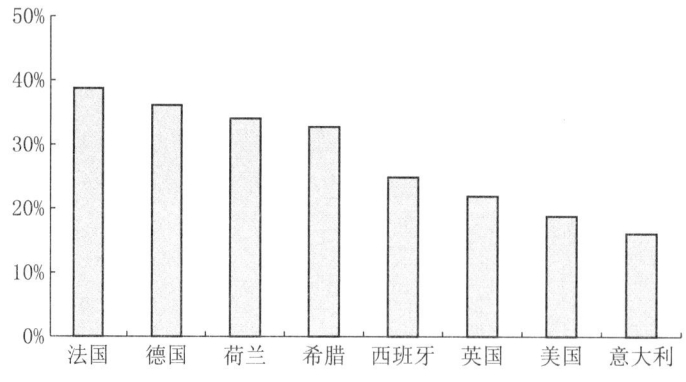

图3-5 2017年PB对比NB的折价率

资料来源:自有品牌——制造型零售的未来,广发证券研究报告(2019)。

---

[1] 自有品牌—制造型零售的未来[R].广发证券研究报告,2019.
[2] 同上。

（1）极致性价比路线：这是国外自有品牌最常见的定位方法，通过有竞争力的品质和价格优势，抢夺NB份额。一般以功能性快消品居多，因为这类产品不需要零售商具有高水平的研发能力，只要找到合适的代工厂就可以实现。德国硬折扣店奥乐齐、美国的购物广场沃尔玛和会员制超市开市客是典型代表。其中，奥乐齐是绝对的"低价杀手"，同类自有品牌商品价格甚至低于全球零售巨头沃尔玛7.1%，高性价比优势显而易见。[1]

（2）高端差异化路线：这类PB价格偏高，但仍比同价位NB性价比高，并且产品定位精准，独具特色。但对零售商的开发能力要求高，通常采取自主研发或与制造商联合开发或自建工厂的方式，仅有少数有实力的零售企业具备这种能力。如日本便利店领军企业7-11、美国有机超市Trader Joe's和美国食品超市Kroger都是此类代表。

6. 品牌策略：相比于单品牌策略，多品牌策略更为常见

品牌策略取决于定位。当突出产品单一特征时，单一品牌能够帮助消费者分辨产品特色，如开市客的所有产品都冠用Kirkland Signiture品牌，统一强调"极致性价比"的特色。但同类竞争对手沃尔玛则采用多品牌策略，即针对不同品类划分不同品牌，建立品牌矩阵，如沃尔玛旗下的自有品牌包括，惠宜（Great Value）食品与非食品、明庭（Mainstays）家居和简适（Simply Basic）服装等，这种方法适合品类繁多的自有品牌，可以培养对不同品牌的认知。另一方面，高端自有品牌采用多品牌策略也比较常见，有的运用了商店旗帜策略（也称伞形品牌），进行低—中—高价格分层定位，并配以与商店名称相关联的子品牌名称进行区隔。这样即能够和公司母品牌建立关联，又突出了子品牌的独特性。例如，日本7-11便利店推出了7-Priemium高品质食品系列获得成功之后，又针对不同价格带和品类相继推出了7-Gold、7-Select和7-Lifestyle等子品牌系列。可见，国外零售商旨在运用品牌投资组合策略，打造自有品牌资产的战略意图明显。

7. 制造方式：以委托加工为主，自建工厂为辅

目前，国外自有品牌主要有委托加工和自建工厂两种生产方式。自建工厂是指零售企业自建专属工厂，设计开发产品，再独家销售。委托加工是指零售企业委托制造商生产产品，再通过自家门店销售。由于大多数零售商不具备生产能力，因此委托加工是主要的生产方式，具体有三种形式：（1）寻找品牌供应商，批量定制"渠道专供"产品，即订购生产；（2）跳过某个品牌商，与其代工厂合作生产特定产品，即ODM生

---

[1] 自有品牌—制造型零售的未来[R].广发证券研究报告，2019.

产;(3)直接对接无品牌制造商,对其提出要求开发产品,即 OEM 生产。考虑到成本与管理因素,目前 PB 主要的生产方式是上述三种委托加工的方式。[1]

8. 消费者认知:普遍认为自有品牌物有所值

目前,全球消费者对自有品牌的印象已经从原来的"低质低价"转变为"高性价比"。自有品牌不再被认为是制造商品牌低成本的替代品,而是不断追求质量和创新的"代名词"。2014 年尼尔森对 60 个国家 3 万多名在线消费者进行了调查,发现多数消费者对自有品牌的质量、价格、价值等方面表现出共性的认知(图 3-6)。首先是,将近四分之三的全球受访者(71%)认为 PB 的质量随着时间推移已经得到提升。尽管自有品牌是经济低迷时期的产物,但持续至今赢得了许多消费者的信任。其次,价格是消费者购买自有品牌的主要驱动力。全球 69%的受访者认为获得价格优惠很重要;70%的受访者认为购买自有品牌是为了省钱。最后,多数认为自有品牌在价值和质量两个属性上满足了需求。三分之二的受访者(67%)认可自有品牌物有所值,62%的受访者认为自己的购买是明智的[2]。

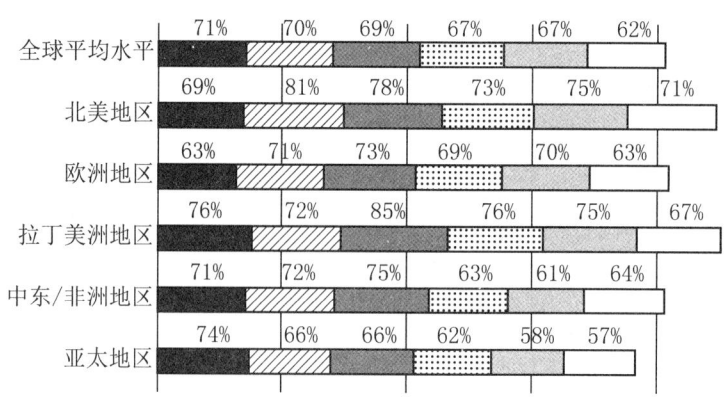

图 3-6 全球各地区受访者对自有品牌认知的百分比

资料来源:The State of Private Label around the World[R]. Nielsen, 2014.

但是,在不同地区消费者认知尚存差异。在欧洲和北美,消费者对自有品牌价值(物有所值)和质量(主流品牌很好的替代品)的评价都很高,受访者好评占比高达 72%,而在亚洲,由于消费者对主流品牌非常忠诚,再加之零售商在自有品牌方

---

[1] 全球零售企业自有品牌的"发展趋势、开发逻辑、应用策略[R].方正证券研究报告,2018.
[2] The State of Private Label Around The World[R]. Nielsen, 2014.

面的投入力度不足,所以难以说服消费者充分认可自有品牌。亚洲消费者对自有品牌价值和质量评价的受访者好评相对低于欧洲和北美。而且,近六成亚洲受访者认为尝试新品牌可能会浪费金钱,尤其是可支配收入有限的低收入消费者,普遍认为购买自己不信任的自有品牌存在风险。相比之下,他们更愿意购买电视广告中宣传的主流品牌,特别是当降价促销时会更愿意购买。因此,在亚洲地区不能盲目地复制欧美模式,当务之急需要做好产品质量建设的基础工作,以赢得消费者信任。[1]

(二)国内自有品牌发展现状

1. 整体发展:我国自有品牌尚处于初级发展阶段,但呈现不断增长态势

2010年至今,我国整体零售增速随零售总额的不断提升而有所放缓。我国零售市场趋向存量竞争,商品的性价比及差异化成为很多零售企业的战略选择,自有品牌也因此迎来了发展的"窗口期"。据《2021年中国自有品牌行业白皮书》调查显示,近年来中国自有品牌销售增速始终保持在8.5%以上,虽然2020年疫情危机导致中国经济下滑明显,但自有品牌却逆势增长,销售额总体增长率为22.7%,超过快速消费品12倍以上,达到有史以来的市场峰值。[2] 目前,在中国零售百强企业中,超过80%的企业已经推出自有品牌,且增长迅速。部分企业已从自有品牌中获益,PB毛利率普遍高于25%,PB销售增幅在10%以上。[3] 然而,与欧美发达国家相比,中国PB占比仍然很低,仅有3%~5%,尚处于发展初期。因此,自有品牌在我国有巨大的发展空间。据专业机构预测,未来五年,自有品牌销售额将超过3万亿元,发展将沿着食品、家居、生鲜和服装的品类发展路径推进。

2. 地区发展:南方优于北方、沿海优于内陆

中国自有品牌在不同地区的发展不均衡。一般,北上广深及省会和沿海发达城市的自有品牌发展要好于中小城市,南方要优于北方,沿海要优于内陆。据相关数据显示,在零售业最发达的上海,PB占比大约在15%左右,而在西安,PB占比仅为3%~5%[4]。这与不同地区的零售业发展状况及地区消费水平等密切相关。2020年参评中国自有品牌金星奖的零售企业共40家,来自全国15个省份的23个地区,

---

[1] The State of Private Label Around The World[R]. Nielsen, 2014.
[2] 2021年中国自有品牌行业发展白皮书[R].达曼国际咨询,2021.
[3] 零售企业自有品牌发展调查报告[R].中国连锁经营协会,2016.
[4] 自有品牌,新零售的新引擎.2018.8.6. http://epaper.zhoudaosh.com/html/20188/06/content_682435.html.

其中广东和上海零售企业最多,分别占22.5%和17.5%,这也符合中国自有品牌南方优于北方的现状。[1]

3. 主导企业和销售渠道:线上和线下同时发力自有品牌战略布局

国内自有品牌主导企业主要有:连锁超市(含大卖场、精品超市和中小型标超等,如联华、华联、永辉和盒马鲜生等)、会员制超市(如盒马X)、便利店(如好德和美宜佳等)、药妆店(如娇兰佳人和唐三彩等)、电商平台(如淘宝、京东、苏宁易购、网易严选、小米有品和拼多多等)。与国外相比,缺少了折扣店和一元店等主打极致性价比的实体零售企业,但国内平台电商凭借更好的流量和流通效率,促使自有品牌线上发展迅猛。并且,近期在新零售赋能下,全渠道布局趋势明显。目前,在自有品牌增长赛道上表现为线上、线下和线上+线下三股势力:一是平台电商自有品牌销售额成倍增长,进一步领先线下渠道,如品质电商领导者网易严选、科技感十足的精品电商小米有品和主打超高性价比的拼多多等都有不俗的表现;二是会员制超市、便利店及社区店等业态加速自有品牌线下渠道渗透,如沃尔玛购物广场PB顾客渗透率最高,山姆会员店则单客PB贡献度高;三是以盒马和永辉为首的新零售代表,加码全渠道布局,分别成为2020年自有品牌增长最快和表现最好的零售企业。[2]

4. 品类构成:食品成为自有品牌增长的新动力,且增速高于快消品

以往,国内零售企业主推以快消品为主的非食品类自有品牌,因为这类产品的技术壁垒低和消费者感知差异低,而购买频率却很高。比较典型的品类包括:纸制品和清洁用品等,在这类品类中PB占比超过40%。但是,近年来,非食品的销售增长被食品所反超。2017年至2020年,食品销售额平均增幅为19%,比家用清洁品类增幅16.5%,高出2.5个百分点。而且,2020年,包装食品销售额同比增长29.7%,饮料增长23%,均创历史新高,这主要是市场渗透和客单价双增长的结果。总之,目前PB高增长品类主要来自食品和饮料。个人家庭护理品类增速虽然稍低于食品和饮料,但仍属于核心品类,销售额同比增长14.2%[3]。近期,随着消费者对健康生活的重视,自有品牌开发也更加注重将健康概念植入食品和快消品领域,为消费者提供更高的价值、便利性和愉悦体验,以树立产品的差异化优势。特别是,随着我国生鲜标准化的持续推进,生鲜自有品牌将大有可为。

---

[1] 中国自有品牌评选评审报告[R].上海市品牌授权经营企业协会.2020.
[2] 2021年中国自有品牌行业发展白皮书[R].达曼国际咨询,2021.
[3] 同上。

5. 产品定位：以性价比为主导的分层定位趋势明显

与国外自有品牌整体定位相同，我国自有品牌同样走性价比路线。根据一二三线城市不同的消费水平，零售商在性价比的不同价格带进行分层定位，可分为绝对低价、适度低价和相对低价（接近但仍低于NB价格）三个等级。简单说，就是针对不同消费水平，对性价比进行不同层次的升级[1]。具体如下：

（1）三四线城市消费能力较低，尚处于向品牌消费过渡时期，消费者倾向于极致性价比的自有品牌。如拼多多就是在确保产品基本功能的基础上不断追求低价的性价比1.0。

（2）一二线城市消费能力领先于全国平均水平，已经由品牌消费向理性消费转变，去品牌化和重品质的精品电商由此崛起。以网易严选和小米有品为代表的精品电商是在"适度低价"上持续提升品质的性价比2.0。

（3）北上广深超一线城市居民生活已接近发达国家水准，追求个性化、品质化和多样化的消费升级趋势显著。近年来，在魔都上海，山姆会员店推出的榴莲蛋糕、罗森便利店售卖的冰皮月饼，永辉超市与A站（acfun.cn）联合推出的馋大狮联名款等自有品牌产品成为爆款产品或网红产品。其实质上是，定位于相对低价且差异化的性价比3.0。目前，在超一线城市，会员制超市、便利店及新零售企业瞄准中高端客群，不断推出高附加值且颇具独特卖点的产品，从而形成自有品牌在消费者心中的个性化记忆点。

6. 品牌策略：打造复杂的自有品牌矩阵正在成为趋势

目前，国内自有品牌无论在产品线延伸还是品类延伸上都表现出多向扩张的特点。相比于开市客和山姆会员店所采用的单一品牌策略，以部分平台电商（如京东、苏宁）和新零售企业（如盒马、永辉）为首，正在通过多品牌策略，打造自身的品牌矩阵，从而抢夺更多的NB份额。目前，多品牌构成方式主要有两种：

一是由多个独立品牌组成。针对不同的品类特点冠名不同的品牌，即每推出一个新品牌覆盖一个品类或几个关联品类。举例来说，永辉已推出全线中高端的自有品牌矩阵"永辉优选"，包括田趣、优颂、馋大狮、超级U选和O'fresh等一系列独立的子品牌，每个子品牌又对应多个核心品类。例如，田趣包括大米、面条、蜂蜜和菜籽油等食品类；优颂涵盖纸巾、碗筷、小家电等高性价比的家庭清洁、家庭器具和家纺品类；馋大狮则以趣味性和年轻化的休闲食品为主。

---

[1] 自有品牌—制造型零售的未来[R].广发证券研究报告,2019.

二是在统一的零售商母品牌旗下推出多个子品牌,即采用商店旗帜品牌策略,尤其适合开发品类多及品项数量大的自有品牌体系,优势是享受母品牌知名度下的品质信誉背书。以盒马为典型,它是目前国内市场中拥有非常复杂的自有品牌矩阵的零售企业。从品类看,盒马自有品牌主要分为生鲜和标品两大类:生鲜品类中包括盒马日日鲜(菜肉蛋奶等民生类商品)、盒马工坊(熟食点心、半成品菜、净菜等)和帝皇鲜(冷藏冷冻品),还有正在培育的有机鲜和高山鲜等新品;标品分为盒马蓝标(每日生活需求品)、盒马金标(高品质生活需求品)和盒马黑标(全球稀缺商品)三大类,满足不同层级的消费需求。盒马近期的新零供计划是在三年内将PB占比提升至50%以上。可见,其战略意图是通过打造完整的自有品牌矩阵,实现全市场、全渠道和全品类的覆盖,并同步塑造统一的品牌形象,从而全面提升自有品牌竞争力。

7. 制造方式:委托加工为主流,"买手制""股权合作"等新方式涌现

与国外相同,国内自有品牌的主流生产方式同样是以OEM和ODM模式为主,其中有的是长期合作的贴牌,有的是短期部分买断。总之,零售商不负责生产,生产环节全部由供应商把控。例如,沃尔玛的自有品牌惠宜在中国的SKU近2 000种,95%的商品是与专业代工厂合作生产,目前已与250多家工厂建立合作关系,剩余5%的商品是与品牌商合作生产。[1]

另一方面,近年来随着平台电商和新零售的崛起,"买手制"逐渐兴起。如网易严选、名创优品和盒马等这些企业都是紧跟消费趋势变化,运用"爆款思维",物色一流的代工厂与之合作开发独家渠道的商品。目前,盒马的生鲜品类依托阿里集团全球采购体系已经全面实现"买手制",如较受欢迎的"日日鲜"鲜牛奶就是很好的例证。概括而言,"买手制"的目的是在精准捕捉消费偏好的基础上持续推出高品质的独家商品。另外,以小米为代表的"股权合作"方式也备受关注。为了捆绑优质的供应商资源,小米采用入股成立合资子公司的方式,与其生态圈外围的多家供应商联合打造自有品牌。随着零售竞争加剧,股权合作或许是稳定零供长期合作关系、确保自有品牌质量的一种有效方式。

8. 消费者认知:质量是购买自有品牌的第一驱动力

与国外不同,国内消费者对主流制造商品牌的忠诚度非常高。但随着消费升级,越来越多的消费者愿意尝试能够满足其个性化需求的自有品牌,尤其是80、90和00后更愿意积极尝试小众或新品牌,并且价格也是其更换品牌的重要因素,这使得具有

---

[1] 存量格局下自有品牌建立竞争优势[R].华金证券研究报告,2019.

性价比优势的自有品牌获得了发展契机。据《中国自有品牌发展研究报告2021》调查显示,质量是消费者购买自有品牌的首要关注要素,关注度达到51.86%,是购买自有品牌的第一驱动力。总体来说,性价比(质量、价格、优惠券、促销)是影响消费者购买选择最主要的因素;良好的渠道体验也是重要影响因素,包括零售商是否值得被信任、店内体验如何、是否能够通过网络下单、提供送货上门等(图3-7)[1]。

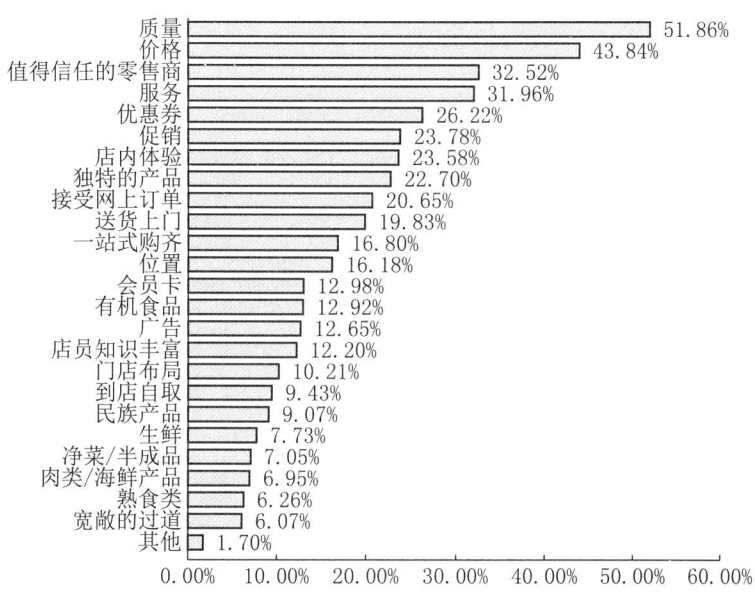

图3-7 中国消费者自有品牌购买行为影响因素

资料来源:中国自有品牌发展研究报告,自有品牌产业研究院PLRI(2021)。

但是,调查也同时指出,我国消费者对自有品牌的认知非常模糊,仅不到四分之一的被调查者(24.72%)对自有品牌真正"有所了解",其余四分之三都处于"不了解"这一相对模糊的状态。这提醒自有品牌开发者,应该寻找自有品牌推广的突破口和更广泛的消费触点。另外,消费者对自有品牌形象尚未形成统一认知。对自有品牌"有品质的、创新的"正面形象的认同度虽然分别达到45.69%和45.34%,但都没有超过半数;对自有品牌"新颖的、更适合国人的、时尚的、年轻的"这四种形象,只有不到三成消费者的认可(图3-8)。一项战略的成功取决于两个基本因素:对内要有行动的协同性,对外要有认知的统一性。在我国自有品牌开发作为一项企业战略,如何通过有效的策划、营运与营销改善这两个方面还面临着很大挑战[2]。

---

[1] 中国自有品牌发展研究报告[R].自有品牌产业研究院(PLRI),2021.
[2] 同上。

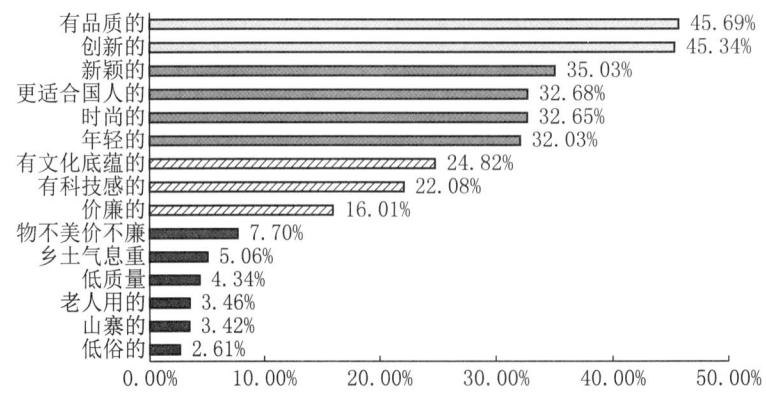

图 3-8 中国消费者自有品牌形象认知

资料来源:中国自有品牌发展研究报告,自有品牌产业研究院 PLRI(2021)。

第二节 上海自有品牌发展现状

一、上海自有品牌发展概述

纵观上海自有品牌的发展,起步于20世纪90年代初期,是伴随着上海零售业的对外开放而逐步发展起来的。2001年,中国加入世界贸易组织,上海零售市场全面开放,自有品牌在外资超市的带动下,迎来了新的发展契机。2016年,"新零售"概念被提出后,上海零售企业开启了较大规模的转型与变革,自有品牌超越了原有的内涵,形成了全新的发展模式。

20世纪90年代初,联华、华联和农工商超市等上海本土超市相继成立。与此同时,伴随着中国市场的对外开放,家乐福、麦德龙、罗森、卜蜂莲花(原名易初莲花)、大润发和欧尚等外资零售巨头纷纷进驻上海。外资零售企业的进入带来了全新的连锁经营模式,上海本土超市纷纷借鉴,在初具经营规模后便开始尝试推出自有品牌。1996年,联华超市创建"联华"品牌;同年,华联超市开发了"华联"品牌大米,1年后又注册了"勤俭"自有品牌;1998年,农工商超市创立"农工商"自有品牌。这一时期,由于上海本土超市的经营规模和经营能力有限,自有品牌尚处于发展的萌芽阶段,品类主要集中在粮油、日常生活用品等基本的食品和快消品领域,整体表现出低价低质的特点,尚未形成优势效应。

与上海本土零售企业形成鲜明对比的是,家乐福、麦德龙等外资企业具有更大的规模优势、更高水平的经营能力,并且拥有强大的自有品牌开发能力。但是,在进入上海初期,由于市场的不确定性,这些外资企业并没有立即推出自有品牌,而是等到时机成熟,即 2004 年全面对外开放时,外资企业拥有了控股权才陆续推出自有品牌。整体上看,外资零售企业几乎同时于 2003 至 2004 年间相继推出自有品牌,由此掀起了自有品牌新一轮的发展。

随着全面对外开放的深化,上海零售业的格局也发生了新的变化。这一时期,外资零售企业竞争日趋激烈,争相占领上海市场,同时上海本土零售企业也迅速崛起,不断创新业态。2004 年日本全家便利店进驻上海,并于 2009 年推出自有品牌产品。2010 年 12 月 23 日,上海首家山姆会员店——北蔡店开业,山姆自有品牌的销售效率远高于非自有品牌,PB 总品项数占比 20%,却创造了超过 30% 的销售额。[1] 2014 年,主打进口、精品商品的绿地优选(G-Super)成立,推出了一系列高品质的自有品牌产品,与传统超市形成较大差异,成为品质商品的代名词。

2016 年,伴随着新零售概念的提出,新零售的代表——盒马鲜生在上海浦东金桥开业。开业之初,盒马就组建了自有品牌研发团队,并在货架上陈列了第一款自有品牌商品——盒马牌五常稻花香大米。在新零售的赋能下,上海外资零售企业也于 2016 年大规模重新调整了自有品牌开发和推广策略。此后,外资零售企业也在持续进驻,奥乐齐超市的中国首店于 2019 年落地上海,PB 占比高达 70%[2]。

2019 年也是会员制超市兴起之年,掀起了新一轮自有品牌的发展热潮。2019 年 6 月,山姆在上海开出第二家会员店——青浦店。同年 8 月,开市客在上海闵行区开设中国首店,自有品牌 Kirkland 的占比达到了 28%。随后,2020 年 10 月 1 日,盒马在上海浦东新区开出了第一家仓储式会员制超市——盒马 X 会员店,推出了自有品牌——盒马 MAX,店内 PB 占比超过 40%。2021 年 9 月 26 日,山姆再次发力,中国首个山姆旗舰店在浦东外高桥正式亮相,建筑总体量约 7 000 平方米,包含国内单层面积最大的山姆店,并同时涵盖餐饮、娱乐、生活及教育等服务区域,号称"亚洲第一的山姆旗舰店"。短短两年里,会员制超市从一个小众的概念,在上海变得家喻户晓。

发展至今,盒马、G-Super、联华等已成为上海本土零售企业中的自有品牌领先者,家乐福、罗森、麦德龙等是上海外资零售企业中的自有品牌突出贡献者。开市客、山姆、盒马 X 成为会员制超市风口下的代表性企业,将引领新一轮自有品牌的变革。上海本土零售企业和外资零售企业自有品牌总体发展情况见表 3-1、表 3-2。

---

[1] 销售占比超 30%,山姆是如何做自有品牌的?.腾讯网.https://xw.qq.com/cmsid/20210505A0AYAN00.
[2] 德国最大折扣连锁超市 ALDI 在沪开店,有不少接地气的"中国元素".搜狐网.https://www.sohu.com/a/320142964_313745.

表 3-1 上海本土零售企业自有品牌总体情况

序号	企业名称	入沪时间（年）	推广自有品牌时间（年）	现有自有品牌
1	联华[1]	1991	1996	联华质造、优品生活、优飨、她树
2	华联	1992	1996	联华质造、优品生活、优飨、她树
3	农工商	1994	1998	农工商、胖子、好德、真德
4	绿地优选	2014	2014	绿地鲸选、HI BERRY、只卖一天、绿地直采优质进口冻海鲜、G系列自有品牌
5	盒马鲜生	2016	2016	盒马、盒马工坊、日日鲜、盒补补

表 3-2 上海外资零售企业自有品牌总体情况

序号	企业名称	入沪时间（年）	推广自有品牌时间（年）	现有自有品牌
1	家乐福	1995	2003	福斯莱、欧蕴、家乐福质量体系、家乐福杂货、家优鲜、Mr.福先生
2	麦德龙	1996	2003	宜客(AKA)、荟食(Fine Life)、瑞吧(RIOBA)、喜迈(SIGMA)和亭轩(Tarrington House)
3	罗森	1996	1996	罗森(LAWSON)、自然罗森系列(Natural LAWSON)、罗森匠心之作(LAWSON SELECT)
5	卜蜂莲花	1997	2003	卜蜂莲花、正大食品、泰友、甄选、OSG
6	大润发[2]	1998	2004	大拇指、RT-Mart、润记、优纺、钻典、蜜娅莉、屋顶小镇
7	欧尚	1999	2004	大拇指、好麦、优纺、荟尚、钻典、Actuel、睿德宝瑞(Red Bow)、Pierre Chanau、贝贝壮
8	全家	2004	2009	呀米将零食系列、Family Mart Collection、Biang! Biang! 喵系列、湃客咖啡(Par Cafe)
9	山姆	2010	2010	Member's Mark
10	开市客	2019	2019	Kirkland
11	奥乐齐	2019	2019	思缤世、彤嘉芙、幂悦(LACURA)、VEGGIE EATERS、EXPRESSI

[1] 1991年联华超市成立,1993年华联超市成立,2009年联华超市收购华联超市全部股权,联华与华联两家超市全面合并。——作者注

[2] 大润发由台湾润泰集团于1996年创立,于1998年7月在上海开设中国大陆第一家大型超市。欧尚于1961年成立于法国,1999年在上海开设亚洲首店。2000年,欧尚与大润发交叉持股。2011年,大润发与欧尚集团以"高鑫零售"在中国香港上市。——作者注

二、上海大型超市自有品牌发展现状

(一) 上海大型超市发展现状

上海大型超市主要有家乐福、麦德龙、卜蜂莲花、奥乐齐等外资超市以及联华(包括联华、华联、世纪联华)、农工商、高鑫零售、绿地优选等上海本土超市。目前,从门店数量上看,上海本土超市占据绝对领先地位。在上海本土超市中,从全国门店数看,联华超市以3 192家位居榜首,遥遥领先于高鑫零售和农工商;从上海门店数看,农工商超市以414家门店位列第1,联华超市以164家门店位列第2。在外资超市中,家乐福的全国门店数和上海门店数均列第1,奥乐齐的上海门店数位列第2,但奥乐齐属于社区超市业态,门店面积较小。如表3-3所示。

表3-3 2020年上海超市门店数[1]

序号	企业名称	超市品牌	全国门店数(家)	上海门店数(家)
1	联华超市股份有限公司	世纪联华、联华、华联	3 192	164
2	高鑫零售有限公司	大润发、欧尚	490	34
3	农工商超市(集团)有限公司	农工商	425	414
4	家乐福(中国)管理咨询服务有限公司	家乐福	228	40
5	正大投资股份有限公司	卜蜂莲花	132	11
6	麦德龙中国	麦德龙	99	8
7	上海绿地优鲜超市有限公司	绿地优选	93	13
8	奥乐齐(中国)投资有限公司	奥乐齐	17	17

(二) 联华超市自有品牌发展现状

1. 中国本土连锁超市的鼻祖——联华超市

1991年初,在当时上海市开创性的商业政策推动下,联华超市作为上海首家超市成立,并凭借其国企背景,从成立当年就开始盈利。20世纪90年代正值人口红利期,大环境良好,联华超市发展持续强劲,自1991到2011年连续10年蝉联中国连锁

---

[1] 联华、高鑫、家乐福、绿地优选的门店数量数据来自:CCFA 2021年7月28日发布的《2020年中国超市百强》、百度地图;农工商的门店数量数据来自:农工商官网《门店通讯一览表》,时间截至2020年4月20日;麦德龙数据来自麦德龙官网;卜蜂莲花数据来自企查查、百度地图。——作者注

超市百强排行榜第1名,可谓是风光无限。但是,近年来,随着人口红利期过去,再加之互联网的快速崛起导致实体零售渐趋式微,联华超市开始从巅峰走向衰退。由于本身经营模式的固化及受到来自电商和新零售的冲击,联华超市的业绩自2012年起逐年下跌。2014—2018年销售额和门店数逐年递减,连年负增长。2019—2020年销售额重新回到正增长轨道,但门店数量仍在下降。如表3-4所示。

表3-4 联华超市历年发展概况[1]

年 份	销售额（万元）	销售增长率	门店数（家）	门店增长率	中国连锁（超市）百强名次
2014	6 175 076	−10.3%	4 325	−6.0%	7
2015	6 047 365	−2.1%	3 912	−9.5%	7
2016	5 978 485	−1.1%	3 648	−6.7%	7
2017	5 645 987	−5.6%	3 451	−5.4%	8
2018	4 922 938	−2.9%	3 371	−1.5%	10
2019	5 463 022	0.5%	3 381	−0.6%	5
2020	5 681 536	4.0%	3 192	−4.8%	6

即便如此,联华超市仍然是一家具有全国网点布局、业态最齐全的实力型企业,并不断尝试创新改革,致力于多元化发展。现今在新零售的风口下,联华超市持续探索新模式,推进现有门店数字化转型,并大胆进行大型综合超市和社区店的升级。2017年,联华推出了线上的到家业务和网订店取业务,还开出了融合"购物＋餐厅"的精品超市Green & Health,以及一家2万平方米的联华鲸选未来店,对标盒马鲜生。2018年12月,世纪联华PLUS在上海青浦盛大开业,这是一家大型综合超市业态全食市集店,一改以往的风格,带来更为新颖便捷的购物体验。此外,联华社区生鲜门店也是其创新升级业态之一,在原有的社区店的基础上升级而来,集合新零售、新消费元素,专门提供现代菜场解决方案。2021年,联华开启了转型"加速跑",1月在上海市徐汇区推出新形态社区生鲜店,以服务周边800米生活圈的社区居民为核心,打造创新场景,满足日常家庭一日三餐及居家生活的需求。现在,联华已展开社区生鲜门店的迭代布局,着重于门店形象提升、品类优化、场景重构以及空间布局再构,目的在于做大生鲜品类。截至目前,联华在上海地区近400家直营门店中,社区生鲜型门店占比已超过三分之一。[2]

---

[1] 数据来源:中国连锁经营协会发布的2015—2018年《中国连锁百强》,2019—2020年《中国超市百强》。
[2] 联华在上海徐汇区推出新形态社区生鲜店.联商网.http://www.linkshop.com.cn/web/archives/2021/461140.shtml.

2. 联华超市自有品牌产品体系

20世纪90年代,联华推出了"联华"牌自有品牌。这一时期主要采用单一品牌策略,借助联华本身的影响力来推广自有品牌。在最初的发展中,由于产品构成较为简单,还不足以形成竞争优势。2004年起,联华重启自有品牌开发。2012年,进一步加强品牌管理,实施多品牌策略,针对不同的品类推出不同的品牌,相继推出佳惠、Better Living、优品生活等自有品牌,PB占比达到5%左右,领跑中国本土超市。其中,佳惠主要是民生类商品及食品,如米、面、油、白糖和饼干等。Better Living主要是生活基本款的日用品,如家具整理用品、厨房配件和拖鞋等。优品生活主要是各类纺织品、家居用品,如内衣、袜子等。

2018年起,联华超市将自有品牌作为企业战略重点之一,并启动焕新计划。计划开始后,联华超市再次将母品牌"联华"作为主打标识,开发了"联华质造"自有品牌。从品牌内涵来看,联华质造代表联华的品质,这也是联华对其自有品牌在质量、品质方面的自信体现。原有的佳惠、Better Living等也逐步升级为联华质造。目前,联华超市主要采用等级定位策略,按照目标人群、购买原因、利益点、定价策略、品类覆盖以及核心品类的差异将自有品牌分为三个等级,分别为Good、Better、Best。Good系列也称为性价比品牌,主要是大众必需品;Better系列称为标准品牌,主要是精选商品;而Best等级目前尚未开发,是未来的发展方向。联华超市有计划、有策略、稳步地发力自有品牌。联华超市自有品牌等级定位策略如表3-5所示。

表3-5 联华超市自有品牌定位策略[1]

品牌标识	Good(性价比品牌) 联华质造	Better(标准品牌) 优飨、优品生活、她树
目标人群	年龄:各年龄层;生活状态:无忧空巢、活力小家庭、精干务实家庭	年龄:28～50岁,家有十几岁小孩;生活状态:活力小家庭、精干务实家庭
购买原因	安全可信赖、省钱	价格合理、精选
利益点	品质保证(用"联华"来背书)、物美价廉	最好原产地、少添加甚至无添加工艺、用创新工艺将传统味道带给消费者、带动原产地经济可持续、好用的设计、高品质的材质
定价策略	对标品类最低价、价格指数85%～90%	对标品类中的No.1产品,价格指数110%;如对标同等价位,价格指数95%～105%
品类覆盖以及核心品类	覆盖食品与非食品的全品类,核心品类为生鲜、烘焙、南北货、休闲食品;民生商品	生鲜、南北货、休闲食品、水、粮油、调味品;厨房用品、家纺、服饰配件、个人纺织、纸品、个人护理、居家清洁

[1] 表格内容来自联华实地访谈。——作者注

在联华超市自有品牌产品体系中,原有的佳惠、Better Living 等在逐步被联华质造替代后,被划分在 Good 等级,目前仍在替换中。但这里的替代并不是简单地改变品牌名称,而是将这些产品重新开发,达到新的标准后再升级为联华质造。而 Better 等级中包含的是优飨、她树两个新开发的品牌,以及原有的优品生活。此外,还有专门做日本进口产品的一番良品,采用从日本筛选生产企业代加工的模式。预计到 2021 年底,联华超市自有品牌占比将达到 8%。联华超市自有品牌产品体系如表 3-6 所示,可以看出,目前主要集中在常规的、购买频率高的食品及快消品,尚未体现出差异化的优势。

表 3-6 联华超市自有品牌产品体系

品牌等级	自有品牌	品牌定位及产品品类
Good(性价比品牌)	联华质造	全品类,包括生鲜、烘焙、南北货、休闲食品,以及民生商品
	优品生活	重点打造厨房餐桌、卫浴清洁、居家收纳、差旅出行四大居家生活场景
Better(标准品牌)	她树	覆盖口腔护理、美容保养、生活用纸、美妆工具等品类
	优飨	绘制全球美食版图,探索食材的发源地,寻求地道滋味
	一番良品	首个进口商品自有品牌,100%从日本原装进口,日本风格的生活必需品
其他	佳惠	民生类商品、食品,如米、面、油、白糖和饼干等
	better living	生活基本款的日用品,如家具整理用品、厨房配件和拖鞋等

3.联华超市自有品牌经营策略

(1)自有品牌产品开发策略

联华既有独立的自有品牌部门,又与质量部、市场部等展开跨部门协作,通过质量、设计、采购、销售等不同职能的协作,开展包括世纪联华、联华、华联在内的全业态自有品牌开发。在公司层面上,主要是上海联华和杭州联华华商负责自有品牌开发。上海联华重点打造联华质造,目的是开发一系列物美价廉、能够代表联华品质的自有品牌产品。除了现有常规产品外,2020 年 9 月 22 日,联华质造还推出了生鲜品类基地联名品牌——"崇明优品+联华质造",首批产品在世纪联华、联华超市、百联到家亮相,125 个优质农产品线上线下同步销售。

杭州联华华商重点开发优品生活、优飨、她树、一番良品等充满时尚、潮流气息的自有品牌。杭州联华华商拥专业的产品买手设计品控团队和体系化的终端运作团队,采用数字化赋能会员体系,打通全渠道链路,整合供应链。同时,还利用优质的布展露出,在供应链端、品牌端、功能端展示,通过加盟和批发等方式,将自有品牌提供给更多的消费者。

在产品选择方面,联华会通过对一整套分类数据的分析来决策开发哪一类自有品牌产品,包括市场调研数据、联华自己的比对数据、联华跟制造商品牌的比对数据等,然后依据分析结果制定新品开发计划。选定的产品可能是市场上的趋势产品,也可能是有价格优势的产品。最后,进行产品开发和定价,联华质造的价格通常是对标商品的90%左右。

在包装设计方面,联华的每个自有品牌都有一套包装设计规范,包括色块识别、logo位置、卖点的体现、排版等都有比较规范的统一标准。联华质造的包装简洁明了。相比之下,优飨、她树、优品生活等自有品牌的包装更为潮流、时尚和新颖。统一的包装设计使得自有品牌在陈列时能够体现出品牌调性的一致,同时又通过色差,使得消费者容易识别不同的产品,从而带来一种品质感和信赖感。

(2)自有品牌质量管理策略

联华非常重视自有品牌的品质管理,从2019年起采用一套严格的质量管理标准。首先,供应商必须是供应链最前端的生产型企业,并且需要是行业内的龙头企业,不能是代理商和小型企业。其次,需要通过有审核资质的第三方企业进行审核,并且企业内部也会进行质量管控,由专门的质量部门进行验厂和审核。所有产品都有实地访厂的过程,审核供应商的制度、农药使用、环境管理等,对其进行评估并根据评分将供应商划分为不同的等级。评分达到80分(B级)以上的供应商方可入选联华质造品牌的供应商。但即使达到要求,厂家也要依据评估意见进行整改,整改后还要进行复审确认、不定期抽检,以超高的标准来确保产品的高质量。例如,联华质造品牌下的正大鸡蛋,评分达到90分以上。联华认为自有品牌代表着企业信誉,所以选品会遵循非常严格的标准。总之,联华的自有品牌质量是过硬的和值得信赖的。

(3)自有品牌产品促销策略

一般,联华每季度举办一次自有品牌周,聚焦于自有品牌的促销活动,在多个业态的所有门店同步进行。但目前来看,联华PB占比相对较低,在低于10%的情况下,无法策划更大规模的促销活动。此外,联华有一套独特的自有品牌货架摆放标准。在世纪联华、联华、华联超市中,由于门店的陈列资源充足,通常会在一个单独的区域摆放一组货架来单独陈列自有品牌,在这组货架上除了陈列联华不同的自有品牌产品外,还会保留一个著名的制造商品牌作为参照。例如,在一组货架上,陈列了联华质造、优飨、拾惠等联华自有品牌的米、面,同时还陈列了非联华的新良品牌,让消费者有更多的选择空间。

(4) 自有品牌供应链建设布局

近年来,联华一直致力于寻求优质货源,构建高品质差异化的供应链体系。2019年,联华华商与天山神木在杭州世纪联华鲸选店正式签订战略合作协议,"优飨+天山神木"联合品牌上市发布,还孵化了以"优飨+天山神木"为品牌的新疆特色食品专卖店。2020年,百联集团与上海市崇明区政府签署战略合作框架协议,共同推出"崇明优品+联华质造"品牌,进一步打造百联绿色农产品供应链,共建农商融合发展新模式。目前,联华已经与行业内多条源头供应链实现战略合作,包括来自33个省份原产地的138家基地,并锁定食品、洗化、工业品中的重要类别重点开发。[1] 未来,联华的自有品牌或实现更加多元化的发展。

三、上海新零售自有品牌发展现状

(一) 上海新零售发展现状

随着互联网、大数据、人工智能等新技术的飞跃发展,2016年新零售应运而生。2017年3月,在阿里研究院发布的《C时代 新零售——阿里新零售研究报告》中,首次将新零售定义为以消费者体验为中心的数据驱动的泛零售形态。由此,引起了业界对新零售的广泛关注和大胆尝试,盒马鲜生、超级物种等新零售企业相继成立。

作为新零售的先行者——盒马鲜生O2O生鲜超市在上海率先成立,首店于2016年1月开门营业。盒马鲜生是以数据和技术驱动的新零售平台,目标是为消费者打造社区化的一站式体验中心。与传统超市不同,盒马既是超市,又是餐饮店,同时也是菜市场,无法准确归类为任何一种传统零售业态。它将"线上+线下"发挥到极致,既可以线下购买,现购、现做、现吃,也可以线上下单,30分钟送货上门。

超级物种是永辉旗下的新零售品牌,隶属福建永辉云创科技有限公司,2017年1月全国首店在福州开业,同年11月上海首店开业。超级物种定位为生鲜食材店,餐饮占超过50%,同样采用"生鲜超市+餐饮"模式。线下店既可以购物又可以就餐,还可以现点食材现加工,等候时间较短。整体上看,超级物种的模式就像是一个放大版的便利店。

---

[1] "崇明优品+联华质造" 百联实质性启动农产品供应链战略布局.搜狐网.https://www.sohu.com/a/420097074_797240.

新零售虽然发展态势迅猛,但除了盒马鲜生发展状况较为稳定之外,超级物种等在扩张中均遇到了诸多障碍,不断地闭店和开店,发展情况不容乐观。发展至今,盒马鲜生一马当先,在上海有53家门店,全国已有235家门店;而超级物种在上海只有4家门店,全国81家门店。总体来看,新零售超市表现不及预期,但仍有较大发展空间。如表3-7所示。

表3-7 2020年上海新零售门店数[1]

序号	企业名称	新零售品牌	全国门店数(家)	上海门店数(家)
1	上海盒马网络科技有限公司	盒马	235	53
2	福建永辉云创科技有限公司	超级物种	81	4

(二)盒马鲜生自有品牌发展现状

1. 新零售的引领者——盒马鲜生

2015年6月2日,有着12年物流行业经验的原京东物流总监侯毅创立了上海盒马网络科技有限公司。2016年1月15日,第一家"盒马鲜生"(简称"盒马")O2O生鲜超市在上海浦东张杨路首次亮相就备受关注。盒马突破了传统超市的界限,集合了超市、便利店、餐饮店、支付宝会员店等多重属性,且线上订单采用全自动物流模式,从下单到装箱只需10分钟,最快30分钟即可送达顾客手中,覆盖周围3千米的范围,大幅提高了购物的便利性。2016年3月,盒马获得阿里巴巴1.5亿美元的投资。依托于阿里丰富的数据资源和技术资源,从供应链、仓储到配送,盒马打造完整的物流体系,实现完全的数字化运营,达到人、货、场三者之间的最优匹配,盒马也由此成了新零售的引领者。

盒马自创立以来,发展十分迅猛。据中国连锁经营协会发布的《2019中国超市百强》显示,2019年盒马以年销售额400亿的规模位居第6位,销售增长率达到185.7%,远高于其他同类企业。据盒马官网显示,截至2021年6月6日,盒马已在全国21座城市开设235家线下门店,主要分布在一、二线城市。其中,北上广深四个一线城市共有119家门店,占比高达50.6%;新一线城市共有98家门店,占比41.7%;二线城市、三线城市分别有16家门店、1家门店,共占比7.2%。如表3-8所示。

---

[1] 盒马门店数据整理自盒马官网:https://www.freshhema.com/,获取时间:截至2021年6月6日;超级物种门店数量为估算数据,截至2020年6月;7-fresh全国门店数据来源于联商网:京东7FRESH迎来彻底变革(http://www.linkshop.com.cn/web/archives/2021/460876.shtml?sf=wd_search)。——作者注

表 3-8　盒马门店分布[1]

城　市	上海	北京	深圳	广州	成都	杭州	重庆	武汉	西安	南京	苏州
门店数（家）	53	34	20	12	14	15	8	20	11	13	5
城　市	长沙	青岛	宁波	贵阳	南通	海口	大连	无锡	三亚	昆山	
门店数（家）	6	6	3	5	3	1	2	1	1	2	

盒马的发展速度不仅体现在规模扩张上，还体现在新产品的研发和推广上。2020年，盒马推出20 000余款新品，其中6 000余款是自有品牌商品，新品开发周期在6个月左右，新品迭代速度是同行业的3~4倍。

在盒马鲜生标准店之外，陆续衍生出盒马F2、盒小马、盒马菜市等十余种新业态，如表3-9所示。目前，盒马已发展成为一个进驻不同城市、布局不同商圈、满足不同消费需求的全系列多业态模式。盒马衍生业态的形成逻辑在于，基于"大数据+买手制"洞察消费者需求，按照本地消费者的商圈特性，对场景和品类进行重构，精准研究商品配置，并利用新技术提升零售效率。盒马逐步以多种业态占据不同消费场景下的流量，不断试错、迭代和升级。目前，盒马X会员店、盒马烘焙、盒马跨境GO、盒补补是四种全新业态，仍在探索中。

表 3-9　盒马新业态体系

序号	业态名称	首店时间	业　态　特　点
1	盒马鲜生	2016.1.15	2 500~5 000平方米，生鲜超市，满足线上线下消费者生活需求
2	盒马F2	2017.12.04	800平方米，定位办公楼商圈，便利店+餐饮店，围绕office商圈的人群，解决早饭、中饭、下午茶的问题
3	盒小马	2018.6.02	定位城乡市场，大润发与盒马合作开设，突出生鲜，精选商品的中型超市，淘鲜达下单，1小时配送
4	盒马菜市	2019.3.30	2 000平方米，定位在城市社区和郊区，蔬果产品以散装形式出售，没有餐饮区，新鲜制作、现场销售、价格亲民
5	盒马小站	2019.03	小于300平方米，相当于"前置仓"，开在盒马门店无法覆盖的区域，只提供外送服务
6	盒马mini	2019.6.20	300~500平方米，定位在郊区和城镇，甚至是县市，盒小马和盒马小站的升级版。散装非标品为主，海鲜、冰海鲜较多，引入面条、熟食等现制现售商品

---

[1] 整理自盒马官网 https://www.freshhema.com/，获取时间：截至2021年6月6日。——作者注

(续表)

序号	业态名称	首店时间	业态特点
7	便利店 Pick'n Go	2019.07.01	专属"早餐柜",手机下单,到店自提,5分钟闪取
8	盒马里	2019.11.30	定位为面向社区的"数字化购物中心",是一个将体验放在首位的社区生活、消费和服务中心
9	盒马X会员店	2020.09.28	仓储会员店,依托全球84个国家的供应链资源,定制超级致性价比的商品。引入活鲜产品,自有商品占比超过40%,并推出自有品牌"盒马MAX"
10	盒马烘焙	2020.12.08	透明橱窗烘焙工坊,每日提供100多款面包,每款产品都是当天新鲜出炉、当天售卖
11	盒马跨境GO	2020.12.11	新零售+跨境电商,线下体验,线上购买,最快30分钟可送达指定地址
12	盒补补	2021.05.24	滋补类产品专卖店,产品以燕盏和即食燕窝为主

数据来源:作者整理自网络公开资料。

2. 盒马鲜生自有品牌产品体系

(1) 初始产品体系

创立伊始,盒马最主要的目标顾客群体是"更富裕的80后和90后消费者",这类群体普遍追求高品质生活,注重产品质量,接受新事物能力强,同时对定制化、个性化、高端化商品的诉求越来越强烈,这给盒马发展自有品牌提供了良好的机遇。基于此,盒马将自有品牌分为基础品、特色品和星制品三个等级,并相应开发一系列自有品牌商品,如表3-10所示。

表3-10 盒马自有品牌产品体系

序号	商品等级	自有品牌名称
1	基础品	盒马原标、盒马工坊、日日鲜、白菜花坊、盒马蓝标
2	特色品	盒马帝皇鲜、盒马金标、盒马有机鲜、盒马MAX
3	星制品	盒马黑标

(2) 迭代升级后的产品体系

随着不断的发展和迭代升级,盒马的目标顾客群体转变为"一二线城市的品质消费人群",取消了年龄界限,群体更为泛化。目标是为这类人群提供"高质、超值"的产品,建立顶层品牌,例如盒马原标、盒马MAX、盒马工坊等。对于有个性化需求的人群,盒马会依据品类、年龄、品质需求的差异再细分,如果需求足够大,就推出延伸的子品牌,例如高山鲜、帝皇鲜等。

盒马还打破了原来的自有品牌产品体系,弱化蓝标、金标、黑标等分级的自有品牌划分方式。一方面是因为这种分级方式会给消费者带来不好的购物体验;另一方面是因为消费者在不同的场景下,对不同等级的产品都会有需求,例如买帝皇鲜的顾客也会买普通的皮皮虾。由此,盒马转变了自有品牌产品体系搭建逻辑,即弱化阶层细分,以不同的消费场景、消费者行为为依据,从核心产品出发,寻找关联产品,重新匹配产品组合,推出不同的子品牌,从而给出消费者不同场景下的最优方案。

(3)自有品牌矩阵构成

在不断的沉淀过程中,盒马打造了一系列自有品牌,包括盒马原标、盒马工坊、盒马日日鲜、盒补补、盒马火锅等。盒马原标主要是需机械深加工的休闲零食、饮料类产品,覆盖范围较广,满足居家休闲场景的零食等购物需求;盒马工坊主要是需简单加工即可完成的手工作坊类食品,满足日常生活场景的食品购物需求;盒马日日鲜主要是保质期较短、保证新鲜的果蔬、肉类、豆浆饮品以及其他鲜食,满足居家用餐场景的鲜食购物需求;盒补补主要是产地直采的滋补保健类冲泡药材和补品等,满足养生滋补场景的补品购物需求;盒马火锅主要是火锅配套食材,满足居家就餐场景的火锅食材购物需求。

3. 盒马鲜生自有品牌经营策略

(1)自有品牌产品开发策略

消费者需求和供应商资源供给是盒马自有品牌开发的两大内在驱动力。在需求端,要了解消费者的哪些需求是由自有品牌而非制造商品牌可以满足的;在供给端,要考虑企业自身的供应商资源、供应链布局和整体战略目标。

盒马基于强大的数字化能力和充足的大数据资源,深度洞察消费需求,构建用户画像,聚焦"未被发现"和"未被尊重"的需求,助力自有品牌开发。在数字化应用方面,盒马与传统企业的主要差别在于,更注重消费者行为数据的挖掘,根据行为数据对消费意愿进行理解和预判,而传统零售企业更关注销售数据。除此之外,盒马还建立了忠实会员小组,通过定期与小组成员之间的互动,获取一线直观的数据,将基于大数据的定量判断与基于感知的定性判断相结合,以更深入的洞察消费需求,沉淀开发方法论。例如,在疫情常态化背景下,盒马深度洞察消费需求,捕捉到健康食品受热捧的趋势,推出"零系列"健康食品。

盒马的自有品牌产需要满足"只在盒马有""给消费者带来不一样的体验""产品是有竞争力的,受到消费者欢迎的"三点要求。此外,除了质量、销售业绩等基本标准外,盒马还依据"高质、超值"的战略定位,采用"数据+买手制"的方法,主动下架性价比不高、消费体验不好的产品。

盒马的预期目标是实现PB占比达到50%,但自有品牌边界变得越来越模糊,比如,存在联名、跨界、生鲜直采等不同模式,当前并没有清晰的界限来区分这些是否属于自有品牌,在PB占比统计上还存在口径不一致的问题,因而难以进行确切的统计。

目前,盒马 PB 占比约 20%,盒马 X 会员店的 PB 占比 40%以上。

(2) 自有品牌供应链建设布局

盒马在供应端突破了传统供应链需长时间沉淀供应网络的限制。借助阿里集团数字乡村、数字农业等独特的资源体系,盒马能够与全国上万个县域链接,发掘有价值的农产品资源;通过 e-WTP 平台,盒马能够直接与国际供给资源对接,实现全球直采;通过阿里的 1688 采购网络资源,盒马能够获得工业品供应资源,扩大产品范围。

与此同时,盒马也在搭建自身的供应链体系。在人员方面,从工业企业、品牌公司和上下游企业招聘具有产品背景、开发背景和采购背景的专业人才,形成能力互补的项目小组;在质量方面,依托《产品质量白皮书》建立质保评价体系;在选品方面,开发商业评价体系,提出适销对路的标准,分析滞销原因,并及时做出反馈和调整,做沉入产业链条的升级开发。

(3) 自有品牌品牌联合与促销策略

盒马与餐饮流量品牌联名,首发独有款自有品牌产品,例如:盒马×野格的冰醉小龙虾、盒马×纽澜地的日式烤肉系列、盒马×光明的八宝饭、盒马×喜茶的青团、盒马×奈雪的茶的粽子、盒马工坊×九月生活的榨菜鲜肉月饼等,从年轻人喜好的角度切入,取得了较好的成效。2021 年端午节,五菱×盒马螺蛳粉粽子上线后,迅速收获大批"真香"粉。

四、 上海会员制超市自有品牌发展现状

(一) 上海会员制超市发展现状

1996 年,麦德龙、山姆以仓储式会员制超市模式进入中国市场,到 2019 年开市客在上海登场,再到 2020 年中国首家本土会员制超市盒马 X 会员店在上海崭露头角,会员制超市的发展越来越成熟,迎来了新一轮热潮。

麦德龙是进驻上海最早的仓储式会员制超市,但很长一段时间都未收取会员费,直到 2020 年 4 月被物美集团收购后,于当年 12 月开始试水付费会员制超市,在中国 60 座城市(97 家门店)全面推进 PLUS 付费会员制,并于 2021 年 6 月打造了全新的会员制超市门店——麦德龙 PLUS 会员店,旨在赶上会员制超市新一轮的发展热潮。目前,PLUS 会员店的 SKU 精简到 2 500 个左右,其中麦德龙独有、自有品牌、进口商品占比达到 40%。[1] 截至 2020 年底,麦德龙在中国大陆共有 99 家门

---

[1] 付费会员近 200 万,麦德龙新业态 PLUS 会员店两店同开.新零售财经.https://baijiahao.baidu.com/s?id=1703723740827255081&wfr=spider&for=pc.

店,上海8家门店。

山姆是隶属美国零售巨头沃尔玛集团旗下的仓储式会员制超市。2020年底,山姆会员店宣布对其自有品牌Member's Mark的700多个商品进行全面升级。目前拥有800个自有品牌SKU,PB销售占比超30%。[1] 截至2020年底,山姆会员店在中国大陆共有29家门店,上海2家门店。2021年9月26日,号称亚洲最大山姆旗舰店在上海外高桥开业。

2019年8月,中国大陆第一家开市客在上海开门营业,当天异常火爆,店内商品被抢购一空。开市客的自有品牌产品全部归入Kirkland品牌旗下。开市客的SKU有4 000个左右,自有品牌占比达到28%。[2] 目前,开市客仅在上海有1家门店。接下来,将在杭州、宁波、苏州、南京等城市开启新店。

2020年10月1日,中国首家本土会员制超市——盒马X会员店在上海浦东亮相,开业当天同样出现了消费者蜂拥而至的火爆场面。从开业起,盒马X会员店逐月增加新商品,现已超3 000个SKU,PB占比超过40%。[3] 目前,盒马X会员店全国共有3家,其中2家在上海。

表3-11 2020年上海会员制超市门店数[4]

序号	企 业 名 称	会员制超市品牌	全国门店数(个)	上海门店数(个)
1	麦德龙商业集团有限公司	麦德龙	99	8
2	沃尔玛(中国)投资有限公司	山姆	29	2
3	开市客(中国)投资有限公司	开市客	1	1
4	上海盒马网络科技有限公司	盒马X	3	2

纵观当下的会员制超市,均主打自有品牌策略。开市客的"Kirkland",山姆的"Member's Mark",运用的是单一品牌策略,而盒马X、麦德龙则采取的是多品牌策略。这些自有品牌既能够提升门店的差异化优势和毛利,也能够强化顾客忠诚。总体来看,开市客的自有品牌数量更精,竞争力更强;山姆的自有品牌数量高于开市客,但其销售额略低于开市客;盒马X会员店的自有品牌紧跟随时代潮流,尤其关注年轻

---

[1] 销售占比超30%,山姆是如何做自有品牌的.腾讯新闻.https://xw.qq.com/cmsid/20210505A0AYAN00.
[2] 从Costco看国内超市:自有品牌和生鲜[R].招商证券,2019.
[3] 首家X会员店两月内盈利 盒马:今年再开10家.环球网.https://baijiahao.baidu.com/s?id=1697930813641981871&wfr=spider&for=pc.
[4] 麦德龙、开市客、奥乐齐、盒马X会员店的门店数据来自官网;山姆的门店数据来自公开新闻36氪:全球公司学习笔记|从山姆到Costco:会员制超市这门生意。——作者注

一代的消费喜好；麦德龙仍在探索中，还未凸显出本身的优势和特色。

（二）开市客（Costco）自有品牌发展现状

1. 仓储式会员制超市的典范——开市客

（1）快速拓展中国市场

开市客是美国第一大连锁会员制仓储式量贩店、美国第二大零售商、全球第七大零售商。据开市客官网显示，开市客在全球12个地区经营逾805家卖场，大部分位于美国，加拿大是其最大的海外市场。2014年10月14日，开市客在阿里巴巴旗下的天猫国际开设旗舰店，从食品和保健品开始，向中国消费者直接销售各类商品。在积累了几年线上销售经验后，2019年8月27日，开市客中国首家线下门店在上海市闵行区开业。随后又迅速在中国拓展，第二店选址上海迪士尼乐园附近的浦东康桥工业区，第三店选址苏州高新区，第四店选址杭州萧山，深圳与宁波的门店也在筹划中。

（2）"低价高质＋精选商品＋会员制"商业模式

低价高质、精选商品和会员制是开市客的核心商业模式，超高性价比的精选商品常常让消费者"闭着眼"购买。首先，开市客产品的毛利润基本都低于10%，一些畅销产品甚至是零利润，净利润的主要来源是会员费，而非产品本身。其次，开市客的SKU有4 000左右，每类产品精选1～3个品牌，相比于沃尔玛的2～3.5万SKU，开市客品类更加"小而精"。这使得其产品周转率非常高，并且单一产品的进货量巨大，进一步压低了成本，同时还带来了良好的控款能力和存货管理能力。最后，会员制模式提高了消费者的购物黏性，一方面提高了转换成本；另一方面会员费是一种"先期投入"，一定程度会形成"自助餐效应"，从而提高顾客的购物频率，带动销售增长。

（3）"爆款＋寻宝＋试吃＋90天内无理由退货"营销模式

首先，爆款商品是门店的引流利器，通常具有超高性价比，一经推出便让消费者难以拒绝。开市客闵行店开业首日，超高性价比的茅台就成为爆款商品被抢购一空。开市客自营美食广场中的热狗、烤鸡、比萨也是其爆款商品，持续不断地为门店引流。其次，开市客还会提供Burberry、Gucci等大牌奢侈品，让消费者有"寻宝"的感觉。这类商品数量少、更新快、折扣力度大。这种"寻宝"模式让普通人也能买起奢侈品，扩展了奢侈品品牌的消费群体。再有，开市客会举办各类线下免费试吃活动，以"试吃分量超大"著称，让消费者感觉既奢侈又大方。最后，为了给消费者反悔的机会，开市客还提供90天内无理由退货服务，只要不满意就可以无理由退货，增加了消费者的信赖并提升了购买热情。

2. 开市客自有品牌产品体系

开市客采用单一品牌策略,旗下仅有Kirkland一个自有品牌。Kirkland拥有多元化的产品。据年报披露显示,其品类中占比最多的是食品,其次是服装和宠物用品。但从品类丰富度(即每个品类的品种数)来看,排名依次是健康美妆、零食、糖果及坚果、衣服箱包、食品和干货、有机食品、宠物用品等。可以看出,食品是Kirkland的优势品类。经过开市客的精心打造,自1999年至2018年,Kirkland的销售占比逐年上升,已从12%提升至28.17%(图3-9)。目前,Kirkland已经成为开市客最核心的品牌资产。

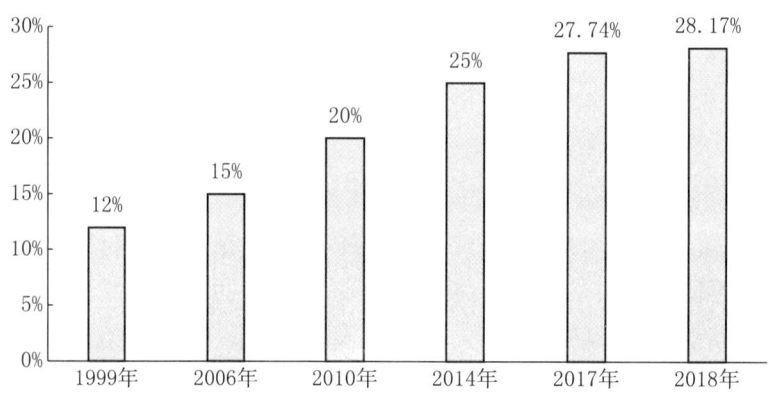

图3-9 开市客自有品牌占比变化[1]

3. 开市客自有品牌经营策略

(1)"单一品牌+数据监测"自有品牌开发策略

开市客仅有Kirkland唯一一个自有品牌。相比于制造商,零售商掌握更多的消费者数据,具有更灵敏的市场嗅觉,因而在自有品牌开发上更具优势。开市客也充分利用了这一优势,密切监测制造商品牌的销售情况,尤其是自有品牌还未覆盖的品类,当发现热销产品和爆款产品时,会及时跟进并组织自有品牌的开发。开市客的自有品牌通常采用OEM模式,拥有自己的设计团队来把控设计环节,因而设计成本很低。在强大供应链的支撑下,开市客的部分自有品牌产品从设计、制造、出货,再到销售在一周内即可完成。极快的自有品牌跟进速度也成了开市客对制造商的议价筹码。此外,开市客还致力于开发自有品牌来扩充尚未引进制造商品牌的品类。

---

[1] 从Costco看国内超市:自有品牌和生鲜[R].招商证券,2019.

(2) 与供应商紧密合作建立自有品牌

开市客积极与供应商寻求合作。起初,开市客努力参与到供应商的生产流程中,通过帮助供应商提供解决方案来获得低价。随着议价能力的提高,合作关系更加紧密,开市客与供应商开始共同开发自有品牌,用自有品牌来替代那些没有以最优价格销售的产品。另外,在供应商的选择中,也需要经过一系列的严格审核,从专业考核、设计、质量监控、物流协助等方面全方位衡量,同时要求供应商具备严格按照协议期限交货的能力。如果产品的价格、质量等达不到要求,或者供应商拒绝合作,开市客便会自行组织开发生产同类产品,并将其归于Kirkland旗下,补充市场空缺,以满足消费者对此类产品的需求。

(3) 通过自有品牌提高议价能力

Kirkland价格便宜是其最显著的优势之一,其所有产品均比同类制造商品牌的价格低20%左右[1],再加上严格把控的超高品质,Kirkland成了极致性价比的代表。凭借强大的价格优势和品质优势,开市客迫使制造商品牌的供应商不得不升级产品、调整包装以突出品牌优势、增加营销支出或者为开市客提供差异化专供产品。这也从侧面说明Kirkland带动了制造商品牌产品质量的提升,从而提高了开市客的整体竞争力。

(4) 打造全球买手团队确保自有品牌质量

由于采取低SKU策略,开市客十分注重SKU的挑选,所有上架销售的产品都必须由管理层亲自把控。为此,开市客建立了强大的、多元化的全球买手团队。买手必须了解产品的成本、生产过程和物流运输等各个方面,设身处地地为消费者考虑,将性价比和质量作为首要因素,挑选出同类产品中的头牌作为符合上架要求的备选产品。

第三节 上海消费者自有品牌认知调查

为了了解上海消费者对自有品牌的认知状况,从品牌观、自有品牌认知和购买行为等方面对上海消费者展开了调研,问卷题项参考《中国自有品牌发展研究报告(2021)》,本次调研期间为2021年6月至7月,问卷发放平台是"问卷一百",发放方式是滚雪球的方式,共回收1230份数据,其中有效数据830份,有效率达67.48%。

---

[1] Kirkland:揭秘Costco旗下价值750亿美元的"自有品牌".零售威观察.https://www.sohu.com/a/304573264_691699.

被调研对象性别、年龄层次和收入层次分布统计结果如图3-10所示。被调研的830位消费者中,女性消费者523位,占比63.01%;男性消费者307位,占比36.99%;性别分布方面女性偏多,符合整体消费市场情况。00后消费者82位,占比9.88%;90后448位,占比53.98%;80后244位,占比29.40%;70后42位,占比5.06%;60后及以上14位,占比1.69%;当前80、90后及以下人群是消费主力军,本次调研对象选择在消费力上具备代表性。个人税后月收入3 000元及以下的117位,占比14.10%;3 001~5 000元的129位,占比15.54%;5 001~10 000元的324位,占比39.04%;10 001~20 000元的214位,占比25.78%;20 001元以上的46位,占比5.54%;收入分布符合整体市场样本特征。

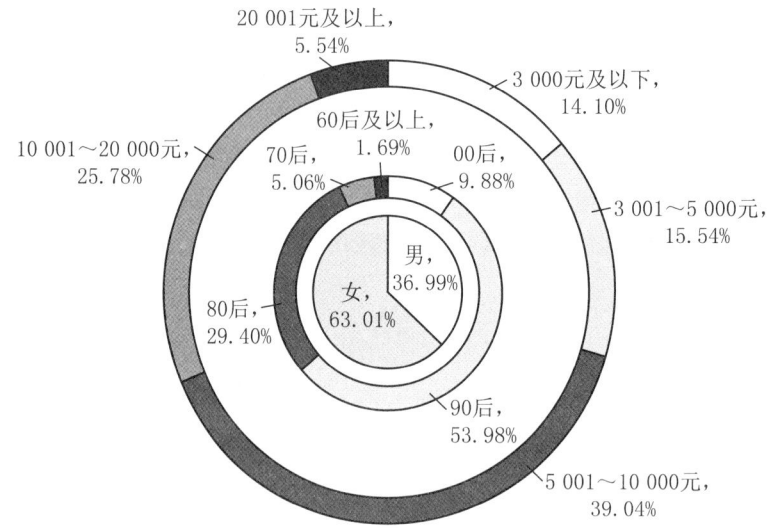

图3-10 被调研对象人口统计特征统计图

数据来源:据本次调研数据整理。

一、上海消费者的品牌观

(一)上海消费者品牌重要性认知

在上海,有过半消费者非常认同品牌重要论;男性消费者相较于女性更重视品牌,女性的品牌观更趋理性;80后最看重品牌,00后最不看重品牌,90后品牌观两极分化相对严重;收入越高的消费者越容易受到品牌影响,但收入20 001元及以上人群的品牌观有明显回归理性之势。

总体情况。当消费者被问到"当选择产品时,品牌对于您而言非常重要吗",由

图3-11可知,有51.20%的消费者认为产品的品牌要素确实是非常重要的因素;有41.33%的消费者认为品牌对于其选择产品而言是一个无所谓的因素;也有7.47%的消费者对品牌重要论持有较为明确的反对态度。说明目前仍然有过半的消费者较为看重品牌,将品牌视作影响消费者选择的重要因素。

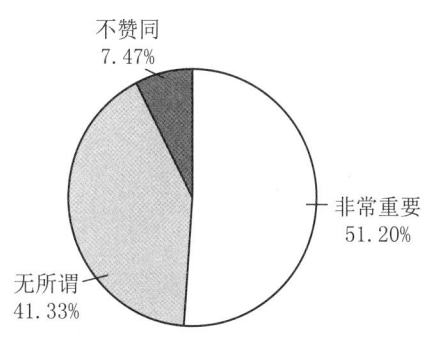

图3-11 消费者品牌重要性认知

数据来源:据本次调研数据整理。

性别差异。由图3-12可知,在所有男性消费者中,有54.72%的消费者认为品牌非常重要,有40.39%持无所谓的态度,不赞同品牌重要论的占比4.89%;在所有的女性消费者中,认为品牌非常重要的占比49.14%,持无所谓态度的占比41.78%,不赞同品牌重要论的占比8.99%;男性中有过半消费者非常看重品牌,而女性中较多是无所谓态度或者反对品牌重要论;由此可见,在进行产品选择时,男性消费者相较于女性更加看重品牌,女性消费者品牌观更趋理性。

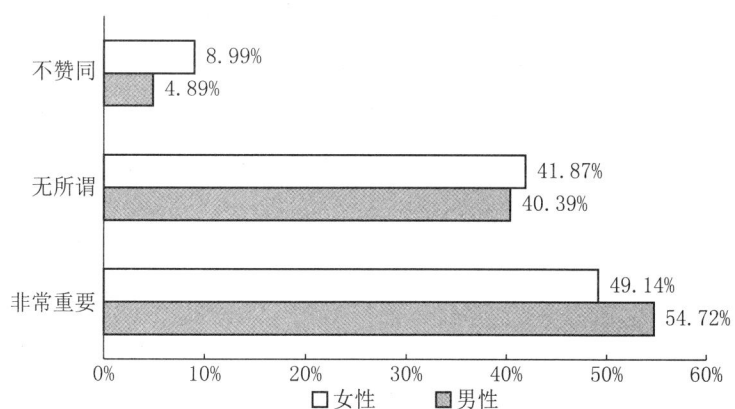

图3-12 消费者品牌重要性认知的性别差异

数据来源:据本次调研数据整理。

年龄差异。由图3-13可知,80后中认为品牌非常重要的占比最高(60.25%);其次便是90后和70后人群,分别有49.78%和47.62%的消费者认为品牌是影响购物选择非常重要的因素;60后及以上人群和00后人群中认为品牌非常重要的消费者占比相对偏低,认为品牌无所谓的消费者占比相对其他群体偏高,且00后人群中认为品牌非常重要的消费者占比最低(35.37%),60后及以上人群中认为品牌无所谓的消费者占比最高(57.14%);90后中反对品牌重要论的消费者占比最高(8.93%),其次便是00后(8.54%)。由此可见,80后最看重品牌,00后最不看重品牌,90后品牌观两极分化相对严重;70后及更年长的消费者中,年龄越大越不会认为品牌非常重要,但同时他们也不太可能会明确反对品牌重要论。

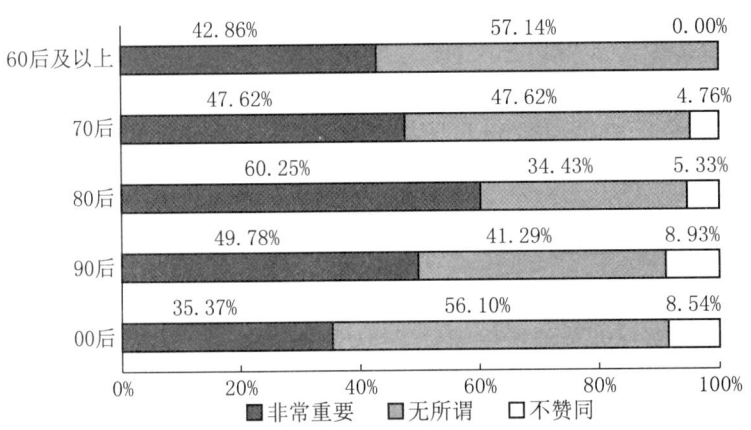

图3-13 消费者品牌重要性认知的年龄差异

数据来源:据本次调研数据整理。

收入差异。由图3-14可知,认为品牌非常重要的消费者占比最高的是税后月收入10 001～20 000元人群(69.23%),其次便是5 001～10 000元(65.89%)和3 001～5 000元收入人群(51.85%),3 000元及以下和20 001元及以上收入人群中认为品牌非常重要的消费者占比相对偏低,且3 000元及以下人群中相应消费者占比最低;认为品牌无所谓和反对品牌重要论的消费者占比相对较高的人群是3 000元及以下和20 001元及以上收入人群,且3 000元及以下人群中相应消费者占比最高;由此可见,税后月收入20 000元及以下人群中,随着收入增加,消费者对品牌的重视程度提升,但这种重视程度在20 001元及以上收入人群中有较大幅度的回落,20 001元及以上收入人群消费观有趋向理性回归之势。

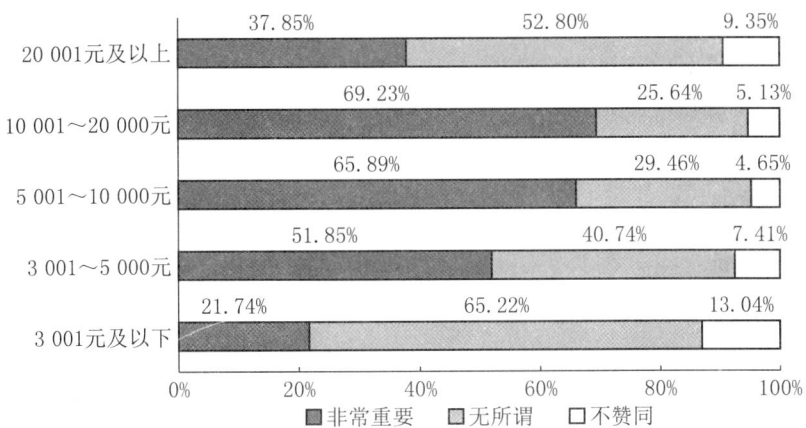

图 3-14 消费者品牌重要性认知的收入差异

数据来源:据本次调研数据整理。

(二) 上海消费者名牌偏好

在上海,消费者认同名牌效应,且多数消费者持有理性的名牌偏好;男性相较于女性对名牌的偏好更强,且其中非理性偏好更为明显,女性名牌偏好相对更加理性,且相较于男性更认同名牌品质保障观;80后名牌偏好最强,且其中理性偏好更为明显,70后名牌偏好两极分化相对严重,60后名牌偏好最为保守;随着收入增加,消费者名牌偏好越明显,但收入20 001元及以上收入人群名牌偏好有回落趋势。

总体情况。当消费者被问到"您对名牌产品的偏好如何",由图3-15可知,有54.10%的消费者认为会在能力所及范围内尽量去购置名牌产品;40.24%的消费者认同品牌知名度代表品质保证的观点;30.96%的消费者认为他们通常仅在少数品类上选择名牌产品;21.20%的消费者表示他们对名牌不太在意;有9.04%的消费者表示

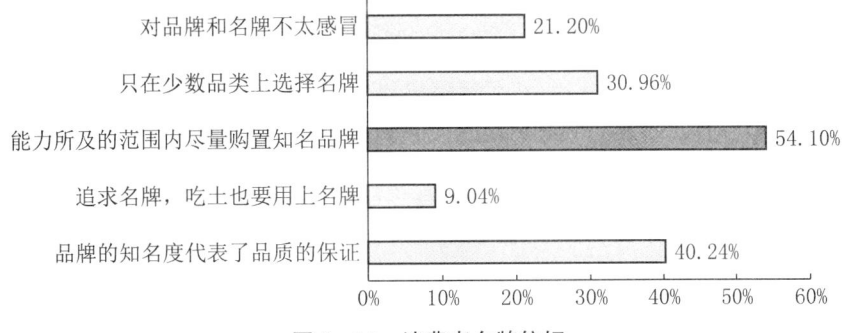

图 3-15 消费者名牌偏好

数据来源:据本次调研数据整理。

他们对名牌的追求欲非常强烈,"吃土也要用上名牌",名牌消费观的非理性程度较高。由此可见,目前上海的消费者对名牌具有一定的消费欲望,多数消费者都认同名牌品质保障观,且当前他们的名牌偏好较为理性,持有非理性名牌偏好的消费者占比较少。

性别差异。由图3-16可知,男性中具有一定名牌偏好(包括理性名牌消费欲:在能力所及范围内尽量购买名牌,51.14%;非理性名牌消费欲:即吃土都要购买名牌,13.03%)的相较于女性更多,但女性中认为应该在能力范围内尽量购置名牌的比例为55.83%,相较于男性较高;对于有限选择名牌消费观(包括少数品类上选择名牌和对名牌不感冒这两种观点),男性认同的比例(34.85%和23.45%)相较于女性更高(28.68%和19.89%);女性对名牌就是品质保证这一观点认同的比例达40.54%,男性为39.74%。由此可见,男性的名牌偏好比女性强,女性的名牌偏好更趋理性,男性的非理性名牌偏好更强;男性在认同追求名牌和不追求名牌上的比例都比女性高,内部观点两极分化更为严重;女性对名牌品质保障观更为认同。

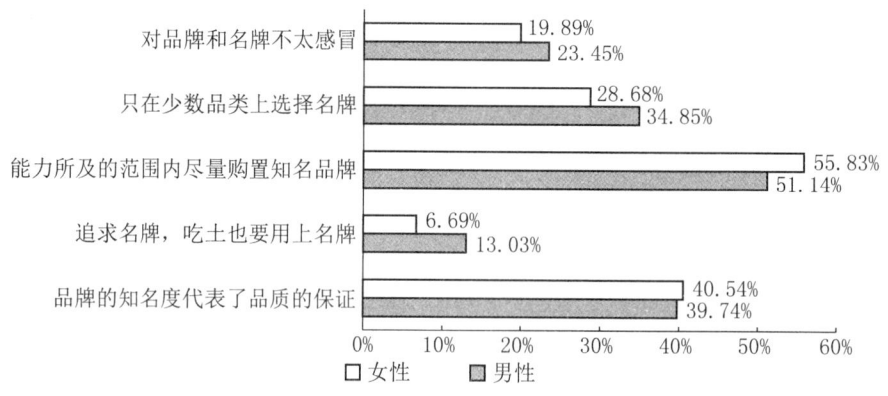

图3-16 消费者名牌偏好的性别差异

数据来源:据本次调研数据整理。

年龄差异。由图3-17可知,80后(理性64.75%,非理性8.20%)、90后(理性50.67%,非理性9.82%)和00后(理性48.78%,非理性8.54%)的名牌偏好相较于70后(理性40.48%,非理性9.52%)和60后(理性50%,非理性0%)更为明显,其中80后的理性名牌消费偏好最强,90后和70后的非理性名牌偏好较强;对于有限选择名牌消费观,70后的认同比例(38.10%,33.33%)最高,其次便是00后(25.61%,31.71%);由此可见,80后名牌偏好最强,且其中理性名牌消费倾向相较于其他年龄段的消费者最为明显,60后名牌消费观最为保守,70后名牌消费欲较强的同时对不追求名牌的认同度也很高,内部两极分化相对严重。

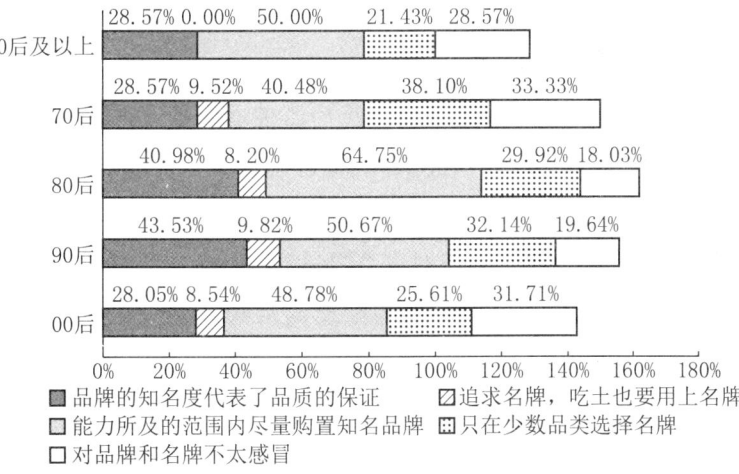

图 3-17 消费者名牌偏好的年龄差异

数据来源：据本次调研数据整理。

收入差异。由图 3-18 可知，税后月收入 10 001～20 000 元的消费者名牌偏好最强（理性 54.70%，非理性 16.24%），其次便是收入 20 001 元及以上（理性 56.59%，非理性 10.85%）和 5 001～10 000 元及以上（理性 56.79%，非理性 8.02%）这两类消费者，其中 10 001～20 000 元收入的消费者非理性名牌偏好最明显；对于有限选择名牌消费观，3 000 元及以下消费者的认同度最高（23.91%，34.78%），其次便是 3 001～5 000 元这个收入段的消费者（36.92%，21.50%）；由此可见，随着收入的增加，消费者名牌偏好越明显，但 20 001 元及以上收入人群的名牌偏好有回归理性之势。

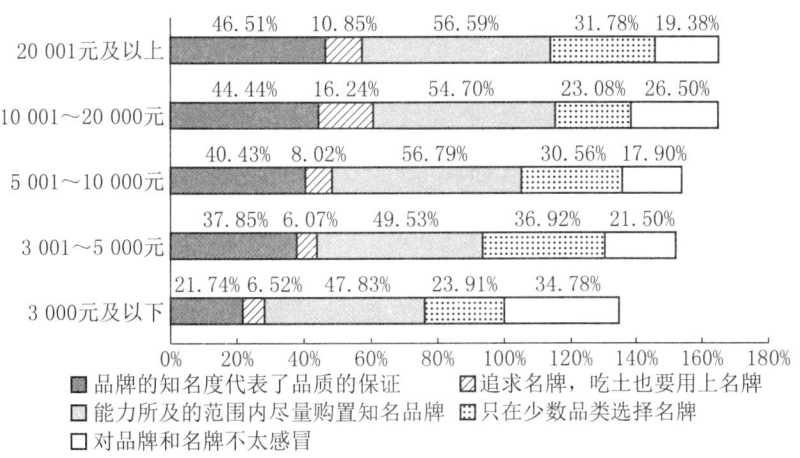

图 3-18 消费者名牌偏好的收入差异

数据来源：据本次调研数据整理。

(三) 上海消费者品牌溢价支付意愿

在上海,绝大多数消费者都具有一定程度的品牌溢价支付意愿;男性的品牌溢价支付意愿相较于女性更强;80后的品牌溢价支付意愿最强;收入越高的消费者品牌溢价支付意愿越强,但收入税后月20 001元及以上消费者品牌溢价支付意愿有下降趋势。

总体情况。当消费者被问到"相对自有品牌,您愿意为品牌产品支付更高的价格吗",由图3-19可知,有74.46%的消费者愿意为品牌产品支付更高的价格。由此可见,绝大多数消费者具有一定程度的品牌溢价支付意愿。

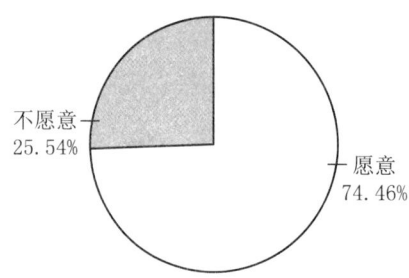

图3-19 消费者品牌溢价支付意愿

数据来源:据本次调研数据整理。

性别差异。由图3-20可知,男性中愿意为品牌产品支付更高价格的占比76.22%,女性占比73.42%。由此可见品牌产品溢价支付意愿的性别差异不大,且男性比女性的品牌溢价支付意愿更强。

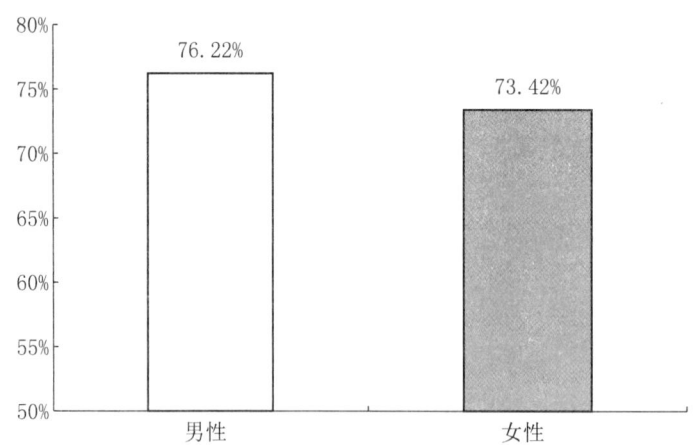

图3-20 消费者品牌溢价支付意愿的性别差异

数据来源:据本次调研数据整理。

年龄差异。由图3-21可知,80后中愿意为品牌产品支付更高价格的占比达81.15%;其次便是90后,占比为74.33%;00后和70后中具有品牌溢价支付意愿的消费者占比差别不大,分别为64.63%和64.29%;60后及以上的消费者中仅有50%表达愿意。由此可见,各年龄段的消费者中都有半数及以上愿意为品牌产品支付更高的价格,且其中80后品牌溢价支付意愿最强,80后及更年轻的消费者随着年龄增长,品牌溢价支付意愿越强,80后及以上的消费者随着年龄增长品牌溢价支付意愿越弱。

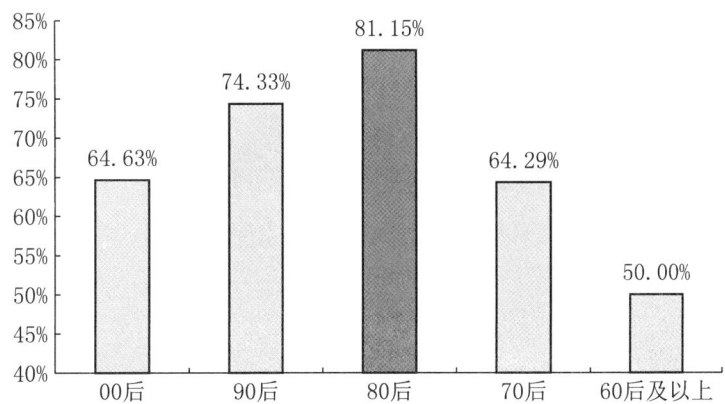

图3-21 消费者品牌溢价支付意愿的年龄差异

数据来源:据本次调研数据整理。

收入差异。由图3-22可知,愿意为品牌支付更高价格的消费者比例最高的为

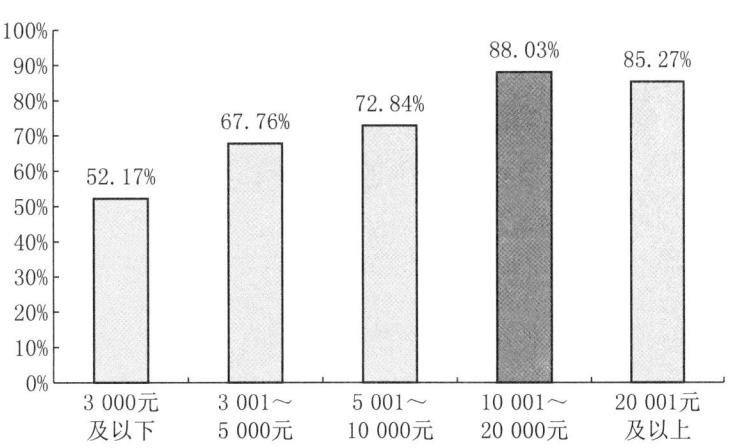

图3-22 消费者品牌溢价支付意愿的收入差异

数据来源:据本次调研数据整理。

10 001～20 000元收入群体(88.03%),其次便是20 001元及以上(85.27%)、5 001～10 000元(72.84%)、3 001～5 000元(67.76%)和3 000元及以下(52.17%)。由此可见,收入20 000元及以下的消费者随着收入增加,品牌溢价支付意愿越强,20 001元及以上的消费者的品牌溢价支付意愿也较强,但有下降趋势。

二、 上海消费者的自有品牌认知

(一) 上海消费者自有品牌熟悉度

在上海,绝大多数消费者对自有品牌都已初具印象;男性相较于女性更了解自有品牌;80后及更年轻的消费者对自有品牌的认知更为清晰;收入越高的消费者对自有品牌的认知越清晰。

总体情况。当消费者被问到"您以前是否了解'自有品牌'",由图3-23可知,对自有品牌"非常了解"的消费者占比达38.67%,"了解一些"的消费者占比53.73%,"不太了解"和"完全不了解"的消费者共占比7.59%。由此可见,绝大多数消费者对自有品牌有一定程度的了解,且有三成消费者处于非常了解的状态,自有品牌在上海消费者心目中已初具概念。

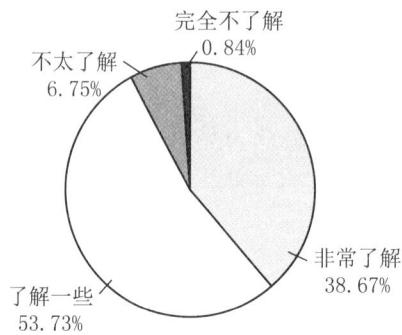

图3-23 消费者自有品牌熟悉度

数据来源:据本次调研数据整理。

性别差异。由图3-24可知,男性中有43.65%的消费者对自有品牌非常了解,49.51%的了解一些,不太了解和完全不了解的消费者占比6.84%;女性中非常了解的占比35.76%,了解一些的占比56.21%,不太了解和完全不了解的共占比8.03%。由此可见,男性消费者对自有品牌的认知比女性消费者更清晰。

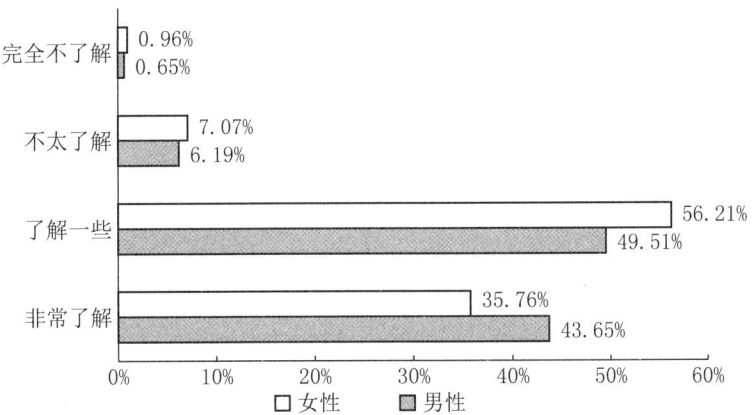

图3-24 消费者自有品牌熟悉度的性别差异

数据来源:据本次调研数据整理。

年龄差异。由图3-25,00后中非常了解自有品牌的消费者占比最高(43.90%),其次便是80后(41.80%)、90后(37.72%)、70后(26.19%)和60后及以上(21.43%);70后中对自有品牌了解一些的消费者占比最高(69.05%),其次便是60后及以上(64.29%)、90后(56.70%)、80后(52.46%)和00后(31.71%)。由此可见,80后及更年轻的群体对自有品牌的认知更为清晰,60后和70后对自有品牌虽然初具概念,但认知相对模糊,00后非常了解和不太了解的消费者占比都最高,内部差异大。

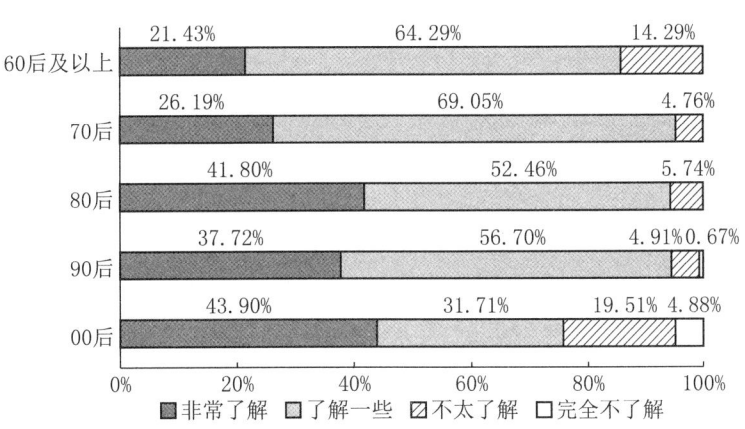

图3-25 消费者自有品牌熟悉度的年龄差异

数据来源:据本次调研数据整理。

收入差异。由图3-26,对自有品牌非常了解的消费者在20 001元及以上和10 001~20 000元收入群体中占比较高,分别达52.17%和52.34%;且收入越低,非常了解的消费者占比呈现下降之势;收入3 001~5 000元的消费者中,对自有品牌有模糊认知的消费者占比最高(67.44%),其次便是收入5 001~10 000(59.26%)和3 000及以下收入(49.57%)的消费者。由此可知,收入越高的消费者对自有品牌的认知越清晰,中低收入的消费者对自有品牌认知较为模糊。

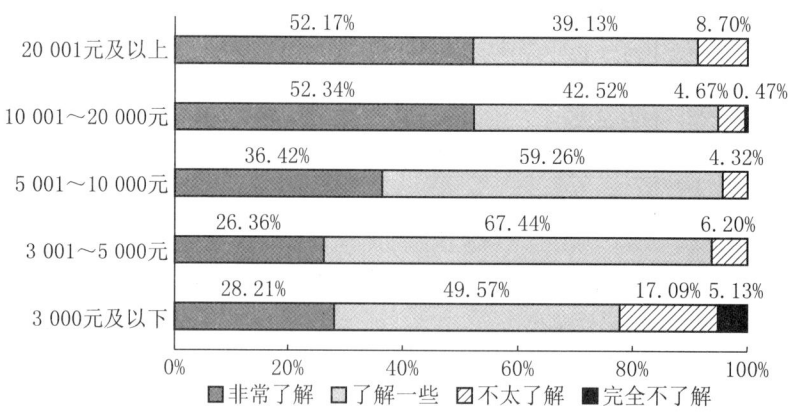

图3-27 费者自有品牌熟悉度的收入差异

数据来源:据本次调研数据整理。

(二)上海消费者自有品牌形象认知

在上海,自有品牌目前留给消费者的印象较为积极正面;女性对自有品牌的形象认知更具创新和本土适用思维,男性更具质优价廉和科技感思维,男性对自有品牌的负面印象更多;80后、90后和00后对自有品牌的印象相对一致,认可自有品牌产品的创新性、质优性和时尚性,70后和60后对自有品牌的形象认知相对一致,认可自有品牌的创新性、本土适用和物美价廉;消费者对自有品牌产品形象认知的收入差异较小,收入5 000元及以下人群的形象认知相对一致,收入5 001元及以上人群的形象认知相对一致,收入20 001元及以上人群对自有品牌产品的性价比较为认可。

总体情况。当消费者被问到"自有品牌的形象是",由图3-27,消费者对自有品牌"有品质的""创新的"这两种形象的认可度最高,分别得到了46.02%和45.66%消费者的认同;关于自有品牌"新颖的""年轻的""时尚的""更适合国人的"这四种形象,大约有30%的消费者认同;有接近20%左右的消费者认可自有品牌"有文化底蕴""有科技感的""价廉的"这三种形象;关于自有品牌"物不美价不廉""乡土气息重""低质量""老人用的""山寨的""低俗的"等负面形象,认同的消费者比例都不超过10%。由此可见,目前消费者对自有品牌形象的认知相对积极正面,自有品牌给消费者留下的印象是比较好的。

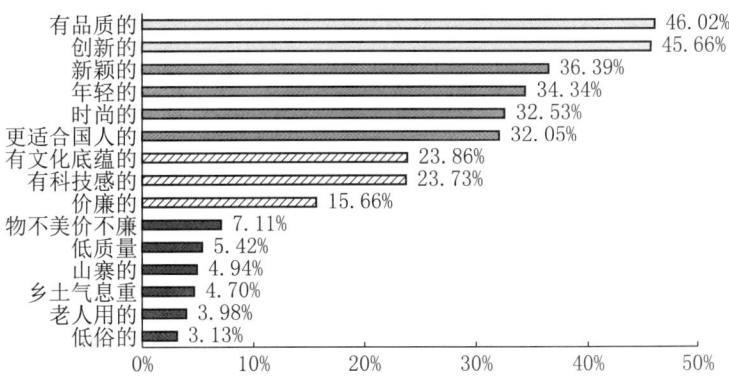

图 3-27 消费者自有品牌形象认知

数据来源：据本次调研数据整理。

性别差异。由图 3-28，女性消费者在自有品牌"创新的""新颖的""时尚的""年轻的""更适合国人的""有文化底蕴的"这类形象上的认同度较男性更高，男性消费者在"有品质的""有科技感的""价廉的"这类正面形象上的认同度比女性高；在自有品牌负面形象的认同方面，男性对所有负面形象的认同都比女性高。由此可见，女性对自有品牌形象的认知更侧重创新、本土适配性、文化底蕴等维度，男性更侧重质优价廉和科技感等维度，且男性相较于女性对自有品牌有更多的负面印象。

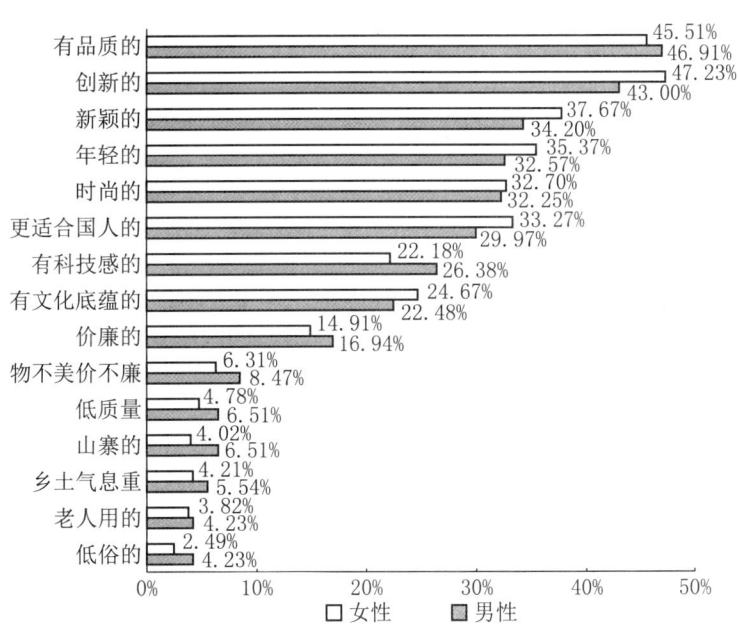

图 3-28 消费者自有品牌形象认知的性别差异

数据来源：据本次调研数据整理。

年龄差异。由表3-12可知,00后和90后对自有品牌正面形象的认知一致,都认为自有品牌具备"创新的""年轻的""时尚的"特质,其中90后对自有品牌的"新颖"特征更认可,00后更看重自有品牌的"文化底蕴"特征,且00后对"价廉的"和"物不美价不廉"这两种形象的认同度都很高,内部差异大;60后对自有品牌的印象主要是"更适合国人的""价廉的""乡土气息重"等,将自有品牌视作更契合本土的低价产品系列;相较于60后,70后对自有品牌形象的认知更趋正面,认为自有品牌是"创新的""有科技感的""价廉的";80后最为认可自有品牌"有品质的"这一特质。由此可见,80后、90后和00后对自有品牌形象的认知相对一致,认可自有品牌产品的创新、年轻、时尚、品质优良和新颖特质,但00后内部关于自有品牌产品的性价比认可差异较大;70后和60后对自有品牌的形象认知相对一致,认可自有品牌的创新、本土适用和物美价廉,但认为自有品牌产品在年轻和时尚性等方面仍需提升。

表3-12 消费者自有品牌形象认知的年龄差异

形象认知	年龄分布				
	00后	90后	80后	70后	60后及以上
创新的	41.46%	49.55%	40.98%	45.24%	28.57%
年轻的	39.02%	39.51%	28.28%	14.29%	7.14%
时尚的	39.02%	36.61%	27.87%	14.29%	0.00%
有品质的	36.59%	44.42%	54.51%	35.71%	35.71%
新颖的	32.93%	39.73%	33.20%	33.33%	14.29%
更适合国人的	30.49%	30.36%	35.66%	28.57%	42.86%
有文化底蕴的	26.83%	24.55%	23.77%	19.05%	0.00%
有科技感的	21.95%	24.55%	23.77%	23.81%	7.14%
价廉的	18.29%	13.17%	15.57%	30.95%	35.71%
物不美价不廉	14.63%	7.14%	5.74%	2.38%	0.00%
低质量	6.10%	5.80%	4.92%	2.38%	7.14%
山寨的	4.88%	4.91%	5.74%	0.00%	7.14%
低俗的	4.88%	3.13%	3.28%	0.00%	0.00%
乡土气息重	2.44%	5.36%	3.69%	4.76%	14.29%
老人用的	2.44%	4.91%	3.28%	2.38%	0.00%

数据来源:据本次调研数据整理。

收入差异。由表3-13可知,总体来讲,消费者对自有品牌形象认知的收入差异较小,所有收入人群最为认同的都是"有品质的"和"创新的"这两种形象;个人税后月收入3 000元及以下和3 001~5 000元这两个人群对自有品牌形象认知相对一致,都较为认可"年轻的"这一形象,除此之外,3 000元及以下收入人群还更认可"新颖的"特质,3 001~5 000元收入人群更认同本土适用和时尚性特质;个人税后月收入5 001元及以上人群对自有品牌形象认知相对一致,除了认同自有品牌的"创新的"特质外,还对自有品牌的新颖性更为认可,其中收入20 001元及以上人群相较于其他收入群体对自有品牌"价廉的"特质较为认同。

表3-13 消费者自有品牌形象认知的收入差异

形象认知	收入分布				
	3 000元及以下	3 001~5 000元	5 001~10 000元	10 001~20 000元	20 001元及以上
有品质的	47.01%	52.71%	45.37%	42.52%	45.65%
创新的	44.44%	48.06%	45.06%	46.26%	43.48%
年轻的	38.46%	40.31%	32.41%	33.64%	23.91%
新颖的	36.75%	34.88%	36.73%	37.38%	32.61%
更适合国人的	33.33%	39.53%	28.70%	32.24%	30.43%
有科技感的	31.62%	29.46%	23.77%	17.76%	15.22%
有文化底蕴的	30.77%	30.23%	22.22%	18.69%	23.91%
时尚的	25.64%	37.98%	33.95%	31.31%	30.43%
价廉的	14.53%	10.08%	14.81%	18.22%	28.26%
低质量	8.55%	6.20%	5.86%	3.27%	2.17%
物不美价不廉	5.98%	9.30%	6.48%	6.07%	13.04%
山寨的	5.98%	6.20%	3.70%	4.67%	8.70%
乡土气息重	5.98%	3.10%	5.56%	4.67%	0.00%
低俗的	5.13%	4.65%	3.09%	1.40%	2.17%
老人用的	2.56%	10.08%	4.01%	1.87%	0.00%

数据来源:据本次调研数据整理。

(三) 上海消费者自有品牌名称联想

在上海,屈臣氏、沃尔玛、京东和盒马成为相应行业内自有品牌认知度最高的品牌。

当消费者被问到"提到自有品牌,您首先会想到什么品牌",由图3-29可知,屈臣氏(131次)自有品牌在消费者心目中的印象最为深刻;其他被提频次排名前10的品牌包括:沃尔玛(包括山姆47次)、京东(27次)、盒马(23次)、家乐福(17次)、网易严选(16次)、名创优品(13次)、大润发(12次)、华润(10次)和淘宝(9次);无印良品(9次)、麦德龙(7次)、永辉(7次)、物美(6次)和联华(5次)被消费者联想的频次都在5次以上。由此可见,保健美容零售、大型商超、综合型电商和新零售是消费者自有品牌名称联想的主要对象;其中保健美容类自有品牌产品消费者认知度最高的是屈臣氏;大型商超自有品牌消费者认知度较高的包括沃尔玛、家乐福、大润发和华润等,其中沃尔玛在消费者心目中的联想度最高;综合型电商自有品牌消费者比较了解的有京东、网易严选和淘宝,其中京东自有品牌产品目前获得了较多的消费者认知;盒马成为新零售企业中自有品牌认知度最高的品牌。

图3-29 消费者自有品牌名称联想词云图

数据来源:据本次调研数据整理。

三、上海消费者的自有品牌购买行为

(一)上海消费者自有品牌购买经历

在上海,九成消费者有过自有品牌产品消费经历;女性的自有品牌产品消费经历相较于男性更丰富;70后、80后和90后是自有品牌消费主力军,年龄越小,自有品牌产品消费经历越丰富;收入越多的消费者自有品牌产品消费经历越丰富。

总体情况。当消费者被问到"您是否购买过自有品牌产品",由图3-30可知,有86.39%的消费者表示曾经购买过自有品牌产品;有9.88%的消费者没有购买过;3.73%的消费者表示虽然没有亲自购买过,但曾经被赠送过自有品牌产品。由此可见,有过自有品牌产品消费经历的消费者占比达90.12%,目前市场上绝大多数消费者都有过自有品牌产品消费经历,对自有品牌并不陌生。

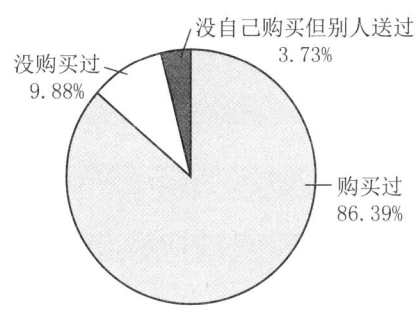

图 3-30 消费者自有品牌购买经历

数据来源:据本次调研数据整理。

性别差异。由图 3-31 可知,女性中有过自有品牌产品消费经历的消费者占比达 91.59%(包括购买过 87% 和没有自己购买但别人送过 4.59%),相较于男性的 87.62% 更高。由此可见,女性的自有品牌产品消费经历相较于男性更丰富。

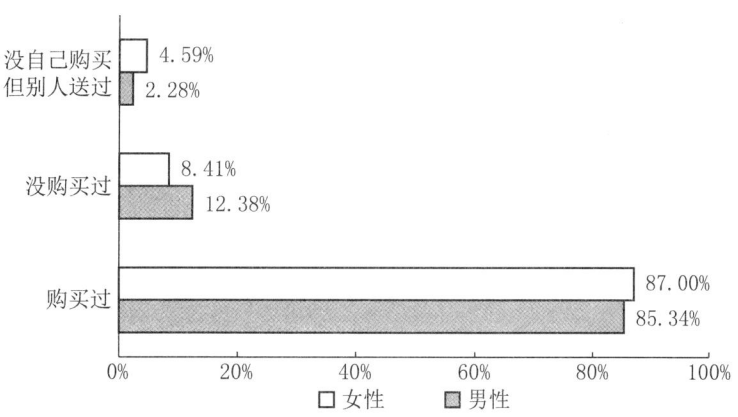

图 3-31 消费者自有品牌购买经历的性别差异

数据来源:据本次调研数据整理。

年龄差异。由图 3-32 可知,90 后(88.39%)、70 后(88.10%)和 80 后(87.70%)中购买过自有品牌产品的消费者比例较高;00 后和 60 后及以上的人群中,有自有品牌购买经历的相对偏少,但 60 后相较于 00 后有过购买经历的消费者比例稍高;自己没有购买过但被别人送过的消费者占比在 00 后中最高,为 4.88%,其次便是 90 后(4.24%)和 80 后(3.28%)。由此可见,70 后、80 后和 90 后是自有品牌消费主力军,且这三类人群中年龄越小的消费者自有品牌使用经历越丰富。

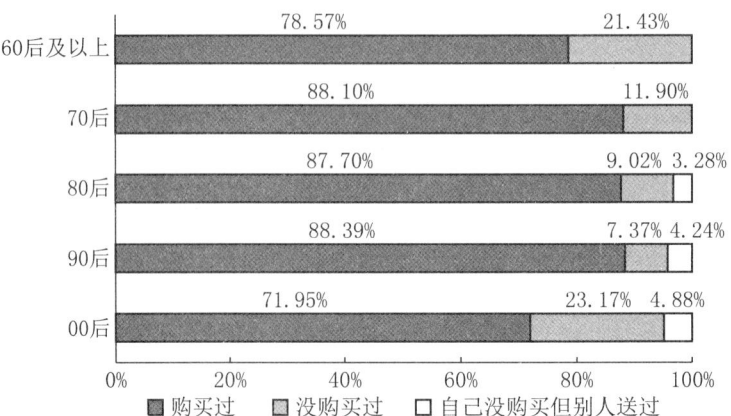

图 3-32 消费者自有品牌购买经历的年龄差异

数据来源:据本次调研数据整理。

收入差异。由图 3-33 可知,个人税后月收入 20 001 元及以上人群中有自有品牌购买经历的消费者占比最高,达 91.30%,其次便是 10 001~20 000 元(91.12%)、5 001元~10 000元(90.12%)、3 001~5 000元(86.82%)和 3 000 及以下(64.96%)收入人群;3 000 元及以下收入人群中有没自己购买但别人送过经历的占比相对较高,为 14.53%。由此可见,收入越高,有自有品牌消费经历的消费者占比越高。

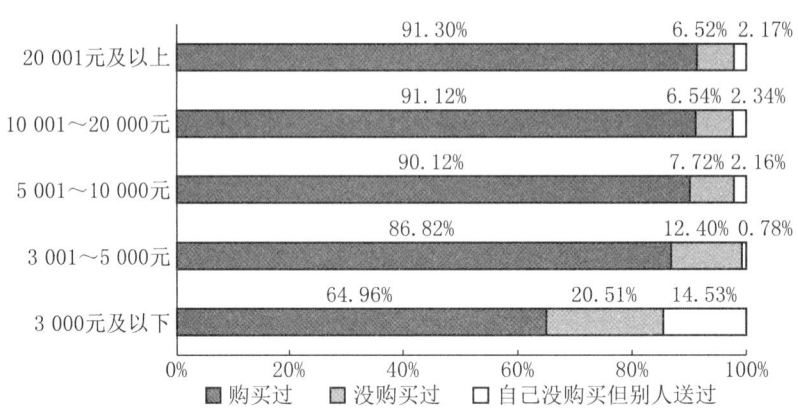

图 3-33 消费者自有品牌购买经历的收入差异

数据来源:据本次调研数据整理。

(二) 上海消费者自有品牌品类偏好

在上海,消费者对服装、食品饮料、化妆品、电脑手机等数码产品和生鲜(包括肉类、海鲜、水果)有相对较高水平的自有品牌偏好;男性更偏爱电脑手机等数码类自有品牌产品,女性更偏爱化妆品自有品牌产品,其他品类上自有品牌偏好的性别差异不大;00后偏爱服装和化妆品自有品牌产品,80后和90后偏爱服装和食品饮料自有品牌产品,70后偏爱服装和厨具家居用品自有品牌产品,60后偏爱食品饮料和生鲜自有品牌产品;服装和食品饮料类自有品牌产品得到所有收入层次消费者的相对偏爱,除此之外,不同群体的自有品牌产品品类偏好有所不同(3 000元及以下和5 001~10 000元:化妆品;3 001~5 000元:电脑手机等数码产品;10 001~20 000元和20 001元及以上:生鲜)。

总体情况。当消费者被问到"购买以下哪类商品,您更愿意选择自有品牌产品",由图3-34可知,消费者最有可能更愿意选择自有品牌的品类是服装(46.51%)和食品饮料(40.24%),化妆品(33.61%)、电脑手机等数码产品(32.29%)和生鲜(包括肉类、海鲜、水果)(30.72%)这三个品类上都有超过三成的消费者具有明显的自有品牌偏好,有24.22%的消费者认为他们在选购厨具家居用品时会倾向于选择自有品牌产品;珠宝首饰、酒类、保健品和母婴产品这几个品类上,消费者不具有明显的自有品牌偏好。

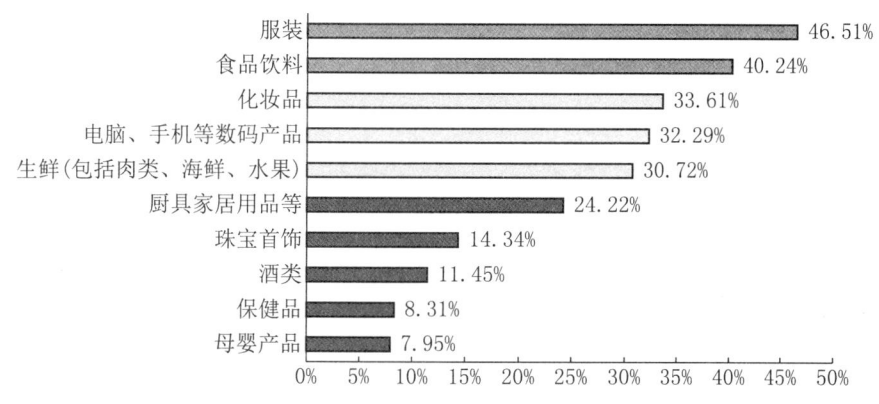

图3-34 消费者自有品牌产品品类偏好

数据来源:据本次调研数据整理。

性别差异。由图3-35可知,服装是男性(45.28%)和女性(47.23%)都具有相对高水平自有品牌偏好且差异较小的品类;男性在电脑手机等数码产品(43%)上的自有品牌偏好相较于女性(26%)更强烈且差异较大,在食品饮料(男43.32%,女38.43%)、生鲜(男34.53%,女28.49%)和酒类(男14.98%,女9.37%)上的自有品牌偏好相较于女性更明显,但差异较小;女性(43.21%)在化妆品上的自有品牌偏好强于男性(17.26%)且差异较大;其他珠宝首饰、保健品和母婴产品男性和女性的自有品牌偏好水平都相对较低,且差异较小。由此可见,服装是男性和女性都具有高水平自有品牌偏好的品类,男性对电脑手机等数码类自有品牌产品有明显偏好,女性对化妆品自有品牌产品有明显偏好。

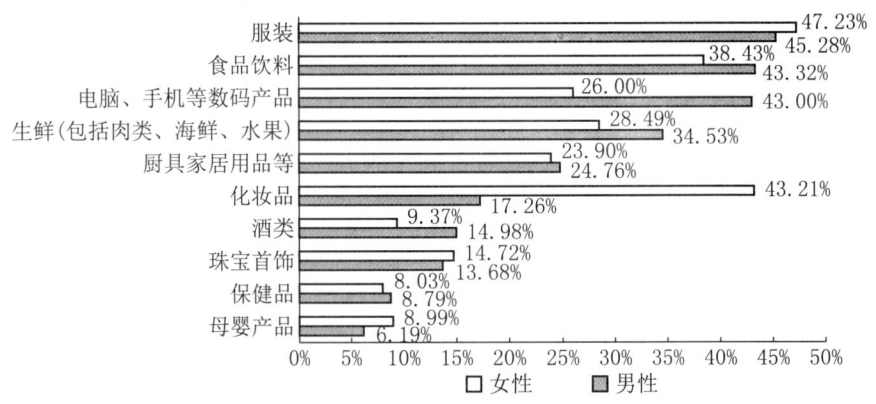

图 3-35 消费者自有品牌产品品类偏好的性别差异

数据来源：据本次调研数据整理。

年龄差异。由表 3-14 可知,80 后(253.28%)、90 后(251.56%)和 00 后(245.12%)对自有品牌产品偏好水平偏高,且年龄越大的偏好越明显;其中 90 后和 00 后的自有品牌产品品类偏好相似,服装(90 后:45.76%;00 后:53.66%)、化妆品(90 后:36.61%;00 后:40.24%)和食品饮料类(90 后:39.51%;00 后:39.02%)自有品牌产品得到这类群体的偏爱;80 后对服装(46.72%)、食品饮料(41.39%)和生鲜(35.66%)类自有品牌产品有明显偏好;70 后(233.33%)和 60 后(200.00%)及以上群体的自有品牌产品品类偏好总体水平相对较低,且年龄越大的群体偏好水平越低,这两个群体的品类偏好较为相似,对服装(70 后:40.48%;60 后及以上:42.86%)和食品饮料(70 后:38.10%;60 后及以上:57.14%)的偏好水平较高,其中 70 后还对厨具家居用品(47.62%)的自有品牌产品偏好水平在所有品类中最高,60 后及以上对生鲜(71.43%)类自有品牌产品偏好尤其明显。

表 3-14 消费者自有品牌产品品类偏好的年龄差异

品类偏好	年龄分布				
	00 后	90 后	80 后	70 后	60 后及以上
服装	53.66%	45.76%	46.72%	40.48%	42.86%
化妆品	40.24%	36.61%	30.33%	19.05%	0.00%
食品饮料	39.02%	39.51%	41.39%	38.10%	57.14%
电脑、手机等数码产品	36.59%	33.04%	31.97%	23.81%	14.29%
生鲜(包括肉类、海鲜、水果)	32.93%	26.12%	35.66%	33.33%	71.43%
厨具家居用品等	13.41%	22.54%	27.87%	47.62%	7.14%

(续表)

品类偏好	年龄分布				
	00后	90后	80后	70后	60后及以上
珠宝首饰	10.98%	15.40%	13.93%	16.67%	0.00%
酒类	6.10%	14.06%	10.66%	2.38%	0.00%
保健品	6.10%	9.60%	6.56%	9.52%	7.14%
母婴产品	6.10%	8.93%	8.20%	2.38%	0.00%

数据来源:据本次调研数据整理。

收入差异。由表3-15可知,个人税后月收入5 001~10 000元(258.96%)、10 001~20 000元(257.93%)和20 001元及以上(250.00%)三个群体的自有品牌产品偏好水平相较于3 000元及以下(227.34%)和3 001~5 000元(232.57%)收入群体更高;且收入10 000元及以下群体中,收入越高的对自有品牌产品偏好水平越高;收入10 001元及以上群体中,收入越高的对自有品牌产品偏好水平越低。收入3 000元及以下和5 001~10 000元这两个群体的自有品牌产品品类偏好相似,对服装、化妆品和食品饮料类自有品牌产品有相对高水平的偏好;收入3 001~5 000元的消费者除了对服装和食品饮料类自有品牌产品有相对偏爱以外,还对电脑手机等数码产品有明显偏爱;收入10 001~20 000元和20 001元及以上人群的自有品牌产品品类偏好相似,得到他们偏爱的三个自有品牌品类是服装、食品饮料和生鲜,其中收入10 001~20 000元的消费者对厨具家居用品类自有品牌产品有比其他群体更高水平的偏好,收入20 001及以上的消费者对珠宝首饰的自有品牌偏好水平相对更高。

表3-15 消费者自有品牌产品品类偏好的收入差异

品类偏好	收入分布				
	3 000元及以下	3 001~5 000元	5 001~10 000元	10 001~20 000元	20 001元及以上
服装	41.03%	44.19%	50.93%	44.39%	45.65%
化妆品	40.17%	32.56%	37.96%	25.70%	26.09%
食品饮料	33.33%	34.88%	42.90%	43.46%	39.13%
电脑、手机等数码产品	31.62%	34.11%	31.79%	32.71%	30.43%
生鲜(包括肉类、海鲜、水果)	30.77%	29.46%	27.78%	35.51%	32.61%
厨具家居用品等	16.24%	21.71%	24.69%	29.44%	23.91%
珠宝首饰	12.82%	13.18%	14.51%	13.08%	26.09%
保健品	7.69%	6.98%	7.72%	11.21%	4.35%
母婴产品	7.69%	6.20%	8.95%	7.48%	8.70%
酒类	5.98%	9.30%	11.73%	14.95%	13.04%

数据来源:据本次调研数据整理。

(三) 上海消费者自有品牌购买行为影响因素

在上海,消费者期待的自有品牌产品是兼具质优价廉、安全可靠和品质感的;除此之外,女性相对更重视设计感,男性更重视科技感;00后最重视安全可靠性,且相较于其他群体对时尚感和设计感有明显较高水平的关注;90后、80后和70后最重视质量和耐用性;60后尤其强调性价比,对品牌知名度也较为看重;除了安全可靠和质量外,收入20 000元及以下消费者更重视性价比,收入20 001元及以上消费者更重视品质和质感。

总体情况。 当消费者被问到"购买自有品牌产品,您最看重的是",由图3-36可知,质量和耐用性是消费者认为最有可能会影响其自有品牌购买行为的因素,得到48.55%消费者的认同;其次便是安全可靠性(47.35%)、产品性价比(43.13%)以及品质和质感(39.40%);自有品牌产品的设计感(18.55%)和品牌知名度(18.43%)的影响作用也得到了将近两成消费者的认同;自有品牌产品是否能够帮助表达个性和身份,是否具有科技含量、时尚感和明星效应,这些都是消费者在选购自有品牌产品时不太会考虑的方面。

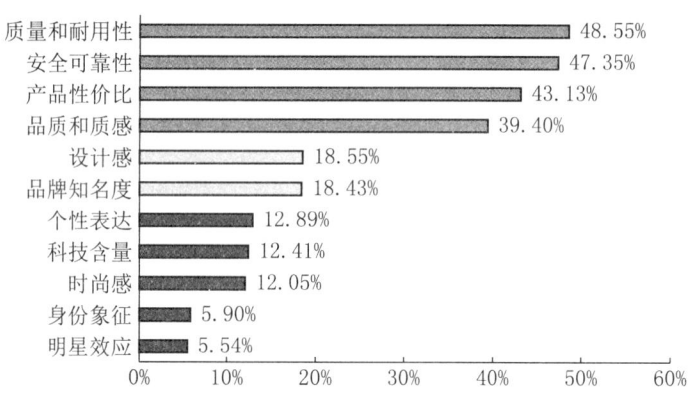

图3-36 消费者自有品牌购买行为影响因素

数据来源:据本次调研数据整理。

性别差异。 由图3-37可知,男性和女性在自有品牌产品安全可靠性(男性:47.88%;女性:47.04%)、质量和耐用性(男性:47.23%;女性:49.33%)以及产品性价比(男性:42.02%;女性:43.79%)这三个方面都较为看重且重视程度差异较小;除此之外,女性对自有品牌产品的品质和质感(41.87%)以及设计感(20.46%)较为重视且重视程度明显高于男性(35.18%;15.31%),自有品牌产品的科技含量(男性:15.64%;女性:10.52%)以及对消费者个性的表达(男性:14.33%;女性:12.05%)对男性的影响相对更大;自有品牌产品在时尚感、身份地位表达和明星效应方面对男性和女性的影响都较小。

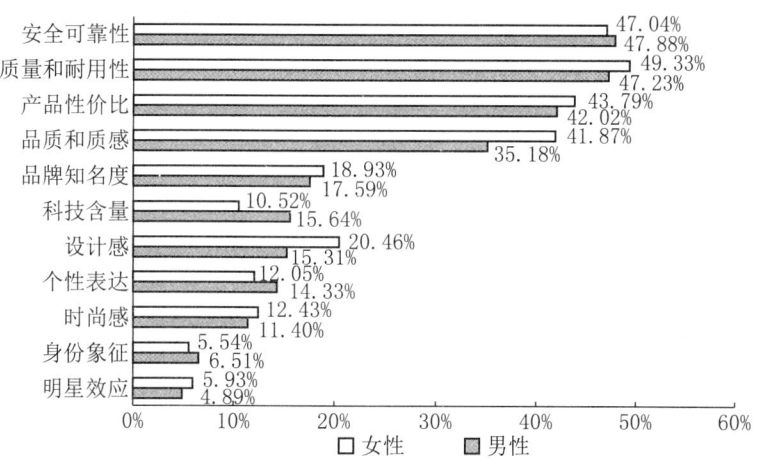

图3-37 消费者自有品牌购买行为影响因素的性别差异

数据来源:据本次调研数据整理。

年龄差异。由表3-16可知,00后最看重自有品牌产品的安全可靠性(46.34%),其次便是质量和耐用性(42.68%);90后和80后看重的方面相似,最重视自有品牌产品的质量和耐用性(90后:48.21%;80后:50.82%),其次是安全可靠性;70后认为

表3-16 消费者自有品牌购买行为影响因素的年龄差异

行为影响因素	年龄分布				
	00后	90后	80后	70后	60后及以上
安全可靠性	46.34%	46.43%	50.41%	45.24%	35.71%
质量和耐用性	42.68%	48.21%	50.82%	52.38%	42.86%
产品性价比	39.02%	40.40%	47.13%	52.38%	57.14%
品质和质感	31.71%	40.85%	40.16%	38.10%	28.57%
设计感	26.83%	20.31%	14.34%	11.90%	7.14%
时尚感	18.29%	12.50%	10.25%	9.52%	0.00%
个性表达	17.07%	12.28%	13.11%	9.52%	14.29%
品牌知名度	14.63%	18.75%	19.26%	14.29%	28.57%
科技含量	13.41%	12.95%	11.07%	14.29%	7.14%
身份象征	7.32%	7.37%	3.69%	2.38%	0.00%
明星效应	7.32%	4.69%	7.38%	2.38%	0.00%

数据来源:据本次调研数据整理。

自有品牌产品的质量和耐用性(52.38%)以及性价比(52.38%)最有可能对其购买行为产生影响,且两个因素的影响强度相同;对于60后及以上的消费者而言,购买自有品牌产品最有可能受到性价比的影响(57.14%);质量和耐用性对其影响相对偏小(42.86%);除此之外,00后在设计感和时尚感方面的重视程度明显高于其他群体;60后及以上在品牌知名度方面更为看重。

收入差异。由表3-17可知,自有品牌产品的安全可靠性(3 000元及以下:45.30%;3 001~5 000元:48.06%;5 001~10 000元:45.99%;10 001~20 000元:49.53%;20 001元及以上:50.00%)以及质量和耐用性(3 000元及以下:38.46%;3 001~5 000元:46.51%;5 001~10 000元:49.69%;10 001~20 000元:53.27%;20 001元及以上:50.00%)是所有收入层次消费者都最看重的两个要素,其中收入5 000元及以下的消费者更重视安全可靠性,5 001元及以上收入的消费者更重视质量和耐用性;除此之外,收入20 000元及以下消费者更看重自有品牌产品的性价比,收入20 001元及以上的消费者更重视品质和质感,且对设计感的重视程度也高于其他收入群体。

表3-17 消费者自有品牌购买行为影响因素的收入差异

行为影响因素	收入分布				
	3 000元及以下	3 001~5 000元	5 001~10 000元	10 001~20 000元	20 001元及以上
安全可靠性	45.30%	48.06%	45.99%	49.53%	50.00%
质量和耐用性	38.46%	46.51%	49.69%	53.27%	50.00%
产品性价比	38.46%	46.51%	43.52%	43.46%	41.30%
品质和质感	31.62%	41.86%	41.36%	37.38%	47.83%
品牌知名度	22.22%	20.16%	20.06%	14.49%	10.87%
科技含量	15.38%	17.83%	12.96%	7.48%	8.70%
个性表达	15.38%	14.73%	13.58%	12.15%	0.00%
设计感	13.68%	15.50%	20.99%	16.82%	30.43%
明星效应	11.97%	6.20%	3.70%	4.21%	6.52%
身份象征	9.40%	9.30%	4.32%	4.67%	4.35%
时尚感	7.69%	13.18%	13.27%	10.75%	17.39%

数据来源:据本次调研数据整理。

(四)上海消费者自有品牌购买渠道偏好

在上海,商超和电商网站等零售渠道目前仍是消费者选购自有品牌产品的主流渠道;女性对各类渠道的卷入范围都更广,对直播购物的偏爱程度相较于男性的差异最为明显;80后、90后和00后对各类渠道的卷入范围更广,且相较于70后和60后及以上消费者,对直播电商和微商等零售渠道更为关注;不同收入层次对商超和电商网站等零售渠道的选择差异较小,收入 10 000 元及以下的中低收入层次消费者目前对直播电商和微商等零售渠道相较于高收入群体更为关注。

总体情况。当消费者被问到"2020 年您经常通过下列哪些渠道购买自有品牌产品",由图 3-38 可知,购物中心、百货商场、超市(64.22%),专卖店、便利店(57.23%)和电商网站(国内)(50.72%)这三类是 2020 年消费者选购自有品牌产品的主流渠道;直播电商在 2020 年有 23.98% 的消费者选择;微商、海淘、直销、旅游购物和电视购物这些渠道都没有超过两成的消费者选择,目前仍不是消费者购买自有品牌产品的主流选择。

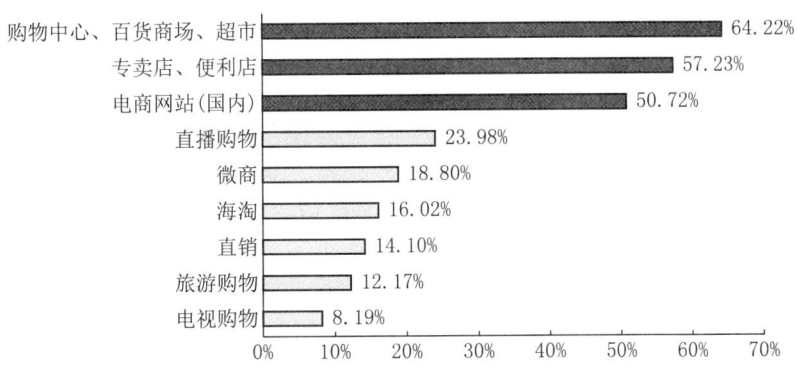

图 3-38 消费者 2020 年购买自有品牌的主要渠道

数据来源:据本次调研数据整理。

性别差异。由图 3-39 可知,大多数渠道类型上女性中有使用经历的消费者比例都高于男性,说明女性在选购自有品牌产品时的渠道卷入范围更广;购物中心、百货商场、超市(男性:58.31%;女性:67.69%),专卖店、便利店(男性:52.12%;女性:

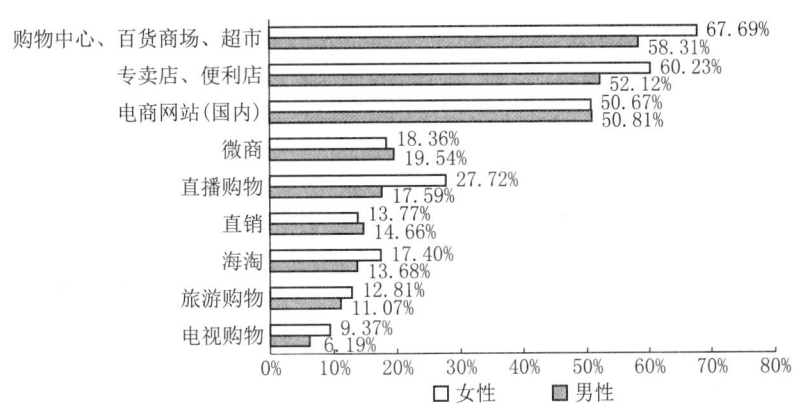

图 3-39 消费者 2020 年购买自有品牌主要渠道的性别差异

数据来源:据本次调研数据整理。

60.23%)这两类被广泛选择的渠道上,女性比男性更青睐;在电商网站(国内)(男性:50.81%;女性:50.67%)这一渠道的选择上,男女性别差异较小;除此之外,女性相较于男性对直播购物(女性:27.72%;男性:17.59%)和海淘(女性:17.40%;男性:13.68%)有明显偏爱。

年龄差异。由表3-18可知,大多数渠道类型上80后、90后和00后中有使用经历的消费者比例都高于其他年龄段消费者,说明80后、90后和00后在选购自有品牌产品时的渠道卷入范围更广;购物中心、百货商场、超市(00后:60.98%;90后:61.61%),专卖店、便利店(00后:47.56%;90后:60.04%)是00后和90后选购自有品牌产品时最为主流的两类渠道;购物中心、百货商场、超市(80后:68.44%;70后:57.14%;60后及以上:76.19%)和电商网站(80后:56.97%;70后:64.29%;60后及以上:69.05%)是80后、70后和60后及以上消费者选购自有品牌产品时最为主流的两类渠道;除此之外,从消费者中有某一渠道涉入的比例来看,80后、90后和00后中有通过直播购物和微商等零售新渠道选购自有品牌产品经历的消费者比例更高。

表 3-18 消费者 2020 年购买自有品牌主要渠道的年龄差异

渠 道	年龄分布				
	00后	90后	80后	70后	60后及以上
购物中心、百货商场、超市	60.98%	61.61%	68.44%	57.14%	76.19%
专卖店、便利店	47.56%	60.04%	56.56%	35.71%	57.14%
电商网站(国内)	34.15%	48.21%	56.97%	64.29%	69.05%
直播购物	23.17%	26.34%	24.18%	0.00%	7.14%
微商	20.73%	19.64%	20.08%	0.00%	4.76%
海淘	13.41%	17.86%	15.98%	14.29%	2.38%
直销	13.41%	15.63%	13.52%	7.14%	4.76%
电视购物	10.98%	7.59%	8.61%	14.29%	4.76%
旅游购物	8.54%	13.39%	13.52%	0.00%	2.38%

数据来源:据本次调研数据整理。

收入差异。由表3-19可知,大多数渠道类型上个人税后月收入3 000元及以下和3 001~5 000元的消费者中有使用经历的比例都高于其他收入层次的消费者,说明收入3 000元及以下和3 001~5 000元的消费者在选购自有品牌产品时的渠道卷入范围更广;对于最为主流的三种渠道,即购物中心、百货商场、超市(3 000元及以下:54.70%;3 001~5 000元:65.12%;5 001~10 000元:65.43%;10 001~20 000元:66.82%;20 001元及以上:65.22%),专卖店、便利店(3 000元及以下:49.57%;

3 001～5 000元：57.36%；5 001～10 000元：59.88%；10 001～20 000元：57.94%；20 001元及以上：54.35%）和电商网站（3 000元及以下：48.72%；3 001～5 000元：53.49%；5 001～10 000元：47.84%；10 001～20 000元：56.54%；20 001元及以上：41.30%），不同收入层次间选择的消费者比例差异较小；对于直播和微商等零售新渠道，收入3 000元及以下、3 001～5 000元和5 001～10 000元群体中有通过直播购物和微商等零售新渠道选购自有品牌产品经历的消费者比例更高。

表3-19 消费者2020年购买自有品牌主要渠道的收入差异

渠　　道	收入分布				
	3 000元及以下	3 001～5 000元	5 001～10 000元	10 001～20 000元	20 001元及以上
购物中心、百货商场、超市	54.70%	65.12%	65.43%	66.82%	65.22%
专卖店、便利店	49.57%	57.36%	59.88%	57.94%	54.35%
电商网站（国内）	48.72%	53.49%	47.84%	56.54%	41.30%
微商	28.21%	20.16%	16.05%	19.16%	8.70%
直销	26.50%	17.83%	11.11%	10.75%	8.70%
直播购物	25.64%	27.91%	24.69%	21.50%	15.22%
海淘	20.51%	20.16%	15.43%	13.08%	10.87%
电视购物	17.09%	9.30%	6.48%	5.14%	8.70%
旅游购物	11.97%	17.83%	14.20%	7.01%	6.52%

数据来源：据本次调研数据整理。

四、 上海消费者自有品牌认知现状总结

总体上来看，目前上海大多数消费者比较重视产品的品牌要素，对名牌的追求欲望较强，且具有明显的品牌溢价支付意愿；大多数消费者都有过自有品牌消费经历，对自有品牌有一定了解，但非常了解的消费者仍是少数；目前对自有品牌的总体印象是较为积极正面的，但尚未有一种形象得到超半数消费者的认可，对自有品牌的形象认知统一度较低；在服装、食品饮料、化妆品、电脑手机等数码产品和生鲜等这些品类上开发自有品牌可能会得到消费者的青睐，但目前这些品类上尚未有某一自有品牌已经广泛占领消费者心智且让消费者形成深刻印象，在占领消费者记忆方面，自有品牌仍需努力；选购自有品牌产品时，消费者较为看重自有品牌产品的质量和耐用性、安全可靠性、性价比以及品质和质感，且通常会通过商超和电商网站等渠道进行购买。

从性别差异来看，男性相较于女性更重视产品的品牌要素，对名牌的消费欲望更

强,且对品牌产品具有更强的溢价支付意愿;男性虽然在自有品牌产品消费经历上没有女性丰富,但对自有品牌的了解程度较女性更深;女性比较认可自有品牌产品的创新、本土适用、富含文化底蕴等特征,男性比较认可自有品牌产品的质优价廉和科技感等特征;除了服装和食品饮料这两个品类以外,男性认为电脑手机等数码产品的自有品牌产品会更能得到其青睐,女性认为化妆品类自有品牌产品会更能得到她们的认可;选购自有品牌产品时,除了重视质优价廉和安全可靠以外,女性更重视自有品牌产品的设计感,男性更重视自有品牌产品的科技感;除了商超和电商网站这些渠道以外,女性对直播购物和微商等的关注度比男性更高。

从年龄差异来看,80后及更年轻的消费者中,随着年龄增长,对品牌的重视程度、对名牌的追求欲望和其品牌溢价支付意愿更强;70后及更年长的消费者中,年龄越大的,对品牌的重视程度、对名牌的追求欲望和品牌溢价支付意愿越弱;70后、80后和90后目前时自有品牌产品的消费主力军,且相对年轻的消费者对自有品牌的了解程度越高;80后及更年轻的消费者对自有品牌产品的创新、时尚和品质优良等特征较为认可,70后及更年长的消费者更认可自有品牌产品的创新、本土适用和物美价廉等特征,对时尚和年轻化等特征的认可度较低;除了服装以外,00后更偏爱化妆品类自有品牌产品,80后和90后更偏爱食品饮料,70后更偏爱厨具家居,60后及以上更偏爱生鲜;在选购自有品牌产品时,除了重视自有品牌产品的质量和耐用性以外,70后及更年轻的消费者更重视安全可靠性,60后以及更年长的消费者最为重视性价比,此外,00后对时尚感和设计感的要求相对较高;除了大家都经常使用的商超和电商网站等渠道以外,直播购物和微商等渠道得到更多相对年轻群体的关注。

从收入差异来看,收入越高的消费者,对品牌的重视程度、名牌的追求欲望和品牌溢价支付意愿越强,但收入20 001元及以上的消费者的品牌观有理性回归趋势;收入越高的消费者,其自有品牌产品消费经历越丰富,对自有品牌产品的了解程度也越高;除了食品饮料和服装以外,个人税后月收入3 000元及以下和5 001~10 000元这两个群体对化妆品类自有品牌产品有明显偏好,收入3 001~5 000元的消费者对电脑手机等数码类自有品牌产品表现出更高的兴趣,收入10 001元及以上的消费者对生鲜类自有品牌产品有偏爱;在选购自有品牌产品时,收入20 000元及以下的消费者更重视性价比,收入20 001元及以上的消费者更重视品质和质感,中低收入的群体对直播购物和微商等渠道更关注。

第四章 上海商业热点分析

第一节 购物节相关理论研究

一、购物节的起源

(一) 购物节的起源

购物节作为一种商业形式,其概念和形式早在中国古代就已出现。历朝历代的人们也都有提前购物以备不时之需的意识,只不过古代主要表现为基于传统的自然经济而产生的集市,而且其交换的形式和内容一直传承至今。古代的购物节更多地是以"市集"的形式和称呼存在,即在每年固定的日期,商家或小贩们聚集到提前约定好的地点售卖自家商品,从而形成"市集",而民众前往采购的行为则称为"赶集"。古人通过"赶集"的方式把买和卖聚集在一地,巧妙地进行线下交易。其中"市集"也常被称为"重日节"或"集期",同时也是我国最早的购物节雏形。《周易·系辞》早有记载:"日中为市,致天下之民,聚天下之货,交易而退,各得其所。"其中的意思描述了集市(或重日节、集期)常见形式的基本状况,即中午开市,所有民众和货物皆可参与和进行买卖,大家可各取所需。

(二) 古代的购物节

古代购物节的类型大致可分为两种:第一种为日常零散的集市;第二种主要集中在春节、元宵节、清明节、中元节和七夕节五个节日。

集市一般设在人口密集处,定期开市一次(如每周或每月初一和十五),方便居民购物。唐代以后,由于商品经济空前发展,市民购物需求不断增长,集市规模进一步扩张，政府为此还专门设置了专职管理市场交易的官职（市令官），维持市场秩序，调节买卖纠纷，即当今客服的角色。古代各地对于去集市买卖东西的叫法也不尽相同，西南地区叫"赶场"，北方一带叫"赶集"。

古代也有类似"双十一"的集市，即是元旦。元旦当天，小商贩们会准备比平时门类更加齐全的货品出售，民众们也趁机大量采购。明代的徐霞客曾描写过开市的场景："俱结棚为市，环错纷纭……男女杂沓，交臂不辨。"由此可见，在明朝的时候购物节已相当成熟。

除了叫法不同，地点形式不同以外，古今购物节在广告和促销方式上也大同小异，古代的集市也会出现广告和其他的促销方式。伴随着商品经济的发展及商业活动的剧增，各种口头叫卖广告、敲锣打鼓的响声广告等层出不穷。其中最有名的莫过于"吟叫"，相当于我们当今最流行的直播购物。促销方式也与现代颇有几分相似，其中宋代流行的"关扑"（即客人需将飞镖掷向旋转着的印有不同图案和对应商品的八卦盘）也是现代"幸运大转盘"的雏形。除"关扑"之外，古代常见的促销手段还有"削价"（折扣）、"撒暂"（先尝后买）、"赊销"（古代版花呗）等。而古代的"送利"，则是指购物节买买买以后，商家的免费送货上门服务，类似于今天的免费包邮或送货上门。

1. 春节的"腊月集"

古人过年时的集市，最初是为了置办年货庆祝丰收，年货当中除了各式各样的美食之外，新衣服、春联福字、鞭炮及焰火等都需要在赶年集的时候进行购买。因此，为民众和商家定期提供这样专门的购置年货场所便必不可少，这就出现了古代的"腊月集"。由于古代集市的场地较为有限，春节前几天，民众聚集在集市中，通常会出现人声鼎沸、一派热闹的景象。

2. 元宵节的"灯市"

相比于春节，元宵节商品的种类较为单一，主要是售卖花灯。因此，元宵节的购物集市也叫"灯市"。"灯市"的情景很早就出现在古代诗句中，宋代周密曾在《武林旧事·元夕》中描述："天街茶肆，渐已罗列灯球等求售，谓之'灯市'。自此以后，每夕皆然。"配合花灯售卖的还有说书、画展、乐器弹奏等活动，使得元宵节并不比春节暗淡许多。

3. 寒食节和清明节的"黄金周"

古代的寒食节和清明节相近（寒食节刚好在清明节之前），两个节日连在一起过，用现代的语言可以称之为"黄金周"。唐代以后，清明节逐渐取代了寒食节，而扫墓也成了清明节独有的习俗。由此带动的除了祭祀用品的销售外，含有祛病消灾意味的风筝也成了民众在寒食节、清明节喜好的物品。因此，一到清明节，除了祭祀先祖外，大大小小的风筝也在集市中铺展开来,琳琅满目,各具特色。

4. 中元节的购物狂欢

与清明节意义较为接近的便是中元节。中元节俗称"鬼节"。在古代,每到中元节时,各地都会举行斋会,唐代更是把中元节设置为法定节日,放假三天。在这三天假期里,集市上摆满了各种各样的祭祀品,包括许多平时很难买到的东西。宋代孟元老在《东京梦华录》中便表述了当时东京汴梁中元节民众购物的场景:"先数日,市井卖冥器靴鞋、幞头帽子、金犀假带、五彩衣服。以纸糊架子盘游出卖。"由此可见,中元节中商家的产品销售和民众的购买力也毫不逊色。

5. 七夕节的乞巧市

七夕节在古代并非是爱情的节日。七夕节实为由星宿崇拜衍化而来,因拜祭"七姐"的诞辰活动在七月七晚上举行,故名"七夕"。古代的七夕这一天,姑娘们穿上新衣服,将自己亲手做的物件和吃食摆出去卖,同时还有拜七姐、祈祷姻缘等活动。因此在七夕节当天也有买卖的集市形成。宋代《醉翁谈录》中对七夕乞巧市集繁华程度就进行过描述,"七夕,潘楼前买卖乞巧物。自七月一日,车马嗔咽,至七夕前三日,车马不通行,相次壅遏,不复得出,至夜方散。"随着历史的发展,七夕因"牛郎织女"的美丽爱情传说,也被视为"中国情人节",而随之在七夕的消费额也不断增长。

尽管古代的商品经济发展缓慢,但古人通过购物进行娱乐的理念并不输于我们,特别是一年中最盛大的元旦和春节两个节日,自古至今都是民众们进行购物的好时节,而商家也一直延续着这样的习俗,制造相应的购物氛围吸引民众消费。

二、 购物节的发展现状

(一) 乡村集市

与传统的自然经济相适应而产生的集市,其交换的形式与内容,都延续至今。而随着城市化的进程,现在集市大多残存于乡村乡镇,其中有定期集市和常设集市。而从集市规模上来看,中大型集市比较多,这也从侧面反映出了农村集市的商业活动较为繁荣。同时,集市的群众密集程度和关注程度也和其历史延承和知名度有一定的关联。如无锡市的许舍集市因有着百年历史,其贸易活动一直延续到现在,每年集市上不仅有以商业交换为目的的贸易者,也有慕名而来的游客和摄影爱好者。

(二) 城市购物节

随着城市的发展,虽然城中的集市不再像农村集市那样频繁地定期定点进行,然而城市里,尤其是著名的旅游观光城市,一些大型商场在每年的节庆假日都会进行大型购物节活动,随之而来的是各种形式的广告和促销手段。随着经济发展,人们购物的热情也持续高涨,每年的城市里的购物节也如古代的集市一样,同时具有了购物和娱乐等多种功能。以下重点介绍的是几个比较有代表性或影响力的城市购物节。

1. 香港购物节

自2002年香港开启首届购物节以来,香港一直紧紧抓住其"购物天堂"的城市特色与优势,每年强势推出一届"香港购物节",它已成为香港夏季不可或缺的超级盛事。另外,香港作为名副其实的"购物天堂",大型购物商场必不可少。香港除了政府推出每年一度的城市购物节外,各大商场如崇光百货(SOGO)等也相继推出每年夏冬两季的大型店庆购物节活动,吸引各地游客前往,这些聚集于尖沙咀和铜锣湾的商场与街道商店同样热闹非凡,收益丰厚。近年来,香港每夏冬两季的商场购物节活动也开始进行线上活动,方便内地消费者消费低价购买免税商品。

与香港相近地区,随着大湾区规划和建设成型,2021年9月2日,首届"大湾区购物节"线上开幕式通过直播的形式举行,向广大网友在直播媒体上宣传大湾区购物节以及推荐大湾区可购买的商品,为民众提供更多参与购物节的选择。

香港购物节在中国是发展得最早的购物节形式,同样在东亚地区享有盛名。而近十年来随着内地经济的繁荣,各大城市也竞相模仿,以期获得同样的巨额销售量以及盛名,打响自己的城市品牌和形象。

2. 上海"五五购物节"

上海作为现代化国际大都市,东西方文化兼容并蓄,时尚文化与商业气息共存,既需要时尚、潮流、高端、前卫的现代品牌和商圈,又需要带有地域性和大众化的购物节经济。为加快建设国际消费中心城市,进一步提振消费信心,上海市政府于2020年4月提出举办"五五购物节,全城打折季"系列活动,截至当年5月5日14时12分,"五五购物节"上海地区消费支付总额已超100亿元,获得了巨大的成功,促进了消费回补和潜力释放。第二届上海"五五购物节"也趁热打铁,于2021年5月28日上线,并推出了"品质生活直播周"系列活动。活动期间,上海"五五购物节"共举办了380余项重点活动、1900余项特色活动,线上和线下消费额累计达到7896亿元。同时购物节期间,5月全市社会消费品零售总额同比增长15.7%。首届"五五购物节"消费额较高的门类主要包括母婴用品、电子产品、家居建材等家居生活类,而第二届则聚焦珠宝饰品,体现了消费品质的升级。上海"五五购物节"实现了多方的联动效应,不仅联动全国消费促进月,更是联动"四大品牌"、长三角和内外贸一同促消费、稳增长,有效激发了市场活力、释放了消费潜力。

3. 湖南购物节

湖南省凭借地域特色优势,早在2008年就开展了随着为期50天的湖南省首届购物节活动,该次购物节共实现社会消费品零售总额660亿元,比上一年同期增长20%以上,使得湖南省跻身国内商贸服务前列,对湖南的消费市场也有实质上的改善作用。同时,湖南省还于当年举办了以农产品销售为主题的"邵阳名优农产品博览会",在10天销售期间达到销售额4亿元。

2013年,为进一步打造、推广"电商湘军"品牌,湖南省购物节进行了升级,由湖南省部门政府、电商协会、电视购物频道以及线上购物平台等多方共同组织和发起的"湖南网购节"正式上线,组织了当地"湖南网购周"和"最地道——湘湖美食",并于2014年接着推出"最强湘味——网上年货博览会"等多项活动。其中在2013年的"湖南网购周"活动中,全省共有108家商家上线商品1 186种,共计销售13 889万元,客户总流量达到14万余人次。购物节举办期间,湖南省释放出销售潜力,消费迅速增长,明显拉动了省内经济。如今,"湖南网购节"已经形成稳定的网购平台"快乐购",满足消费者日常购物需求。

由湖南省官方和商业各界共同努力下打造的湖南购物节,已然是国内省市发展自身购物节品牌的成功典范,湖南省商务厅负责人也表示,政府举办购物消费节对消费信心的提升有积极作用,同时该活动对湖南省的经济发展和地域特色宣传均有正向的影响作用。

4. 其他城市购物节

除上述广为人知的城市购物节之外,还有很多城市地区也效仿此种模式举办了各类购物节,主要有常规购物节以及具有地域特色的地方购物节,比如,2020年4月17日至5月31日湖南省益阳市的南县购物节,活动期间共有29 000家门店商铺3 800种商品同时参与线上和线下的销售,南县全县的社会消费品零售总额同比增长了40.26%;2016年,由晋江市人民政府主办了第一届晋江购物节,全面整合多行业多领域资源,为消费者打造一场集吃喝玩乐为一体、多行业多领域互动、辐射周边地区的大型商贸节日;2016年宁波市也同样举办了以"畅想购物、夏逸宁波"为主题的购物节,涵盖了实体经济、电子商务、月光经济、商贸博览等,充分展示了商旅、商体与商银之间的互动情况。

通过各地区报纸报道及网络资料搜集,我们对部分地区购物节的首次举办情况进行整理,具体如表4-1所示。

表 4-1 部分地区首届购物节

购物节名称	首届购物节举办时间	持续时间	举办概况
香港购物节	2002 年	6.26—8.31	超 7 500 间商铺参加,吸引 370 万旅客访港
北京购物节	2003 年	8.28—8.31	28 家重点企业实现零售额 32.6 亿元,同比增长 19.5%
上海购物节	2007 年	9.15—10.7	销售额达到 256 亿元,同比增长 18.7%
宁波购物节	2013 年	7.12—7.28	累计销售额达 25 亿元,同比增长超过 20%
武汉网络购物节	2014 年	10.25—10.31	武商集团 100 余家门店,良品铺子 300 余家门店,苏宁全市 20 余家门店均配合参加联合促销
晋江购物节	2016 年	1.11—2.9	农业银行授信商贸流通市场 50 亿元
宁波购物节	2016 年	7.21—8.7	50 余场促销活动,总销售额 20.1 亿元
南县购物节	2020 年	4.17—5.31	销售总额 15 亿元,同比增长 40.26%

资料来源:据网络资源、新闻报道整理。

各地购物节的举办对消费者信心的提升具有积极的促进作用。同时,政府举办购物消费节是扩大消费的有效途径。购物节成功也显示出,开展购物节等促销活动,无论是商家还是消费者都持欢迎态度。购物节在营造浓厚消费氛围的同时,也调动和激发了广大消费者的消费热情。此外,举办购物节也是对新形势下更好实现商务主管部门职能的有益探索,在如今市场经济的大环境下,政府应该更加注意搭建消费平台和载体、引导和鼓励市民积极消费、拓宽消费空间、营造消费文化、加强市场监管等方面大有可为。

(三)电商购物节

随着互联网带动数字消费,2015—2020 年我国国民的消费模式开始大量倾向于线上购物。根据国家统计局的数据显示,网络购物交易规模呈现连续增长趋势。虽然我国经济总体在 2017 年前后受到世界经济形势的影响,网上交易规模增长幅度逐渐减少,但增速仍保持在 10% 以上。2020 年新冠疫情暴发,大型购物节的举办受到场地和人数的限制,使得原本就风头正盛的电商购物的形式演变成了民众的依赖性选择,网购的便捷性更加显现。具体表现为我国 2020 年的网络购物规模虽然受到疫情的影响,但仍然达到了 11.76 万亿元,同比增长 10.6%。由此可见,互联网消费和电商平台主导的购物节已然成为现在和未来国民消费最主要的选择方式。

图4-1 2015—2020年中国网络市场交易规模统计及增长情况

资料来源:据国家统计局,前瞻产业研究院整理。

同时,随着近年自媒体的繁荣发展,购物节在网络上进行各种花式营销,使得淘宝、京东等电商的购物节一度超越了线下商场的购物消费量,以不同形式的促销手段带来不断破纪录的网络购物节已然成为常态,"双十一"购物狂欢节、"双十二"活动、京东"618"店庆、米粉节、唯品会上市周年庆,聚美优品等大促等电商购物节应运而生。

在主流电商平台购物节促销活动中,"双十一"和"618"由于发起时间较早、平台知名度较高以及参与电商平台大等原因,其购物促销的影响力也最大。而其他电商促销节日,例如"88会员节"、拼多多的夕夕节和农货节等,由于举办年限不长、品类较聚焦等因素,行业影响力有待进一步提升。具体的国内电商购物节案例和内容将在本节第四部分详细呈现。

(四)主题购物节

1. 丰收购物节

除了传统的综合型购物节之外,各具特色的主题购物节也逐渐出现。典型如2018年9月,阿里巴巴联手农业农村部在线打造的首届丰收购物节系列活动。在此活动期间,阿里巴巴丰收购物节农产品累计成交件数达到2.82亿。同时,这一节日不忘"让消费者得实惠、农民增收益"的初心,在"丰收购物节直播盛典"上,河南确山县、山西阳曲县以及新疆吉木乃县等8个县的县长们与主播们一起销售农产品。仅用了短短4个小时,确山县便售出2万份红薯,阳曲县售出2.3万份小米。

2020年9月22日第三届中国农民丰收节举办时,淘宝上25%参与活动的网店都来自淘宝村。在阿里巴巴丰收购物节活动期间,30万淘宝商家共卖出8.4亿件农产品。"帮助农村地区打造农产品品牌,提升电商生态水平,让农民更富裕"的计划正在如火如荼地进行着。

2. 旅游购物节

由天津市旅游局于2006年4月29日主打和推出的天津旅游购物节是国内另外一个城市对购物节的创新,其将城市特色旅游与购物有机结合,旅游业与销售业双向联动,实现了游客以及当地市民的广泛参与。"天津首届旅游购物节"有多个主办会场,除旅游产品展示、展卖外,更是重点突出和推出了相关特色旅游,即旅游咨询、旅游专线、旅游维权等多项特色服务。另外,具有地方特色的群众性文艺演出和特色小吃等活动也纷纷跟进,做到了融知识性、娱乐性、趣味性为一体,为天津市人民及广大外地游客当年的"五一黄金假期"提供了一个集旅游观光和休闲购物于一体的好选择。2009年,天津市又进一步推出"迎新春民俗旅游购物节"活动,举行了为期40天的四个板块主题活动,即"迎新春——年文化市场"、"民间手工艺——礼品市场"、"古玩城——淘宝购物市场"以及"文化小城——收藏品交流市场",活动反响热烈。

天津市推出的本地旅游主题的购物节活动,惠及天津市18个区县地域的近千万市民,不仅为其提供了生活休闲和娱乐的乐趣,同时增加了市民生活幸福度。该购物节活动同时也让天津购物节成为一个闪亮的标签,吸引了大量外来游客消费,促进天津成为北方商贸中心之一。

三、购物节相关理论

(一) 刺激—机体—反应(SOR)理论

SOR理论是1974年Mehrabian和Russell为了解释"环境对人类行为的影响过程"所提出的,即刺激—机体—反应模型。该理论认为外界环境刺激(S)所形成的氛围,会影响人的内心状态(O),进而影响人的行为反应(R)。

Belk(1975)运用SOR理论研究了市场营销中的消费者行为模式。在消费者行为的情境中,能够激起或促进行动的营销因素和购物环境构成刺激(S),比如各类促销活动、销售氛围等;从外部刺激到最终行为反应的内部处理过程即为机体(O),包括感知价值、感知风险、思维活动等内在状态;最后消费者产生的意愿或者行为,称为反应(R),如购买意愿的心理态度、冲动性购买行为等。消费者行为模式下SOR理论模型如图4-2所示。

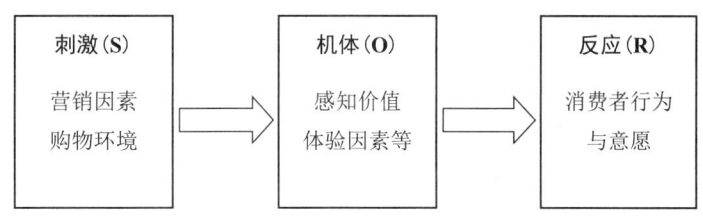

图 4-2 消费者行为模式下 SOR 模型

SOR 理论框架是研究消费者行为中较为经典的理论模型,被广泛应用于网络购物节的研究。刘昱基于 SOR 理论,通过对网络购物氛围划分不同的维度,研究网络购物氛围与购物意向之间的关系,研究发现网络购物氛围通过愉悦感、唤起感和控制感,影响消费者的购买意向[1]。王晓艺基于节日氛围的视角,应用 SOR 理论建立消费者参与行为模型,结果显示:购物节日氛围通过对消费者消费心理的影响,进一步对消费行为产生正向影响[2]。孟亚基于 SOR 理论,构建模型探讨了网络购物节期间消费者的冲动购物行为,研究发现限时、限购的促销活动以及发放红包和优惠券的行为会直接影响大学生的冲动性购买行为[3]。

总体来说,"双十一"、京东"618 店庆"等网络购物节的广告、促销等因素为消费者提供了各种外部刺激,这些刺激因素会通过对消费者的感知价值产生影响,进而诱发消费者的购买意愿和行为。因此,SOR 模型可作为理论基础来研究购物节对消费者意愿的影响机制和调节效应。

(二) 传播仪式观

仪式传播的概念由詹姆斯·凯瑞于 20 世纪 70 年代提出,他把传播的定义划分为传递观和仪式观两大类,并基于文化的视角对传播仪式观进行了集中论述。

国外研究方面,1998 年,罗斯布勒在《仪式传播:从日常会话到媒介庆典》中,系统地研究了仪式传播,并提出了"仪式即传播,传播即仪式"的观点[4]。佐哈尔·卡蒙·塞拉的文章《仪式传播之旅》,高度肯定了仪式传播的作用,他指出应该从仪式观的角度出发进行更多现象的研究和分析[5]。

---

[1] 刘昱.网络购物氛围对购物意向影响研究[D].浙江大学,2009.
[2] 王晓艺.网络购物氛围对网购行为的影响研究[D].西安工业大学,2016.
[3] 孟亚.电商购物节促销对大学生冲动性购买行为的影响研究[D].河北大学,2017.
[4] Eric W. Rothenbuhler. Ritual communication:From everyday conversation to mediated ceremony[J]. The Southern Communication Journal,2000,65(04):343—345.
[5] Zohar Kadmon Sella. The Journey of Ritual Communication[J]. Studies in Communication Sciences,2007, 07(01):117—138.

国内研究方面,首先对传播仪式观进行理论探索的先行者是潘忠党,他在1995年发表的文章中对文化传播的三种模式——表述模式、传递模式和文化模式进行了详细阐述。他认为仪式观是一种文化模式,传播是文化产生与再现的过程[1]。2005年丁未教授翻译出版的凯瑞著作《作为文化的传播——"媒介与社会"论文集》在国内掀起了一股研究热潮,目前对传播仪式观的研究主要集中在理论和应用两个方向。

大多数的仪式活动与消费是密不可分的,这就使得许多消费行为具备了仪式的特征,便形成了各种仪式性消费。电商购物节就是一种新型的具有商业特色的节日仪式,购物节狂欢这一现象既有商业消费的因素,也融合了技术和文化因素。当商业与文化交织在一起时,凯瑞的传播仪式观能更好地帮助我们了解网络购物节的发展和产生的影响,例如电商如何利用广告宣传塑造节日的仪式感,消费者如何在仪式参与中实现狂欢以及这种仪式化的营销会带来哪些影响。

以"双十一"购物狂欢节为例,天猫平台一方面通过颜色、文字和图片等仪式符号的构建来设计吸引眼球的APP活动页面,另一方面,通过举办开幕盛典、"双十一"晚会,闭幕告别仪式等塑造节日仪式感。"双十一"的营销传播对消费者仪式感塑造的过程如图4-3所示:

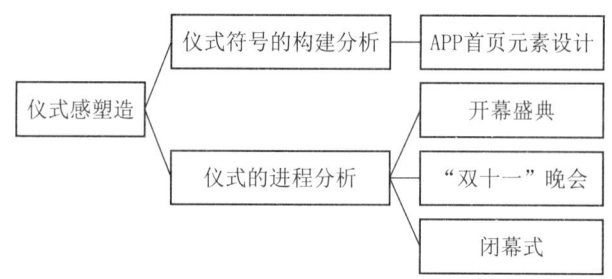

图4-3 "双十一"仪式塑造过程

资料来源:华中科技大学硕士论文《传播仪式观视域下的电商购物节研究》,魏蓝天,2018。

另外,天猫平台通过户外大幅广告屏展示、投放地铁广告等多种渠道宣传节日活动,经过前期、中期、后期不同阶段的推广计划极力营造节日狂欢氛围,从线上到线下各种渠道全面铺开来吸纳聚集流量,以实现将消费者引导到自身节日活动页面,进而达到化关注为购买行动的目的。

---

[1] 潘忠党.传播媒介与文化:社会科学与人文学研究的三个模式(上)[J].现代传播(北京广播学院学报),1996(04):8—14.

表4-2 "双十一"购物狂欢节阶段划分

时期划分	活动类型		活动特点	营造的氛围
前期	1. 信息平台宣传	2. 折扣商品曝光	视觉冲击大	节日氛围
	3. 公布购物攻略	4. 推荐好友得好礼	信息更新快	优惠氛围
	5. 购物专场分类	6. 积分兑换优惠券	宣传力度大	便捷氛围
中期	1. 开幕盛典	2. 优惠券、红包发放	仪式感强	节日氛围
	3. 幸运抽奖	4. 提前充值赢红包	节日氛围浓	便捷氛围
	5. 多人团购惊喜	6. 支付利器	娱乐游戏多	安全氛围
后期	1. "双十一"晚会	2. 前几名购物抽奖	仪式感强	节日氛围
	3. 限时抢购模式	4. 及时公布交易数据	抢购氛围浓	抢购氛围

（三）执行意向理论

行为预测一直以来是国内外学者关注的焦点，早期相关理论认为行为意向能更好地预测实际行为。然而，研究发现意向仅能解释行为方差的三分之一。为此，Gollwitzer用执行意向来解释这种行为方差，其解释力有了明显的提升。执行意向理论又称为"如果—那么"计划，其中"如果"成分与情景线索有关，"那么"成分与目标导向反应有关，"如果—那么"计划范式是行为执行意向有效性的关键特征。

情景线索是执行意向转化为实际行为的重要心理变量，能够激活个体自发的记忆。这意味着网购者一旦对某优惠券的折扣、面值、品牌等情景线索印象深刻，会将之铭刻在潜意识中，形成抢券行为意向。它与品牌依恋、强迫性购买行为等心理因素有很强的关系。当有匹配的线索刺激时，网购者能够自动连接记忆单元进行认知与反馈。在商务智能时代，情景线索成为大数据场景变革的热点课题，很多商家通过在线虚拟化场景重塑提升网购者的注意力和沉浸体验。例如，商家设计灵活、个性化的优惠券吸引不同爱好的网购者，这不仅能提前感知其购物意向、消费潜力，还能不断提高网购者的转移成本，锁定其消费行为，提高电子忠诚度，进而增强执行意向转化为实际购买行为的可能性。

执行意向是一种在线索提示和行动之间建立联系的重要战略，在改善自我监管方面效果显著。例如，在电商购物节期间，大量的抢券和广告等活动不仅包含了丰富的折扣及让利信息，还包含了情怀、情绪等情感信息，这些复杂信息的快速传播分散了网购者的注意力，使网购群体的非理性决策行为不断被传染，使其难以抵挡网购诱惑。以情感觉醒为诱发线索的执行意向使那些自我监管失败的网购者，将注意力重新集中到初始购物目标上,而且为避免再次受到信息诱惑,那些具有执行意向的网购者自动连接前瞻性记忆或回溯性记忆,使其目标导向的行为反应更有可能转化为实际行动,执行意向成为自我调节的灵活工具。因此,面对电商购物节海量的信息刺激,消费者的购物决策难免会受到影响,购物的自我监管和自我调节会带来更加积极的自我肯定,进而促进执行意向的形成,促进决策行为的改变。

(四)锚定效应

卡纳曼和特沃斯基在1973年发现了消费学中的锚定理论。该理论认为,在人们对事物进行主观判断时,经常对于特征明显以及不容易遗忘的证据投入更多的注意力,并且有部分人从这些证据中产生了错误的认识。锚定效应影响了许多方面,比如金融以及某些经济现象。最有代表性的例子则是股票的定价,众所周知,股票的价格很大一部分受过去价格的影响。研究人员分析,这种现象出现的原因,可能是在人们买卖股票时,通常会先对股票进行价值估计,而股票过去的价格则成了股民们判断股价的重要依据,过去的价格会与当前的股价之间产生锚定效应。在其他的经济现象中,也有锚定效应的参与,比如有关购物节商品定价时,曾经的商品价格就会对新的商品价格产生影响,新价格也会相较更接近于过去的价格,这种现象在宏观经济学中被称为黏性价格。商品定价很大程度上取决于商品的价值,而商品价值不能确定,那么人们就倾向于寻找一个相似的参考物来判断商品价格,这个参照物与被估计的商品呈现越高相似性,那么就更能体现出锚定效应。

第一,参考物的特征能否极大程度地吸引消费者关注;

第二,消费者欲购买商品与消费者所寻找的参考物之间是否相似。根据心理学研究,只有在参照物与所购买商品具有相同单位时,才会触发锚定效应;

第三,消费者所选择的参考商品是否极端,经研究发现,锚定效应同样在极端参考物中生成,但是效应随着极端程度的增大而减小;

第四,锚定效应受消费者本身的受教育程度影响;

第五,当消费者正确回答后得到小礼品时,锚定效应不会随之减小。

锚定效应在绝大多数情况下是潜意识里自然生成的,是人类的一种天性,正是由于这种天性的存在,才导致人们在实际决策过程中容易形成偏差,从而影响最终的结果。锚定效应源自人类的潜意识,正是由于这种不可控意识,使得消费者在购买过程中对商品判断产生偏差,从而影响购买结果。购物节期间商家对于商品进行宣传的广告中,也同样具有锚定效应,它能够影响消费者购买数量,同时会对商品的定价产生影响。

(五)评价理论

评价理论由詹姆斯·马丁提出,最初用于语言的评定。评价理论不仅关注说话者或者作者的态度、情感强度以及所要表明的价值,而且还要与读者进行联系。评价理论是对系统功能语法其中的人际功能部分所进行的向上以及向下的延伸,评价理论主要研究个人如何在面对事物时,用语言做出评价采取立场,从而调节主体间立场以及意识形态立场。如今,评价理论能够向经济延伸,商家能够合理地运用评价理论,能从语言角度切入,抓住消费者心理,让消费者进行自主消费。消费者的商品评价是购买决策的主要内容。各种评价方法的使用形成对评价活动的有力支持,这些评价方法同时也构成评价活动的主体。各种评价方法之间互相依存。

詹姆斯·马丁提出的评价理论由三个子系统构成,分别是态度、介入和级差。

1. 态度系统

态度系统以对人情感的关注为主,这种情感主要是指人对事物或者现象所做出的情绪反应、行为判断以及价值评估[1]。比如消费者在购物节,对琳琅满目的集市不自主产生地想要进行采购的情感。在评价理论中,情感系统又划分为3个小类,分别为"品质"情感、"过程"情感和"评注"情感。其中,商家在宣传时多使用"品质"情感词汇来对产品进行宣传,吸引消费者。"过程"情感表达又可以分为反应型和欲望型。我们主要对欲望型进行研究,当"过程"情感表达是欲望型时,如使用"错过下次没有""全网最低"等词语,能够唤醒消费者购物企图。"评注"情感一种是社会尊严,另外一种是社会许可。在商家进行购物节等宣传时,消费者通过自身的判断,对于宣传手段进行评判。消费者在购买商品的过程中,围绕自己想要购买商品的期望,尽可能多地去认识、了解商品的特性,尽可能地准确评判出商品合乎期望的程度,并愿意为购买商品的活动投入一定的时间和精力。

2. 介入系统

介入系统是指说话者或者作者表达对人、事、物价值观点和立场时直接或者间接介入别人的态度。消费者购买商品过程中的介入主要涉及广告介入、产品介入、购买决策介入和购买情境介入等,其中广告介入和产品介入是消费者介入到购买过程的主要方面。而商家则可以通过广告手段进行广告和产品同时介入,如淘宝在进行"双十二"活动宣传时,通过加入"双十一"活动的对比,将"双十二"宣传为全年最低价活动,以期达到对消费者同时进行广告介入和产品介入的目的,从而吸引消费者购物。

---

[1] 周倩.评价理论框架及应用[J].大观周刊,2012(7):18.

3. 级差系统

级差系统主要用以表示态度和介入的强弱等级,它主要包括强势和弱势两种程度。这种强弱等级首先直观地由词语的数量和程度表现出来,另外也能通过原型性特征或是精准程度来判断,所以级差又可以分成"语势"和"聚焦"两部分。其中"语势"包括强化或者量化,聚焦包括锐化和柔化。商家在进行广告投放时,先使用强势词语,首先引起消费者注意,从而再激发消费者的兴趣和欲望,以加深消费者对促销活动和商品的印象,促使消费者做出购买行动。

四、城市购物节的测评机制

(一) 城市购物节的运作机制

研究购物节的测评机制,就要弄明白购物节的运作机理,那么首先要分析购物节产生的驱动力。从购物节参与的主体来看,有三方,即倡导者、运营者和消费者,前两者在部分情况下是合二为一的,部分情况下不会明显呈现出来。如自发形成的集市,会慢慢演变成自发形成的购物节,这时就无法准确识别倡导者。这种情况下的倡导者实质是有交易需求的供需双方,他们自发地在一个易于交易的地点和时间尝试寻找交易机会,一般这个地点是一个傍水的交通要道,时间为有尽可能多劳动者休息的日子(如农闲时),慢慢地这个地点和时间逐渐成为固定集市,并可能演变为购物节。此时,供方会成为购物节自发的分散的运营者,需方成为消费者。

今天全新创建的购物节多是由利益方发起,一般有两种情形,一为倡导者和运营者一体的企业发起,如一个大型商业场所发起的小型购物节,或大型电商平台发起的网络购物节,典型如"双十一""双十二""618大促"等,其内在驱动力为交易额、利润、品牌影响、市场占有度等企业利益。

另一种情形是倡导者和运营者分离,主要是新创设的城市购物节,倡导者为城市政府,运营者为城市内有商业业务的企业,这种购物节,企业虽然不是倡导者,但也会拥护购物节的举办,因为有利益存在。其内驱动力,就政府来说,可以推动交易量、提升经济、带动就业、增加居民收入、带动城市相关基础设施的升级发展、扩散城市品牌、提升城市产业链等社会公共利益,就参与的企业来说,在交易额、利润、品牌、市场方面购物节有足够的吸引力。

无论何种形式的购物节,消费者参与的驱动力,一是满足基本购物需求,这些商品和服务平时可能没有这么齐全、便宜、方便购买,购物节提供了交易平台;二是享受购物节特有的购物体验,购物节之所以为购物节,是因为它营造了不同于日常购物的节日氛围,这其实是一种购物体验附加值,内含购物节的价格优势、活动体验、购物氛围环境体验等。

(二) 城市购物节效果测评的内容

测评一个城市购物节成功与否,应包括以下几个方面:所在城市的经济基础、举办购物节的外部环境、购物节运转的内生动力、举办购物节产生的内部效应和外部效应。具体如图4-4所示。

1. 所在城市的经济基础

举办一个城市购物节,要求城市有一定的经济体量作为基础,在此基础上才能吸引足够多的供需双方参与购物节,形成交易规模效应。如果城市经济基础薄弱,人口数量不足,除非有足够吸引力的事件,如某个国际知名电影节,否则无法凭城市本身的努力举办成功的购物节。因为没有足够的商品供应者和消费者,没有足够的交易量,就无法形成购物节环境和氛围。此时哪怕有一些规模化的交易行为,也只是为满足本地集中消费需求的集市经济形态,无法称之为购物节。考察举办购物节城市的经济基础,首先必须分析该城市的经济发展水平,这点可以从城市人均GDP、城市财政收入等方面反映出来;其次,可以考核该城市经济发展阶段,可以从三大产业占比角度分析,服务业和带技术特征的高新技术产业占比越高,城市经济发展水平就越高;最后还需要考察城市消费能力,国外有些城市由于收入分配畸形,大量普通人在价值收入分配中只获得一小部分,大部分财富归财团所有,导致消费支出意愿不足,消费能力低下,举办购物节效果微弱。城市消费能力是由城市居民展现出来的,这就需要考察城市收入分配状况,可以用工资占GDP的比率来体现,还要看人均收入水平、人均消费支出、消费总额占GDP的比重及刚性支出的收入占比,这些能决定居民的消费意愿,刚性支出一般有教育、医疗、住房、交通通信和生活成本等方面的支出。城市在以上各方面综合评价越高,成功举办购物节的可能性就越大。

2. 举办购物节的外部环境

外部环境影响到购物节是否顺利举办。外部环境包括自然环境、人文环境和商务支持配套能力。(1)城市都会主动选择相对合适的自然环境状态举办购物节,晴好的天气状态、适宜的温度、清新的空气等,甚至城市本身所处的自然地理位置,都是购物节成功的保障因素。(2)人文环境决定一个城市的对外魅力,根植于城市的购物节也需要城市人文环境提升其品牌、增添其光彩、增益其节日氛围、提升其吸引力。城市的博物馆、人文景观、文化艺术设施、大学、基于城市文化的相关节日等都能折射出一个城市的人文内涵和购物节的人文环境。(3)商务支持配套能力是购物节的运营

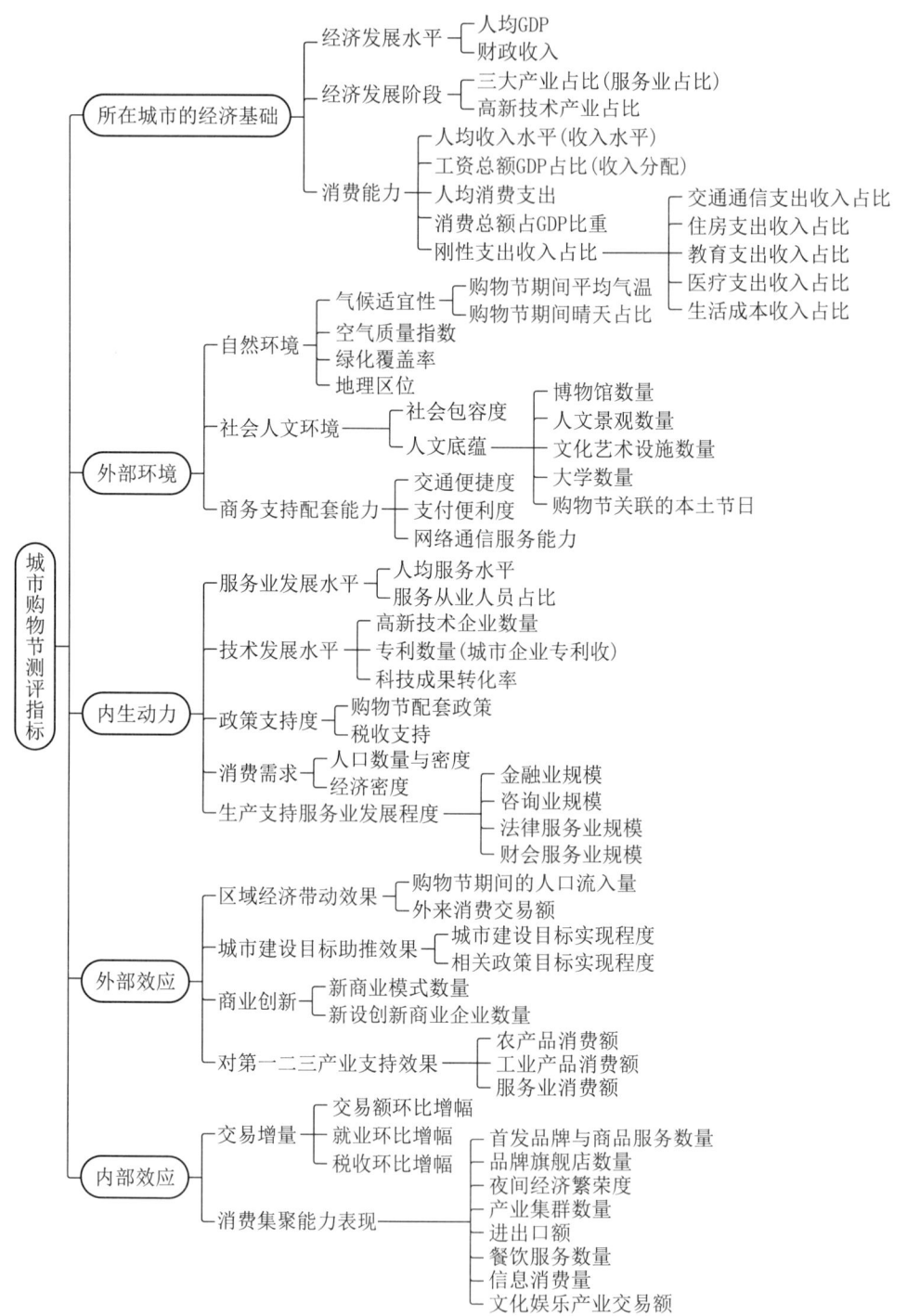

图 4-4 城市购物节测评指标

保障,一个成功的购物节需要便利的交易、便捷的支付方式和先进的网络通信服务为其支持。

3. 购物节运转的内生动力

促使城市购物节运转的内生动力是导致产生举办购物节冲动,并让购物节取得成功的内在因素,具体包括:(1)服务业发展水平,由人均服务水平和服务业从业人员占比等指标体现。服务业发展水平体现城市经济发展阶段,间接反映对购物节的需求状态和支持程度。(2)城市诸产业技术发展水平,指高新技术在商品生产和服务提供中投入的水准,技术发展水平越高,越能举办高水平的购物节,购物节上的商品与服务越能吸引人,这一指标可以通过高新技术企业数量、城市专利数量和科技成果转化率来考察。(3)政策支持度,也即城市治理者对购物节及购物节产生效果的积极程度,可以分析支持购物政策的数量质量及税收优惠来加以评价。(4)消费需求,通过对经济密度、人口数量与密度的测算,判断购物节成功的可能性和最终效果。(5)生产支持服务发展程度,其实质是生产支持性服务如金融、法律、财会、咨询等行业的水平及对一二三产业的支持能力,间接表明对购物节所提供商品与服务的支持能力。

4. 购物节的内部效应

城市购物节的内部效应是指购物节举办结果本身和这种结果对城市运行发展产生的效果,从两方面衡量:

(1)交易增量,即购物节期间经济指数的增加量,考虑到购物节可能每年都要举办,同比数据不能直接体现购物节期间与非购物节期间经济运行数据的差异性,更多体现的是经济的自然增长,故用环比数据来表示。具体为交易额环比增幅、就业环比增幅和城市税收环比增幅。(2)消费集聚能力表现。购物节结束后,可以通过购物节期间一些实际产生的特定商业行为来衡量购物节成效,如首发经济、品牌经济、夜间经济、商品服务门类、进出口消费数据、餐饮营业额、信息消费量、文化娱乐产业交易额等具体某些数据来表现购物节成效。

5. 购物节的外部效应

购物节举办后对城市经济运行之外产生的联动效果即为购物节外部效应。具体有:(1)区域经济带动效果,这一结果较难量化考核,可通过观测购物节期间的人口流入量和外来消费交易额来间接测算,但对周边经济的直接带动效果则较难以计算。(2)城市建设目标的助推效果,如上海国际消费中心城市建设的目标,对举办购物节大有帮助。(3)商业创新,购物节的举办推动和巩固商业创新,也是极大的正外部效应,可以通过统计购物节期间或之后一段周期内产生的新商业模式数量及采用新商业模式企业数量来加以评测。(4)对不同产业支持效果,可以通过统计农产品、工业产品和服务在购物节期间的消费额,并进行环比。

综上所述,对购物节的测评中,购物节所在的城市经济基础和外部环境的考察比重应适当放低,而内生动力和外部效应权重应适当增加,原因在于,前两者是购物举办的基础条件,但有了这样的条件,并不必然促使购物节发生,也不是购物节成功的必然因素,后两者则是在购物举办后,考察其效果的重要指标,如果后两者的细目完成度越高,则说明购物节越成功。

五、国内外典型案例

(一)国内典型案例

1. "双十一"购物节

"双十一"购物节在每年的11月11日举行,是国内最大规模的电商购物节。"双十一"最初是由南京大学的学生在20世纪90年代为庆祝单身而发起的一种自嘲性节日,后来被阿里巴巴集团作为噱头,发起了中国最大的网络购物节。阿里巴巴在2009年第一次推出"双十一"购物节,而此后每年的这一天,淘宝和天猫电商平台都会打出半价甚至更大的折扣的招牌。而后京东等大型电商平台也赶上了时尚销售的浪潮,同在11月11日举行大型销售活动。图4-5中为近几年"双十一"的全国零售额以及上海市的零售额。目前,"双十一"每年的零售额已经超过了美国黑色星期五和网络星期一的零售总和。

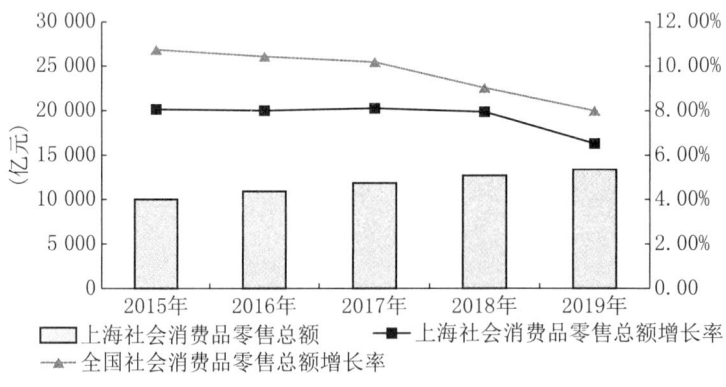

图4-5 近年"双十一"零售额

2. "双十二"购物节

"双十二"购物节同样为由阿里巴巴集团最初主导的盛大狂欢节,其始于2013年,由淘宝网、京东、苏宁易购等各大电商网站,继"双十一"之后,又一次趁热打铁推出的购物节。由于其在每年12月12日举行而被称为"双十二购物节",也有简称"双十二"或"淘宝双十二""京东双十二""苏宁易购双十二"等。经过几年连续的火爆疯抢以及大量宣传后,"双十二"被消费者所熟知,也成为"双十一"后不可被忽视的大型网络购物节。在2015年时,"双十二"的销售额达到了罕见的912.17亿元,而节日期间巨量的销售额现象也延续至今。

3. 京东"618"购物节

"618"购物节最初是由京东举办。由于1998年6月18日是京东刘强东在中关村成立京东公司的日子,因此京东在每年6月都会举行店庆活动,而每年的6月18日也就成了京东的店庆日。起初的"618"购物节是京东在店庆月以"火红六月"为宣传点,对京东商品进行折扣促销,一度成为京东一年里促销力度最大的一天,并与淘宝的"双十一"遥相呼应成为全民网购狂欢节。随着消费者热情高涨,"618"购物节的热度也逐年增长,营业额逐年攀升,于2021年达到了3 438亿元。相较于2020年的2 692亿元,2021年京东"618"购物狂欢节的交易额提升了27.71%,增速略低于2020年的33.60%,但仍略高于2019年的26.57%。2021年京东"618"各品类销售额如图4-6所示。如今"618"购物节也不仅仅局限于京东,而在各大网络电商平台中都开始流行,"618"购物节也发展成为如今的年中大促活动。

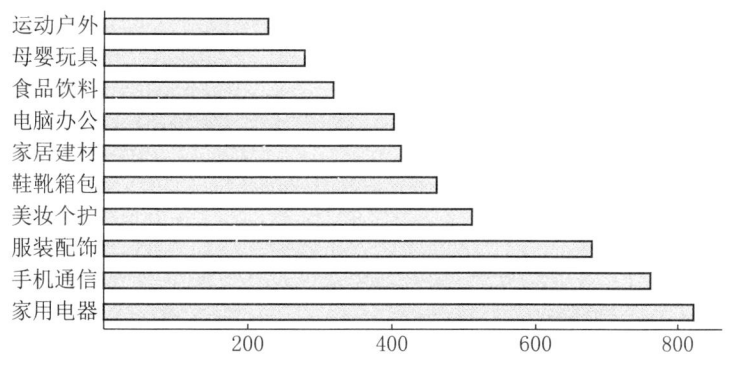

图4-6 2021年"618"各品类销售额(单位:亿元)

数据来源:示例数据。

4. 米粉节、红色星期五等电商节

随着电商购物节在国内的迅速发展,已经出现了生产商造节,最著名的是小米公司主打的米粉节和苹果中国主打的红色星期五。米粉节是为了纪念小米公司的诞生,于每年4月6日进行的电商购物节。小米这一招或许是学自苹果公司的活动,因为在苹果红色星期五,果粉们会享受更大的苹果产品折扣,而小米手机在这一天会通过开放预约搞饥饿营销,敞开购买小米手机以及预约新款手机。如今华为手机也开始推出荣耀节与其他手机制造商一较高下。

5. 三八购物节

3月8日妇女节是近年来新兴的购物节。由京东在2014年首次推出。京东在2014年2月底首次宣布开启"京东蝴蝶节日",成为首个在妇女节这个时间点面向广大女性消费者展开营销的电商平台。"京东蝴蝶节"主打美妆和个人洗护类的促销,为实现对女性消费者的购物吸引,改变以往形象转而参与女性节日的营销活动。2018年的"京东蝴蝶节"活动时间从2月末到3月8日,以"一起绽放美"为活动主题。"苏宁易购闺蜜节"主打"与亲朋闺蜜一起美、一起high",除了美妆个护类女性产品外,超市、百货、母婴、家电等各类产品全部参与活动促销,让女性消费者可以实现商品一站式购足。"天猫三八女王节"活动时间从3月3日到3月9日,优惠覆盖服饰、美妆、食品等多个分会场,以"活出你的女子力"作为主题,号召广大女性主导自己的人生,做自己的女王。

总的来说,中国电商购物节具有以下几个重要的特征:第一,与特殊含义的节庆日相关;第二,节前进行长期的广泛的宣传活动;第三,由一家发起后,逐渐显现为多平台各自发展的趋势;第四,活动销售货物范围广;第五,销售额巨大。正是具有了以上鲜明的特征,中国各类电商购物节已经成为国内每年必不可少的大型民众活动。

(二) 国外典型案例

1. 黑色星期五(Black Friday)

活动国家:全球国家。

说到国外最有名的购物节,莫过于"黑色星期五"(Black Friday)。该购物节起源于20世纪60年代的美国,其购物促销活动从每年感恩节后的第一天一直持续到圣诞和新年。由于美国人做账时传统上会用红色表示赤字,黑色表示盈利,因此黑色星期五中"黑色"的意思是美国人在表达对盈利的期望。而且除了美国以外,黑色星期五已经在全世界许多国家流行,包括英国、加拿大和印度,中国的网民也会通过许多途径在黑色星期五的活动期间进行线上跨国购物。黑色星期五的开始往往标志着圣诞采购季节的正式开始,同样地其每年销售额也被看作圣诞季零售业销售业绩的晴雨表,因此黑色星期五是一年中各个商家最重视也是最繁忙的销售季。国外的黑色星期五就像是我们国内的翻版的"双十一",同样为大型购物狂欢节日,而如今,已经有超过1亿美国人参与到黑色星期五这一假日大促当中,其中男女比例约为52%与48%,而27%的女性在当天消费达500美元以上。图4-7为黑色星期五消费者年龄分布,可以看出,18岁至34岁的年轻人是该节日的购买主力,主要原因为该节日以原价高、需求大、折扣大的商品为销售重点,而最高的降价幅度可达到90%,吸引了美国当地大批的年轻购物者,同时也不乏世界其他国家的网民积极参与其中。

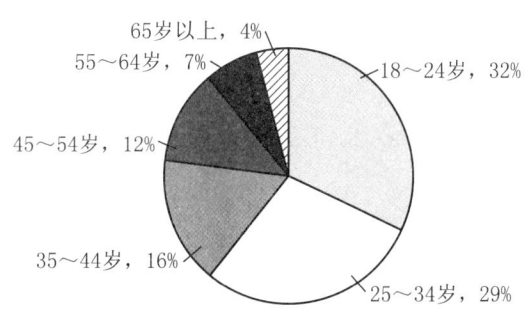

图4-7 黑色星期五消费者年龄分布

2. 网络星期一(Cyber Monday)

活动国家:美国。

在美国每年的黑色星期五结束之际,以"网络星期一"(Cyber Monday)为宣传口号的另一个大型购物节便会紧跟其后,以迎接新年假期的结束。该节日是由全美零售商联合会下属的Shop网站在2005年开始筹划并举办的。该网站构思"网络星期一"的原因是他们通过销售数据发现,网民新年假期的网购行为有很大一部分是发生在假期之后。而厂商发现网民这个消费习惯之后,开始有针对性地推出了"网络星期一"大型促销购物节活动,该活动时间大多是从黑色星期五延伸到隔周,但也会有很多网站和商铺会针对星期一这一天的网购高潮积极准备广告宣传和商品配备。2012年,由于该购物节在线上成交额较上年增长了30.3%,于是人们开始用"Cyber Monday"来称呼这个全年中重要的促销活动。

同样地,网络星期一也慢慢开始流行于其他国家,比如俄罗斯当局与零售商合作推出了该国自己的网络星期一购物节。起初,俄罗斯的网络星期一仅限于对销售电子产品和家用电器进行惊人折扣活动,现在俄罗斯网络星期一的购物节活动不再限于以上产品,而且每年都会有超过100家的大型零售商参加该购物节。

相似的购物节还有"超级星期六"购物节,活动发生在美国每年圣诞节前的星期六,也被称为"超级星期六"或"恐慌星期六"。这一天零售商会针对一年中的囤货提供大幅折扣以吸引观众,从而达到销售尽可能多的库存的目的。

3. 绿色星期一(Green Monday)

活动国家:美国。

"绿色星期一"(Green Monday)购物节由美国的易贝(EBAY)创造,用来形容其一年中销售额最大的一天:十二月的第二个星期二。绿色星期一是美国在12月举行的第二大在线购物节。在这一天,Amazon、Walmart 和塔吉特(Target)等顶级商城也会进行大力宣传和推广,主要用来延长黑色星期五和假日购物季节的火热气氛。这一天的折扣力度同样令人难以拒绝。在2017年,Target 在配饰、家居和美容等品类上,消费者每消费100美元便给出20%的优惠折扣。2012年,绿色星期一购物节的总成交额达到12.75亿美元,较2011年增长了13%,是该年全年日均商品销量额仅次于"超级星期一"的一天。

4. 节礼日(Boxing Day)

活动国家:英国、加拿大。

节礼日,在每年的12月26日,圣诞节后的第二天。在英国,"节礼日"原本是圣诞节过后向服务业人员赠送圣诞礼物的节日,不过后来各大商家总是在这一天举行清仓减价,吸引大批消费者前来抢购,使节礼日成为一年中最繁忙的购物节日。以往节礼日是在英联邦部分地区庆祝的节日,现在加拿大、澳大利亚等国家也会把这一天作为购物日,有不少欧洲国家也纷纷效仿。在节礼日的时候,加拿大和澳大利亚的商城中人流也络绎不绝。

5. 美好的周末(El Buen Fin)

活动国家:墨西哥

在墨西哥革命日之前举行的"美好的周末"购物节,于每年11月16日至19日举办。该节日是墨西哥针对黑色星期五推出的消费狂欢节,是由墨西哥政府和私营部门联合倡议的购物节活动,而许多商店也同样提供了高达90%的商品折扣,从而成为当地最为重要的购物节活动。

6. 互联网购物节(Click Frenzy)

活动国家:澳大利亚。

"互联网购物节"是流行于澳大利亚的网络购物节,于2012年推出,该购物节与上述其他购物节不同的是它每年会举办多次,并且要求网民提前注册,以便获得最佳优惠。这些优惠会以优惠券的形式在整个销售期间通过电子邮件发送给注册的澳洲网民,其中参与活动的商家大多为电子产品品牌商和零售商,如包括戴尔、微软和Target 在内的零售商,而商品的类别也涵盖从智能电视、笔记本电脑到游戏机等各种商品。在 Click Frenzy 专用网站上,商品的折扣同样也一度高达90%。

7. 白色情人节

活动国家：日本、韩国、中国。

白色情人节起始于1978年的日本,在每年的3月14日。最初在日本这一天是被作为棉花糖的销售日,而随着3月14日与2月14日相呼应,且随着白巧克力成为首选的甜蜜礼物,该节日名称最终演变为"白色情人节"。在这一天,日本男女朋友会互送礼物,男性会购买巧克力或其他糖果送女朋友,女性也通常会亲自做一些巧克力送给自己的男朋友。逐渐地,3月14日便成了以巧克力为主角销售产品的浪漫购物节。据有关数据调查,2017年日本男性仅在巧克力上就达到了5亿美元的花费,而这种购物节在韩国和中国也同样受到了欢迎。

8. 迪拜购物节

活动国家：迪拜。

迪拜政府为了将迪拜打造成为全球最佳的旅游目的地之一,吸引更多的世界游客,使其成为购物者的天堂,近年来开始模仿西方购物节模式,并卓有成效地发展为中东地区最大的购物区域。迪拜政府举办的迪拜购物节活动,创立于1996年,于每年的一月到二月举行,以此带动各行各业的快速发展。迪拜政府在1998年,再次策划了叫作"夏日惊喜活动"(Dubai Summer Surprises)的购物节活动,该活动区别于迪拜购物节的地方在于,此活动主要是基于举办家庭娱乐活动为主打宣传口号,以吸引不同国家的家庭来迪拜度假,推荐和推动来迪拜的游客全家消费。并且,不断成长的"夏日惊喜"购物节最终形成了"购物＋得奖＋家庭娱乐"的模式,进一步反向地推动了迪拜旅游业的发展。2009年该活动吸引了全世界220万游客纷沓而至,当年消费额高达337亿迪拉姆。2016年迪拜购物节的销售额进一步增长,达到了35.4亿欧元,成了享誉世界的旅游购物节活动。

总的来说,国外的购物节具有以下几个重要的特征:第一,与西方重要的节日,如圣诞节和新年等节庆日紧密相关;第二,线下促销活动不输于线上活动的折扣力度;第三,多家世界著名电子产品网站和品牌商积极参与;第四,吸引到世界各地网民积极消费。以上特征与国内购物节的案例特点具有明显区别的地方在于,国外购物节由于长期品牌效应能够吸引到的网民购物范围更广,而质量也更有保证,比较值得消费者信赖。由此看来,国内购物节活动的目标和定位也应当适时调整,取长补短,早日扩大其在世界范围内的影响,以期进一步提升国家软实力。

第二节 "五五购物节"相关典型案例

上海自2007年就提出购物节概念,《上海商业"十二五"发展规划》中提出,上海商业发展的重点任务其中一项为扩大节庆消费,要求以上海购物节、上海旅游节及元旦、春节、"五一"、国庆、中秋等节庆假日为重点,整合资源,开展形式多样的促进消费活动。

购物节最初的宣传方向较为固定,举办目的明确,以搞活上海经济和配合特定经济政策为主要目的。作为"上海购物"的品牌影响力处于初步构建之中,且由于举办日期不定等原因,社会影响有一定的局限性。如2009年就曾举办"银联杯"2009年上海购物节营销大赛购物节,当时的主旨是迎世博、扩内需、促消费、保增长,旨在鼓励各方参与,增强竞争意识、创新意识,推动刷卡消费和银商结合,提升上海商界整体营销水平,塑造上海购物节品牌形象,促进购物节商品销售,更好地服务于上海商业的发展。此时的购物节并不是作为一个主要的施政经济行为实施的,而是作为其他主要政策目标的配套手段施行,如2009年和2010年的购物节主要为配合世博会的召开及推动刷卡消费的支付技术发展。执行手段以营销大赛活动为主,通过纸媒或网站进行活动宣传,整体影响力有待提高。早期上海购物节的举办日期也并不固定,时间以八、九、十月为主,如2010年的上海购物节举办时间为9月10日至10月7日。

自2020年起,上海购物节正式以"五五购物节"的名字亮相,"五五购物节"被打造成最为显著的"上海购物"名片。《关于提振消费信心强力释放消费需求的若干措施》提出:为贯彻落实党中央、国务院的决策部署,加大经济社会发展工作力度,全力打响上海"四大品牌",加快建设国际消费城市,现提出进一步提振消费信心,强力释放消费需求的若干措施。其中第一条措施就是举办"五五购物节"系列活动。在上海"十四五"规划中,进一步强调建设国际消费中心城市的目标,"五五购物节"成为实现该目标的重要举措。

连续两届"五五购物节"取得了让人瞩目的成效。2020年第一届"五五购物节",根据上海市商务委公布的数据,5月份线下1 000亿元、线上1 444亿元,6月份达2 953亿元,两个月合计5 397亿元,在原来已经高位的基础上,又增长了20.8%。市委宣传部等打造"品质生活直播周",推介老字号、潮流文创、文旅演艺等,带动消费约50亿元。市经信委等举办"信息消费节",有近260亿元信息消费交易额。市文旅局推出"五个一百"活动,超过1亿人次参与。"双品网购节"联动线上零售、餐饮、旅游等消费,参与品牌超10万个,实现交易额150亿元。第一届"五五购物节"开始创造性地建立主题活动体系,有夜经济系列,围绕夜购、夜食、夜娱等6大主题有约180项活动。首发经济打造"全球新品首发季",300多个国内外知名品牌累计发布新品超过1 500款。老字号品牌推广主题为"国潮老字号",有豫园等170余个老字号品牌参与。购物节还为内外贸易链路打通提供平台,通过开展"出海优品,云购申城"系列活动,让消费者的需求得到充分满足。[1]

第二届"五五购物节"坚持"政策＋活动"双轮驱动,以"全球首发季""全城打折季"为主题,强化市区联合、政企联手、区域联动,共举办了380余项重点活动、1 900余项特色活动,有效激发了市场活力、释放了消费潜力。

2020年因疫情的影响,第二届的"五五购物节"数据比较对象为2019年同期数据。2021年5月全市社会消费品零售总额同比增长15.7%,比2019年增长16.4%,6月全市社会消费品零售总额同比增长10%以上。线下消费热度不减,支付端监测全市线下消费4 991亿元,同比增长12%;线上消费持续向好,实现网络零售额2 905亿元,同比增长14%;上海地区快递揽件量超6.5亿件,同比增长25%。重点样本企业监测数据增幅明显,230家大型商业企业实现营业收入795亿元,同比增长14%。从品类看,高端商品销售同比增长49%,金银珠宝销售同比增长28%,化妆品销售同比增长14%,食品销售同比增长16%,汽车销售同比增长12%。从商圈看,45个重点监测商圈的近200家商业企业零售额和客流同比分别增长32%和21%,五个新城重点监测商业企业零售额和客流同比分别增长25%和23%。

上海举办的"五五购物节"由如下因素促成:

首先,是由上海经济地位和城市风格决定的。地理位置上,上海处于长江经济带的下游终端,地理空间上天然有从海路连接世界经济的优势,同时上海处于我国沿海经济活跃地区的中部位置,可沟通南北;经济上,属于三大经济带中间区域长三角的龙头位置,背靠长三角这一工业区,特别是高技术高附加值产品产出规模巨大的经济发达地区;城市定位方面,上海原为工业发展表现突出的城市,随着全国经济的高速发展,上海的城市定位产生了变化,以金融、航运、贸易及经济服务为主,对城市消费和向全国扩展消费能力有很高的要求。

其次,迎合打响"上海购物"品牌和建设国际消费中心城市的需求。上海制定的《全力打响"上海购物"品牌,加快建设国际消费中心城市三年行动计划(2021—2023年)》的总体要求是"坚持以习近平新时代中国特色社会主义思想"为指导,在实施打响"上海购物"品牌第一轮三年行动计划(2018—2020年)的基础上,以品质发展为主线,以数字赋能为动力,推动线上线下深度融合、内贸外贸协同联动、商品服务无缝链接,加快形成需求牵引供给、供给创造需求的更高水平动态平衡。加快推动消费提质扩容,优化消费购物环境,提升上海消费贡献度、消费创新度、品牌集聚度、时尚引领度和消费满意度,更好发挥消费在推动产业链、供应链和价值链优化升级中的积极作

---

[1]《"五五购物节"助力打响"上海购物"品牌》,2020-07-20,上海市商委网站。

用,使"上海购物"品牌打得更响、辐射更广,逐步建成具有全球影响力、吸引力和竞争力的国际消费中心城市。"五五购物节"作为一项倾力推出的关键活动,能激发消费,沟通供应链,集聚长三角经济区域、长江经济带乃至全国的经济力量,以消费拉动经济,为有效供给提供舞台,促进消费与经济,提升供给与消费质量和层级,建设"上海购物"品牌的国际影响力。

再次,力促消费回升和潜力释放,消除疫情影响,追求转危为机。在2020年4月份出台的《关于提振消费信心强力释放消费需求的若干措施》,明确提到"五五购物节"的运行情况。疫情对经济的影响是全球性的,并处于持续状态,目前远称不上结束,如果说2020年4月之前中国作为疫情重灾区,"五五购物节"的规划主要是为恢复和提振经济的话,那么到第二届"五五购物节"时,我国已控制了疫情,但国外疫情则发展正烈,此时举办"五五购物节"则变成了危中寻机,利用内外经济循环中外循环受阻的状况,通过"五五购物节"打响"上海购物"品牌,推动建设国际消费中心城市。

最后,把购物节放在五月,并形成"五五购物节"是因为这个时间点,上海一般天气状况较好,同时购物节期间贯穿"五一国际劳动节""母亲节""儿童节""父亲节""端午节"5个重点节日,能形成多节联动。

一、"五五购物节"的实施举措

(一)"五五购物节"的整体运作方式

"五五购物节"运作方式主要表现为:以主题活动为主干,以促销活动为基本运作单元,政府引导,以零售交易平台和零售企业为主体,大量运用线上线下联动的各类新型商业模式,打造深具吸引力的购物节氛围(见图4-8)。

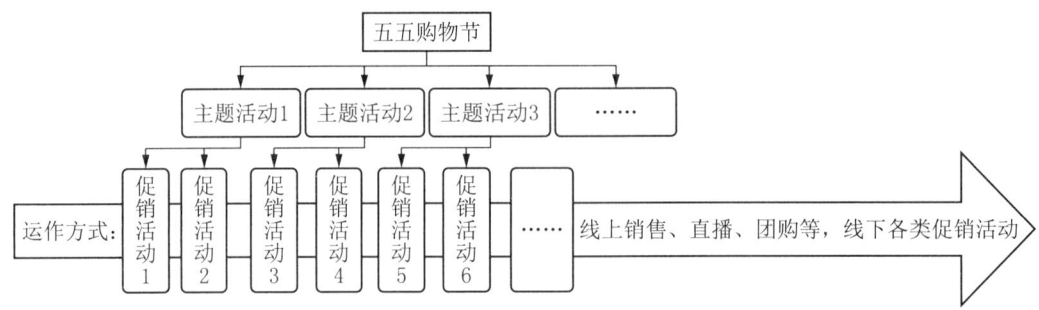

图4-8 "五五购物节"运作方式

购物节根据国家政策、城市发展规划、市场趋势和经济形势的需要,确定首发经济、品牌经济、夜间经济、大宗消费、进口商品消费、餐饮消费、服务消费和信息消费等主题模块,每个主题由特定的主题活动结合具体的促销内容实现。

在政府引导下,电商平台型企业、实体零售企业来完成上述具体的主题促销活动,参与的包括阿里、腾讯、拼多多、京东、美团、哔哩哔哩、抖音等线上零售企业或具有带货能力和品牌传播能力的信息传播平台,也有百联等线下实体连锁零售企业。

新型商业运作方式在购物节中得到大量呈现,特别是一些主题活动内容就是新型商业运作方式,如"数字生活节"这一主题下,"上海云购物"线上购物品牌,助推商圈、商街、商户后台数字化转型升级,推广"非接触式"服务。华为联合南京路步行街推出"数字孪生"商业街区是一典型案例。

"商圈直播电商节"则利用直播这一商业模式带动购物节的销售,购物节期间,南京路、淮海路等著名商业街和徐家汇、虹桥等核心商圈,设立共享直播间,带动直播消费。"品质生活直播周"则把直播运用于文旅、文创服务和商品的推广销售中。

品类商品与线上渠道结合也是"五五购物节"的一大特点,"双品网购节"注重品牌商品的线上线下联动促销,"互联网青春生活节"则把"潮、爆、型、范"为特征的品类商品通过"种草""点评"等全渠道销售新概念进行推广,实施"百品进千团"和"千人探万店"计划。

"五五购物节"的运作架构是在上海城市发展规划指导下,以配合国际消费城市、五大新城建设为目标,追求"上海购物"品牌建设,通过大类主题指引下的具体促销活动,利用线上线下新型商业模式加以开展(见图4-9)。

(二) 各区"五五购物节"的实施情况

上海各区投入大量资源,通过各类活动助推"五五购物节",使购物节的影响力成形,提振经济的目标得以实现。现以2021年购物节为基本点,以部分重点区为例说明上海各区"五五购物节"的实施情况。

1. 嘉定。嘉定把"五五购物节"的主旨定为"惠生活、慧消费、汇嘉定",制定了"1+2+12+X"活动总体方案。1个区级总体方案,12个街镇1镇1方案,各显特色,2个区属公司及若干个相关职能部门,协同发力。

嘉定举办"五五购物节"还形成了自身的目标诉求,首先,配合上海"十四五"规划中五大新城建设的要求,嘉定作为新城之一,购物节本身可以视为新城建设,特别是新城产业品牌与产业形象树立的有力手段之一。其次助推嘉定区域内产业的发展,让嘉定的经济根基更为深厚,产业特点更为分明。如汽车生产和消费是嘉定经济的

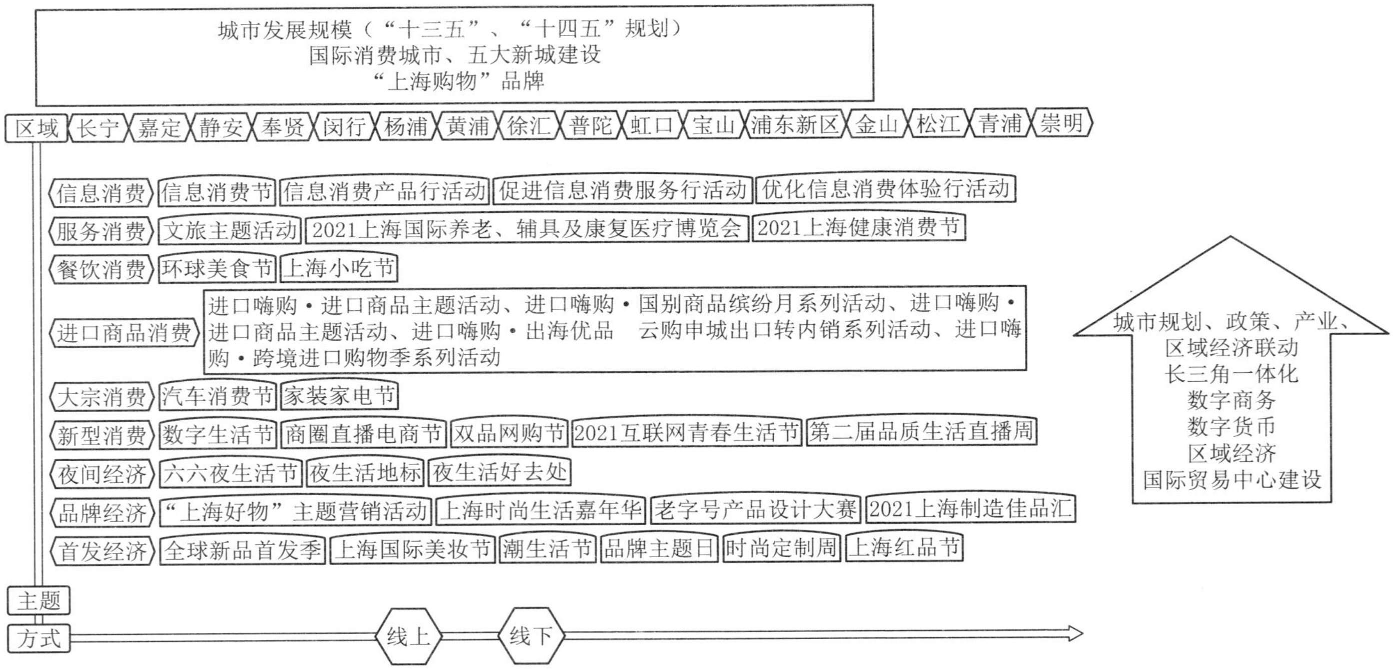

图 4-9 "五五购物节"的运作架构

重要一环,购物节期间嘉定顺势展开的相关主题活动让购物节与汽车产业融合互益。

在结合购物节期间各类传统及消费节庆如"五一劳动节""五五购物节""六六夜生活节""母亲节""618购物节"的基础上,嘉定构筑如下不同维度的"五五购物节"活动:(1)以商业中心为点举办各类促销活动,如南翔印象城MEGA五五消费节、西云楼奇趣花园夜市、中信万达魔都嘻游记、嘉亭荟五五荟新节、百联购物中心母亲节大促等;(2)以嘉定各街镇为块,结合区域特色及产业特点开展购物推介活动,如徐行镇举办的五五购物节暨非遗嘉年华活动,嘉定新城(马陆镇)澄浏路汽车一条街购物节活动;(3)在购物之外又融入文体休闲,更全面地释放消费能力,如华亭镇举办了哈密瓜采摘节、"2021全国马术盛装舞步青少年锦标赛",菊园新区举办了魔方社区音乐节、樱桃采摘文化节,绿洲集团举办了"520爱用爱点亮法华塔"以及"塔南集市"等活动;(4)同时新技术、新商业模式助力更精彩的购物节,如外冈镇成立了"冈申在线经济园"举办了五五购物节直播带货活动。(5)利用区位优势,与昆山、太仓形成联动,20家商业企业作为代表共同成立了"嘉昆太"诚信商业联盟,营造高品质的消费环境,确保消费者健康、有序地消费。此外,还举办了长三角系列主题活动,有徐行镇长三角非遗文化购物节、嫽城新天地非遗集市,不仅仅是产品的联动,更是区域文化的渗透和发展。还首邀参加了"鲜来上海 上海来鲜"太仓美食抖音推介会,促进了沪苏美食文化的共融。[1]

2. 闵行。闵行在"五五购物节"期间,采用区镇联动,组织"1+15+1"系列活动,其中前一个"1"指4月30日举办的开幕式;"15"指各街镇主题活动,如虹桥品汇的"始于咖啡 不止于咖啡"购物节、吴泾镇的买遍长三角购物节等;后一个"1"指6月28日举办的购物节颁奖礼暨"闵行商业新发展"主题论坛。

闵行购物节深入利用虹桥国际开放枢纽的经济、人流中心优势,以点带面,推动全区购物节活动的开展。闵行购物节开幕式主会场选定在虹桥商务区核心区内市级商圈。从消费信息发送和活动开展两个方面加以推进。消费信息发送方面,新虹街道发布虹桥商务区云枢纽2.0平台,一站式提供虹桥商务区各大商圈门店消费资讯。具体活动方面,虹桥品汇发布《虹桥进口商品展示交易中心打造国际贸易新平台发展规划》,举行国际咖啡港开港仪式,现场590个品牌近11 600款商品参加活动,带动全场进博特色商品热销,"五一"期间累计销售额较2020年增长120%。虹桥天地作为开幕式主会场,以集装箱市集形式融合艺术、创意、文化等多元概念打造沉浸式主题街区,销售额和客流量较2020年同比分别增长70%、120%。

---

[1] 惠生活、慧消费、汇嘉定——"2021嘉定购物节"成绩单来了!,2021-08-02,上海市商委网站。

闵行较注重利用购物节打通供应链,把"闵行制造"与"闵行购物"相融合,通过活动把生产端位于闵行的品牌在"五五购物节"展示。比如:可口可乐作为闵行知名的制造业企业,现场推出定制款,吸引消费者驻足;云南白药作为新落户的企业,此次购物节上进行了新研发面膜、牙膏的首秀。同时,35家闵行好物企业参与线上直播,实现"闵行制造"与"闵行购物"的有机结合。

闵行购物节期间主题活动丰富,购物节期间共发布各类主题活动163个,包括启动仪式1个、成果发布1个、服务消费44个、品牌经济24个、首发经济21个、夜间经济16个、新型消费14个、进口商品消费13个、餐饮消费10个、大宗消费6个、长三角一体化2个、其他活动11个。各类主题活动与上海市商委商业政策导向协调同步主要有:(1)首发首展首店。2021年以来吸引27家上海首店落户闵行。力波1987精酿馆开馆、途虎"数字化安心养"全新服务全球首发。(2)大宗消费。举办2021上海汽车消费节闵行专场,发布汽车流通信息服务平台,35种品牌汽车在现场集中亮相销售。经对25家重点车企抽样监测,6月5日—6日汽车消费节举办期间,合同订单金额4740.21万元,同比增长25.96%;实际销量144台,销售金额3848.33万元,同比增长20.98%。(3)夜间消费。紧扣夜间经济主题,举办"夏·夜生活节"活动,上坤中心、七宝万科、宝龙城、锦江乐园夜市、首尔夜市、七宝夜市、沪闵街市等商圈商街围绕夜购、夜食、夜娱、夜动、夜秀等主题,开展夜间集市等重点活动,点亮特色地标,展现闵行夜生活新亮点。(4)重视"五五购物节"的信息传播与宣传。与区融媒体中心开展全维度、深层次合作。开幕式前,依托《惠生活》栏目进行购物节系列报道,组织网红达人直播探店;依托"今日闵行"公众微信号向社会征集闵行好物、地标,为购物节提前造势。开幕式上,发布《闵行好物》《闵行潮地》手册,公布闵行商业新地标Top10、闵行好物Top10;以社会动员方式精心挑选出的10位闵行商业代言人纷纷为闵行好物代言;开幕式当天还进行了直播,线上展示好物企业,并与观众互动抽奖,华为手机、米技炉、青岛啤酒盲盒等大奖让直播间人气十足。整个购物节期间,依托"今日闵行"APP打造线上信息共享平台,发布闵行购物地图2.0版本,实时预告各类折扣信息;开展"满55元晒账单抽奖"活动,浏览量超过52万次,共有10.5万人次参与抽奖,投放奖品总金额超20万元。活动期间,《文汇报》《新民晚报》、澎湃新闻、人民网等10多家主流媒体就"2021闵行购物节"进行报道。[1]

3. 青浦。青浦的"五五购物节"主题为"最江南、购青浦、享生活",可以看出隐含有联动江南经济之意。事实也是,青浦购物节除根据市商委规划推出10个主题板块

---

[1] "2021闵行购物节"落下帷幕,一起来看看吧,2021-07-26,上海市商委网站。

的活动外,在以下几个方面表现突出:首先,建立了青浦吴江嘉善购物节联动机制,具体举措为成立长三角线上线下异地异店七日无理由退换货企业服务联盟,三地还共同发起了生态绿色消费倡议,签订示范区绿色商场推进合作协议。其次,首次尝试数字新媒体推广,打造的《阿巳与小铃铛》主题宣传片在抖音和"绿色青浦"视频号上播放,效果显著。

4. 长宁。长宁的购物节充分利用交通枢纽的区位优势,主要突出"数字"特征,以"数字长宁·虹桥GO"为主题,围绕"数字、时尚、国际"特征,努力塑造消费品牌,激发消费活力,提升消费能级。[1]其活动特征表现为:(1)品牌打造与推广,如2021上海全球新品首发季系列活动、2021上海制造佳品汇上榜"最受欢迎的主题促消费活动";"宝格丽MAGNIFICA ROMA意犹未尽展"上榜"(国际)最受欢迎品牌新品首发活动"等活动都围绕品牌建设、新品首发推广展开。(2)购物环境和氛围营造,地标上生·新所上榜"最受欢迎夜生活好去处";打造长宁区为新一批"全球新品首发地建设示范区";定西路-上生·新所被认定为第三批上海地标性夜生活集聚区。(3)数字商务推广,具体活动有:"美好生活·多多拼单"直播专场、"国际时尚星主播"大赛、"最受欢迎直播活动"等,同时协助推进数字人民币应用试点工作。

(三)"五五购物节"的活动主题

"五五购物节"由大量主题活动构建而成,每个大类主题又分成不同的具体主题,再由具体的主题活动实现。如"首发经济"这一大类主题分为"全球新品首发季""上海国际美妆节""潮生活节"、品牌主题日活动、时尚定制周、"上海红品节"等具体主题,其中"上海国际美妆节"又包含了欧莱雅、雅诗兰黛等品牌各自的主题促销活动。

1. 首发经济

首发经济是指品牌商首次推出商产品、新次品牌、首次开店、首次构建新业态、新商业模式等经济活动的总称。2020年3月13日,国家发改委、中宣部、财政部、商务部等23部门联合印发《关于促进消费扩容提质加快形成强大国内市场的实施意见》,其中提出,支持中心城市做强"首店经济"和"首发经济"。上海是较早将首发经济付诸实践的城市。以首发经济为主题的活动成为"五五购物节"的重要组成部分。

"五五购物节"期间的新产品首发包含在以"全球新品首发季"为主题的系列活动之内。4月30日晚,"2021上海全球新品首发季"启动仪式在虹口北外滩举办,启动

---

[1] 数字引领 时尚风潮 国际融合 长宁区第二届"五五购物节"成果丰硕,2021-07-22,上海市商委网站。

仪式上发布了"上海市首发经济活跃指数",路威酩轩、开云、历峰、雅诗兰黛、欧莱雅、上海家化、豫园股份等20余个国内外品牌带来新品现场发布和展示。

"上海国际美妆节"。上海国际美妆节以"更好发挥美妆品牌集聚效应,加快促进美妆行业持续演进"为目标,5月5日,联动欧莱雅、雅诗兰黛等一批国际品牌推出全球新品发布活动,发布年度流行趋势,举办美妆论坛、美妆长廊等活动。

"潮生活节"。5月14日,由市商务委和虹口区政府联合主办,虹口区商务委、识装信息科技(得物)联合承办的"2021上海潮生活节"在北外滩来福士场举办启动仪式。启动仪式上发布了虹口区政府为更好促进首发经济、潮流经济发展,围绕新品研发、新品首发、新店落户等多个方面制定的系列扶持政策。如对具有一定影响力的首发活动落户虹口,具有一定知名度的品牌开设首店潮店,首发首创的商贸类企业来虹口投资给予相应资金扶持等。同时推出总部政策、人才政策等相关配套服务举措,共同助推虹口区苏州河以北商业商贸中心建设。活动期间,200余个国潮品牌将集中上新,同时举办国潮设计大赛、河滨源品牌联合发布秀、家化"致美·新势力"主题展等10余场主题活动。

"时尚定制周"。5月21日,在长宁上生·新所,由市商务委和长宁区政府联合主办、长宁区商务委承办"时尚定制周"活动启动仪式,10余家本土高定品牌集中开展新品发布活动。

"全球新品首发季"的最后一场活动是6月11日,由上海市商务委和黄浦区政府联合主办的"首届上海红品节",在城市最佳实践区世博创意秀场举办。整个购物节期间,至此多场活动中有600余家国内外知名品牌首发新品近3 000款。

2.品牌经济

"五五购物节"期间,从以下几个角度对品牌进行推广:

(1)上海本地品牌

通过开展"上海好物"主题营销活动来推广上海消费类本土知名品牌,具体方式有推出"上海好物"直播节,推出第一届"上海好物"博览会暨第十五届中华老字号博览会。向外界推荐上海本土品牌,展示品牌背后的技术与传承技艺,让消费者零距离接触上海知名品牌,提升对品牌的认知,为上海品牌寻找合作机会。

(2)打造时尚品牌展示与体验平台

主要通过"上海时尚生活嘉年华"这一主题营销活动,依托上海时装周平台,利用各类微信、小红书、抖音、得物、天猫等零售与推广平台,通过线上线下联动的方式,汇集国际时尚品牌、时尚轻奢品牌、设计师品牌和生活方式品牌共计260多个,发布超过3 000个新品。

(3) 对传统、传承品牌进行修复、再造与推广

传统品牌具有丰富的文化内涵,于本地消费者为情怀,于外地消费者为内涵,于国外消费者为文化、特色,具有巨大的市场容量与潜力。"五五购物节"通过"老字号产品设计大赛",以文化底蕴为根基推出各类文创产品,利用新技术产生的全渠道零售和全媒体宣传平台,意图再创老字号老品牌的辉煌。

(4) 助力上海制造商品品牌

上海制造佳品汇主题营销活动聚焦上海制造的汽车、化妆品、食品、纺织服装、智能硬件、工美、文具家居等品牌,努力唤醒消费者"上海制造"的深刻记忆,加深对"上海制造"的群体印象。

3. 夜间经济

上海对夜间经济的期许是:营造具有"国际范、上海味、时尚潮、烟火气"的夜间经济氛围。"五五购物节"是推动夜间经济的切入点,同样夜间经济也是购物节的重要构成部分,两者相辅相成。

(1) 夜间经济"点"的打造与运营,以点带面,形成蓬勃的夜间经济。

夜间经济的运行需要有依托,为此上海打造了一批夜生活地标,包括黄浦滨江外滩、浦东滨江富都—船厂、思南公馆—复兴公园、吴江路—张园、五角场—大学路等12个地标性夜生活集聚区,新增定西路—上生·新所地区等夜生活集聚区,试点打造新天地—158坊深夜营业区,推出南京路U479、哈尔滨路等夜生活新地标,此为"点"。以地标为核心,鼓励商场及周边夜市、博物馆、书店、体育场馆开放夜场活动,形成面,以此推动和繁荣夜间经济。

(2) 通过主题夜生活活动,以夜市为提挈,带动夜间经济。

6月5日—6月20日举办第二届"六六夜生活节",6月5日在外滩金融中心(BFC)举行启动仪式。围绕夜购、夜食、夜游、夜秀、夜娱、夜读、夜动7大主题,推出"购物不眠夜""夜市文化节""酒吧文化节""运动之夜""博物馆奇妙夜""书香夜读时刻""街头艺人周末秀"等重点活动,打好文化牌、联动牌,挖掘夜间经济文化内涵,促进会商旅文体联动。

4. 大宗消费

购物节关注"大宗"消费原因在于,大宗消费能够激发消费者基本的消费需求,进而带动其他消费,同时大宗消费能有效提升经济活跃度,拉动供应链产能,抵消疫情带来的影响。

"五五购物节"的"大宗"消费主要集中在汽车和家装家电方面。购物节期间,依托上海国际汽车工业展览会举办了"汽车消费节",线下调动汽车销售网络,联合品牌

举办新车首发仪式,线上举办在线车展,与线下体验联动,开辟汽车消费新渠道。同时配合国家产业政策,举办新能源汽车专场展销会,扩大上海汽车品牌影响力。

与线上苏宁、京东等家电平台,线下红星美凯龙、宜家等家居卖场联手,打通家装家电供应链,通过如以旧换新、品牌联合促销等各类促销方式推动家装家电类大宗商品的消费。

5. 进口商品消费

进口商品消费是"五五购物节"配合"双循环"战略的一部分,引导进口商品消费可以成为"一带一路"国家战略的支持部分。构建全球供应链,占据全球供应链主导地位,也能助力上海国际贸易中心城市和国际消费中心城市的战略规划,以更大更宏观的格局打造"五五购物节"。

购物节的主题活动为"进口嗨购节",直接目的为放大进博会溢出效应,推动"展品变商品"、内外贸融合,促进进口商品消费。

"进口嗨购节"又分了四个子主题,分别对应不同的类别商品,包括:(1)"进口嗨购·进口商品主题活动",该活动围绕进口商品展开,与上海外高桥集团、绿地贸易港、虹桥品汇、百联集团、光明集团等商贸企业合作,在进博会的基础上打造交易服务平台,通过不同的零售途经销售美食、家电、母婴、红酒等特色进口商品。(2)"进口嗨购·国别商品缤纷月"系列活动。该活动更多考虑全球区位、外交、城市关系等因素,以国别类进口商品为主题进行促销活动。(3)"进口嗨购·出海优品 云购申城"出口转内销系列活动。该活动在商品质量等特征上强调出口属性,在流通渠道上则模糊了进出口界限。通过搭建出口转内销线上和线下平台,在拼多多、爱库存、i百联等电商平台设立"出海优品 云购申城"上海外贸产品销售专区,政府引导平台提供零佣金、快速入驻审批、流量扶持和保证金减免等优惠措施。线下,则由百联集团、K11、家乐福等商超举办线下特卖展销活动,鼓励零售终端提供免场地费等优惠服务。(4)"进口嗨购·跨境进口购物季"系列活动。组织小红书、洋码头、珐菲琦、别样秀、盒马跨境进口电商平台,分节日、商品举办主题促销活动,做到"日日有实惠、周周有活动、月月有惊喜"。

6. 餐饮消费

购物节上餐饮与零售存在互补作用。完整的购物节应是餐饮、娱乐休闲和零售的有机统一。餐饮对购物节来说存在引流、延长驻客时间、完善配套服务的功能。"五五购物节"重视餐饮消费,并赋予一定的社会目标,包括挖掘饮食文化,提倡分餐制,宣传减少餐饮浪费,倡导健康绿色消费理念等。

"五五购物节"的餐饮主题活动有"环球美食节"和"上海小吃节",前者通过推出环球美食上海指南,采用优惠活动,线上线下联动促销等方式,向消费者推荐具有上海特色且在水准之上的餐饮美食街、美食聚集区、打卡地、网红店、特色市集等。后者则通过联合多家连锁餐饮企业5000余家门店开展特色小吃展销、促销优惠活动,提升老字号餐饮、早餐工程品牌及餐饮企业特色拳头产品的市场接受度和美誉度。

7. 服务消费

服务消费与商品消费对应,可视为零售的一部分,在购物节期间,与餐饮类一起起到引流驻客的目的,同时一些没有建立消费习惯的服务内容和关联产品,可通过购物节平台扩大消费接受度,拉动相关产业链的建设。

"五五购物节"的服务集中于两个方面:文旅和养老健康。其中文旅主题活动有"启航之路·微听上海"、"东进之路"红色旅游专项产品、"上海文化旅游主题季"、"5·18国际博物馆日"、"5·19中国旅游日"等,产品围绕红色旅游等专题旅游、博物馆等文化体验、夜市等休闲游及与周边长三角地区的联动旅游活动展开。养老和健康方面,有"2021上海国际养老、辅具及康复医疗博览会"和"2021上海健康消费节"。前者推出养老服务、生活护理、辅助器具、宜居环境、康复医疗等6大领域的产品、技术和服务,打造养老服务业和康复医疗领域产品发布、技术交流和商贸促进的综合化、全产业链展示平台。后者把购物节活动与医疗健康的社会服务功能关联起来,利用购物节的平台传播健康理念。

8. 信息消费

信息消费是基于技术发展起来的新型消费,"五五购物节"抓住技术与消费发展的趋势,把信息消费作为内容之一,是超前的站位。购物节在信息消费上的努力将信息消费方式的探索、信息软硬件商品的提供和信息内容的供应包含在内。购物节对信息消费目标的描述是:举办信息消费系列活动,实现"固化百种新数字应用场景、培育千种信息消费佳品、赋能万家企业数字化转型"。

信息消费提供方式的探索具体表现为举办信息消费节,组织全市互联网平台服务商、智能产品制造商、电信运营商等集中举办信息消费大型体验促销活动,通过电商直播、体验中心、产业峰会等活动,加速生产消费、生活消费、信息消费的跨界深度融合。

信息软硬件商品则是提供生产消费、生活消费信息的载体,如5G+、智能网联汽车、智能家电等,这些产品是信息交互终端,本身也是消费者获取与交流信息所需的必要基础商品。

信息内容作为商品,涵盖的范围较为广泛,购物节寻求扩大在线云服务、智慧康养服务、在线文娱等三大在线新业态的消费规模,重点推广信息消费新服务。

(四) 与城市发展规划、产业政策和区域经济之间产生的联动

1. 与长三角经济区域的联动

"五五购物节"的运转,在主客观上形成与长三角地区的经济联动,经济效益向周边溢出,有利于长三角地区整体的经济恢复与活跃。客观上,购物节如此大体量的经济活动,仅上海在2020年五、六两个月交易额合计5 397亿元,又增长了20.8%。2021年5月全市社会消费品零售总额同比增长15.7%,比2019年增长16.4%,6月全市社会消费品零售总额同比增长10%以上。如此大的经济发生额与增长,会自发带动周边经济的增长,其辐射能力甚至超越长三角地区。主观上,上海举办"五五购物节",有意识地安排多项活动与长三角地区其他城市实现经济联动,如《第二届"五五购物节"总体方案》中,目标之一就是"千企万店、全城动员、长三角联动"。在一些主题活动,如"2021互联网青春生活节"的计划与执行过程中,就明确表示联合长三角地区团青组织,共同招募青春种草官,组建线下点评团,实施"千人探万店"计划,挖掘青年人喜爱的消费新职业、新模式、新场景、新物种。文旅主题活动中,在"5·18国际博物馆日""5·19中国旅游日"等重要节点,面向上海及长三角地区消费者推出博物馆免费、半价畅游以及夜游博物馆、长三角景点优惠票价、康养类展会等主题活动。

更为关键的是,总体方案特意把"长三角一体化"作为主要主题内容之一,专门加以规划,希望围绕合作共赢目标,优化长三角消费环境,营造长三角联动办节氛围。具体举措包括:(1)建立长三角七日无理由退货联盟。建立"长三角三省一市线下实体零售企业'七日无理由退货服务承诺'"安心消费联盟。发布《长三角三省一市线下实体零售企业"七日无理由退货服务承诺"安心消费服务导则》。(2)五个新城长三角联动促消费。支持嘉定、青浦、松江、奉贤等五个新城推出"一城一主题"活动,联手周边省市共同开展长三角联合营销,加强会商旅文体联动,吸引上海以及长三角消费者。

在购物节举办的组织保障方面,总体方案也明确了会同长三角重点省市建立联合办节机制,提升"五五购物节"影响力。

2. 与商业数字化转型政策的联动

为落实商务部《关于加快数字商务建设 服务构建新发展格局的通知》,上海市发布了《关于全面推进上海城市数字化转型的意见》,据此,上海市商委又发布了《全面推进上海数字商务高质量发展实施意见》。《关于全面推进上海城市数字化转型的意

见》(以下简称《意见》)的总体目标提出:"紧抓数字化变革和数字经济发展契机,把数字化转型作为上海商业'十四五'发展的主攻方向之一,围绕商业领域线上线下深度融合和创新,坚持整体性转变、全方位赋能、革命性重塑,推进新流通、新零售、新服务发展,全面提升商业数字化、网络化、智能化水平。到2023年,商业在我市各行业率先实现数字化转型,在全国商业数字化建设中发挥引领示范作用,助力上海国际消费中心城市和国际数字之都建设。"数字化转型的方向包括:商业数字化全面转型、场景应用加快拓展、数字技术广泛应用、消费基础设施更加完善四个方面。具体的实施办法则有:加强市场主体培育、推动数字载体建设、加快应用场景创新、强化数字技术支撑、完善数字基础设施、优化数字生态环境等几个方面。

《意见》把政府引领和市场及企业发挥作用的具体方向和内容阐述得非常清楚。"五五购物节"则能为商业数字化转型提供一个运转平台和落地的载体,催化商业数字化转型的快速发展,让上海商业经营者、消费者更易接受、拥抱商业数字化转型。诚然,按《意见》对商业数字化转型的细致规划,没有购物节的助推,数字化转型仍然会有条不紊地推进下去,但有了购物节作为平台,商业数字化转型的工作能让政府有了指导的平台,让商家有了集中运用环境,大量数字化转型的实践需求能降低转型成本,使成本在参与数字化转型工作的大量经营者间摊薄,提升成功概率,降低失败风险。同时也让消费者在大量商业数字应用场景中高效接受新技术应用带来的改变,更易接受其先进性,抵消习惯消费方式带来对的商业数字化场景的抵触。可预见,数字化转型在"五五购物节"的大量场景运用能快速推动这一工作的开展。

3. 推动国际消费中心城市建设目标的实现

上海致力于建设国际消费中心城市,《关于加快建设上海国际消费中心城市持续促进消费扩容提质的若干措施》列举的措施有全力办好"五五购物节"、扩大高端消费、打造全球新品首发地、提升本土品牌影响力、促进大宗消费、全面推进商业数字化转型、促进生活服务领域数字化、扩大以跨境电商为通路的消费品进口、发展会商旅文体联动消费、建设现代商贸流通基础设施、加大金融支持力度、持续优化消费环境等。其中第一项举措就是办好"五五购物节",另外高端消费、新品首发、提升本土品牌影响力、大宗消费等举措本身也是购物节的大类主题,也即打造国际消费中心城市和"五五购物节"的关系是目的和手段的关系,举办购物节的主要目的之一是建设国际消费中心城市,实现国际消费中心城市建设所采取的措施在购物节平台上能产生更好的效果,最终"五五购物节"的成功举办能有效推进国际消费中心城市建设。

4. 推动新商业模式的发展

"五五购物节"有意识地推动基于新技术的新商业模式的发展。上海市商务委、经信委、文旅局、市场监管局、网信办联合发布的《上海市推进直播电商高质量发展三年行动计划（2021—2023年）》中明确提出"结合举办'五五购物节'、上海时装周、上海旅游节等重大节庆活动，鼓励直播电商平台开展现场直播。"随着5G、VR、AR、云计算、人工智能、物联网等技术与技术运用场景的发展，必然会有新的商业运作模式出现，带来交易形态的升级改变，提升交易量，推动经济的高质量发展。新的商业运作模式是提升经济运行体量与质量的契机，通过购物节能向市场快速推广普及新的商业模式，起到高效改善经济运行质量，抓住城市竞争先机的作用。

5. 对第二产业起到支持作用

购物节的两个重要主题是大宗消费和本地品牌支持，其中大宗消费主要集中在汽车与家装家电方面，上海城市汽车产业具有较强比较优势和发展潜力，为推动本地汽车业的发展，2020年出台了《关于促进本市汽车消费若干措施》，与之相配合，市商委又发布了《市商务委关于进一步促进本市汽车消费释放汽车消费潜力的通知》，从流通角度支持本地工业产业的态度非常鲜明。"五五购物节"汽车消费活动能明显提升上海汽车品牌的知名度和市场接受度，增加交易量。

6. 助推数字人民币应用

作为国家货币政策的一部分，中国人民银行正在推行数字人民币，2019年底，数字人民币在深圳、苏州、雄安新区、成都等地试点测试，2020年10月增加了上海、海南、长沙、西安、青岛、大连6个试点测试地区。上海作为测试城市之一，积极配合国家推广数字人民币的政策。"五五购物节"是个很好的推广运用平台，大量的购物节主题促销活动形成丰富的数字人民币应用场景，通过政府引导、银行提供平台条件、企业促销的方式能有效地将消费者导流向数字人民币应用场景。

二、"五五购物节"影响效益

（一）"五五购物节"是构建双循环的一个连接点

2020年4月10日，在中央财经委员会第七次会议上，习近平总书记强调要构建以国内大循环为主体、国内国际双循环相互促进的新发展格局。上海作为国内大循环的中心结点，"五五购物节"可视为推动内循环的发动机之一，以消费拉动供应链高效运转，进而带动优质供给。购物节的"大宗消费""品牌经济"等主题就是对特定产业循环的促进。

同时购物节的部分主题活动带动了外循环,如"首发经济""品牌经济"模块部分商品与服务来自国外,"进口商品消费"大主题下的"进口嗨购节"配合了进博会和"一带一路"倡议,有效推动外循环,且购物节下的巨量跨境商品流通有效沟通了内外循环,把本国商品出口,建立上海品牌国际声誉,形成对外循环或引进国外商品,吸附"一带一路"沿线国家商品,形成向内的循环。因此,"五五购物节"成了较为明显的内外循环连接点,且具有给内外循环动力加速的功能。

(二)"直播带货等"新技术基础上的新商业模式增强了"上海购物""上海品牌"的影响力

2020年5月4日,"2020'五五购物节'全球大直播"在上海广播电视台举办,参与直播的有政府官员、主持人、学者、企业家、演员等社会知名人士,整个直播持续了4小时,内容以推广上海品牌和上海特色产品的销售为主,在上海各类新媒体终端同步播出。最终数据显示,参与微信"扫一扫"的网友人次达100万,其他如"番茄台淘宝直播号""东方卫视抖音号""东方卫视快手号""东方卫视微博矩阵""看看新闻网官方微博",参与直播人数多则80万,少则15万,发放的优惠券总计50亿元,预售额达89亿元。

"五五购物节"直播有四大主题——"上海好礼""上海味道""上海制造""上海腔调",直播把上海品牌与上海商品带给消费者,同时也向消费者灌输品牌及商品背后的上海文化、上海生活方式,更添"上海购物"魅力。

(三)加深与长三角经济区域联动,经济互补性增强

"五五购物节"伊始,上海与周边地区的经济联动动作显眼,效果显著。4月27日,"宝岛又一村"慧聚夜市在昆山开市,成为苏州与上海为"五五购物节"暖场的活动。购物节期间"千企万店、全城动员、长三角联动""2021互联网青春生活节"等更是把区域经济联动主题活动推向高潮。这些活动明显体现出上海城市经济功能定位与长三角区域的互补性,上海国际金融中心、国际贸易中心、国际消费中心的城市定位能更好地服务且带动长三角地区工业供应链系统,特别是高技术含量的生产体系快速发展,构建健康平衡的经济生态圈,而长三角区域人才培养、工业生产、消费需求等又能强化上海区域经济龙头地位和功能发挥。

(四)"五五购物节"对上海建设国际消费中心城市的目标起到良好的推动作用

上海建设国际消费中心城市,需要体现出城市繁荣程度,具备完善的产业链支撑

国际消费需求,在时尚消费、在线消费、奢侈品消费等方面起引领作用,有足够的文化娱乐设施,夜市等民生消费设施形成吸引力,构建国际国内消费便利性。购物节作为一个消费平台,城市打造的消费品牌,政府引导和市场响应的消费环境,能有效地提升城市繁荣度,通过提供高质量的消费供给打通商品产业链,提升城市消费形象与消费品牌,对国内外消费者产生吸引力,发挥城市魅力。

(五)有效利用疫情后经济恢复的自然市场规律,充分推动和放大报复性消费的动能

"五五购物节"设立的目的之一是应对疫情导致的市场疲软、经济不振,企业尤其是中小企业生存艰难、就业下降、收入降低的情况。政府设立购物节表现出非常明智的一面,起到了拉动经济、活跃市场、促进消费、提升就业,使整体经济环境向好的作用。且由于疫情导致的消费被压抑,一旦市场放开,有购物节助推,消费快速反弹的现象非常明显,经济领域的交易放大功能更是有效促进各项经济指标的好转。

(六)"五五购物节"结合进博会,配合国家"一带一路"倡议,加强全球供应链参与程度,凸显上海在全球供应链和贸易中的关键环节作用

"五五购物节"与进博会之间差不多时隔半年,购物节一个主题大类为进口商品消费,正好承接进博会增加进口、减少贸易顺差的功能,主动配合国家"一带一路"倡议,通过主动进口和消费深度参与全球供应链,利用消费市场引导全球供应链的合理分布,扩大中国及上海在全球供应链及相关服务中的地位和作用。

(七)"五五购物节"对推动商业模式创新、巩固商业新形态起重要作用

互联网、移动通信、大数据、人工智能、云计算等技术在商业领域的综合运用产生了很多新的商业运作模式,如直播销售、全渠道零售、无人零售、数字支付等,新的商业模式要被广泛接受,要么通过加大推广投入,再由时间沉淀,要么通过关键性事件让消费者快速适应。"五五购物节"这样一个有影响力的商务和消费平台显然是能让消费者快速了解、尝试、适应新商业模式的关键性事件。通过购物节的消费活动,可以让更多的消费者深入了解和参与新商业模式。

(八)"五五购物节"有效推动商业数字化转型

为落实商务部《关于加快数字商务建设 服务构建新发展格局的通知》,上海实施《关于全面推进上海城市数字化转型的意见》。其总体目标是紧抓数字化变革和数字

经济发展契机,把数字化转型作为上海商业"十四五"发展的主攻方向之一,围绕商业领域线上线下深度融合和创新,坚持整体性转变、全方位赋能、革命性重塑,推进新流通、新零售、新服务发展,全面提升商业数字化、网络化、智能化水平。到2023年,商业在上海各行业率先实现数字化转型,在全国商业数字化建设中发挥引领示范作用,助力上海国际消费中心城市和国际数字之都建设。《关于全面推进上海城市数字化转型的意见》确立了几个重点任务,包括:加强市场主体培育、推动数字载体建设、加快应用场景创新、强化数字技术支撑、完善数字基础设施、优化数字生态环境。其中"五五购物节"本身被确定为数字载体,是建设对象;同时作为数字商务的重要应用场景,购物节也有利于市场主体培育,如拼多多、盒马鲜生等发端于上海的电商和新零售平台,在购物节期间活跃度上升,得到有效推广,更多的数字化商业平台都因购物节受益。在营造购物节氛围的过程中,更多的数字商务应用场景被开发。购物节迸发的商务数字需求又反过来拉动数字基础设施建设。

(九)"五五购物节"对国家的扶贫大政起到推动作用

"五五购物节"举办了"放心买,用心帮"上海援疆消费帮扶系列活动,给扶贫产品搭建流通销售平台,利用品牌研讨会、喀什农产品推介会、社区活动的线下形式等,帮助地方产品构筑直面市场的通道,授人以渔,帮助地方产品建成完整高效的供应链,培育消费市场,助其建成地方优质产品品牌,未来直面市场竞争。

三、"五五购物节"的发展研究

(一)"五五购物节"持续发展需要注意的问题

1. 内部无效低效同质化竞争问题

购物节举办过程中,为了获得更多购物节红利,可能会出现同行业企业之间、各行政区域之间、各购物平台之间同质化无效低效竞争。如同类商品生产企业为了获得更多的交易机会运用低价倾销的方式,导致行业无利可图,影响整个行业发展的健康生态,行政区域之间大量进行重复性的主题活动,购物节期间推出的商品与服务品类过于集中,或主要集中于低技术低附加值商品与服务上等,都会降低购物正面效益,应加以避免。

2. 低质量竞争问题

"五五购物节"的核心本质是利用消费拉动经济,形成高效的经济模式,提高社会组织质量,其技术表现就是利用各种促销方式增进消费。市场自发的商品与服务交易必然存在无序与低质竞争问题。如果政府只负责搭建购物节的交易平台,不对购物节的交易秩序作相应具体的要求,则在购物节平台上的商业交易行为仍为市场自发的原始竞争交易行为,其时消费者对商品的最基本选择依据无非两个方向,低价使用功能或高价高附加值。在商家行为不太规范的情况下,前者会通过各种手段推销质次低附加值的商品,如此则让购物节陷入低价倾销的狂欢中,很多大型电商平台开发的购物节大部分销售额就来自这种模式,这种低质量的竞争于产业升级和提升营商环境无益,应尽量避免。

3. 避免与其他地区、网络购物节形成同质化竞争

出于拉动经济、降低疫情影响力,推动本地商业发展需要,配合国家政策导向,很多城市如广州、青岛、苏州都在举办购物节,其中有的城市和上海一样,举办购物节的历史有十多年,有的则为应对目前的经济形势而刚开始举办购物节。一些城市举办购物节的目的是拉动区域内消费,另一些城市如广州等,举办购物节的目的是建立国际消费中心城市,这一目标与上海存在高度重合。同时广州与上海存在很多举办购物节的相似条件,上海依托长三角经济区域,广州的背后则是珠三角,两者经济外向型的特征都很明显等,不免在举办购物节上有陷入同质化之虞。所以上海举办"五五购物节"要充分考虑城市定位和未来发展规划,利用长三角经济区的产业链特征及上海本身的优势品牌与产业,突出符合本地文化内涵及产业特点的商品和服务,形成"五五购物节"特有的品牌、文化和城市精神。

大型电商有着很成功的举办购物节的案例,如"双十一""双十二""618大促"等,这些购物节与城市购物节存在很大的差异性,如举办主体不同,前者为企业,后者为城市地方政府,前者的目的在于打造企业品牌、销售商品最终攫取利润,后者为拉动城市经济,提升城市形象,前者是自营,后者为政府引导,与相关企业达成合作协议,由作为市场主体的企业具体实施。所以在内容呈现上,商业企业举办的购物节重具体促销行为,促销最终落脚点多为打折销售,城市购物节多注重主题活动,关注活动内涵和社会效益。但两者在商品与服务销售上仍存在一定的重合性,应避免由此产生的矛盾和内耗,寻求互补性,增强合作基础,如"五五购物节"延续期间,可以和京东"618"促销活动联合起来,增强购物节的实效。

4. 避免非理性消费,排除可能的社会矛盾和外部不经济

购物节的举办会带来提振经济、提升城市消费品牌等一系列正的外部经济结果,但任何事务都具有两面性,在此也然。购物节的外部不经济表现也不少,如非理性消费、社会资源的浪费、由过度消费引必的家庭社会矛盾、城市交通物流压力、不正当竞争行为等。这些外部不经济可通过法律规制、政策引导和合理深入宣传来避免。

(二) 发展"五五购物节"的相关建议

1. 以"五五购物节"为基点,建立商业数据跟踪与引导平台。

上海是中国的经济核心城市,"五五购物节"迸发出的交易与消费行为是巨量的,线上线下同时爆发,期间产生的数据对研究城市经济的发展,引导合理正确的消费行为,确保购物节的有序安全进行,有非常重要的意义。同时依托购物节建立的数据跟踪与引导平台也能为观测日常商业交易和消费提供支持。

数据跟踪与引导平台的作用应表现为数据留存、商业消费数据分析,为城市经济决策提供支持,利用平台进行社会服务,如购物节人流、交通安全的监察与指导等。如此则能更好地发挥购物节的经济功能,确保购物节期间的社会环境安全,维护社会经济秩序,引导购物节和日常商业消费活动的健康运转。

数据平台的建立应考虑两种可能的模式,如侧重于社会服务的,则可由政府主导和投资,不参与具体的社会经济活动,只利用平台进行决策数据支持和购物节期间的经济和社会秩序维护,避免政府直接参与经济和行为发生。如平台的设立希望产生一定的经济效益的,则可采用政府参与和指导企业经营的方式,政府通过购买平台内容服务实现对购物节交易消费行为的监察,并利用相应服务实现经济与社会秩序的维护,整个过程中要明确政府与企业、政府行为与市场行为的边界,作为购物节发起者与引导者的相关部门不利用平台直接参与具体的市场行为。

2. 对购物节活动内容、商品与服务消费进行价值观引导,从国家与城市发展的宏观层面上看待"五五购物节"。

消费行为本身蕴含一定的价值观导向。以服装类产品的选择为例,社会氛围与社会整体的价值观会影响到年青男性选择偏阳刚或偏阴柔风格的服装,选择文创商品时,消费者也会根据环境选择西方颓废风格或中国传统文化的桌头工艺品。从消费者个体的角度,任何一种选择符合个人喜好,无可厚非,但放在社会层面上,如果男性群体商品与服务消费偏好映射出阴柔、颓废格调时,会让整个社会的精神状态偏离健康的轨道。因此,在购物节活动主题的选择上应更符合正向价值观,同时主管单位也可引导敦促企业商家在商品与服务组合上更符合积极健康的人生态度。

利用"五五购物节"平台推动社会治理相关理念,如健康、环保、社会责任、家庭责任、对国家的认同感与责任感等。

3. 快速高效确立"五五购物节"的全球品牌,避免可能归于平庸的情况。

就目前来看,"五五购物节"是非常成功的,交易发生额、社会认知度、本身的品牌影响和传播性等都说明了这一点。这得益于几点:社会经济复苏与发展的需要。疫情让消费需求不足，疫情前期消费得不到满足，供给商家生存艰难，供需双方对大规模消费的平台和机会都有极强的需求；政策加活动的双重推动。上海市政府在购物节上倾注了很多政策及资源，引导购物节在经济生活中发挥更大的作用，同时政策指导下精心设计的各类活动对消费者和商家有极强的吸引力，让活动效果得以有效发挥；政府背书的购物节相较于商业平台打造的购物节更具公信力。著名电商网站近几年打造的购物节声势浩大，在消费者中反响强烈，交易量巨大，但每次购物节过后，各类虚假交易、交易欺诈的信息不绝于耳，原因在于电商平台对参与活动的商家没有绝对控制力与影响力，因此由上海市引导举办的"五五购物节"推广时，消费者更具消费信心。

现阶段购物节呈明显向好趋势，但仍有一定隐忧，面临来自商业平台购物节和其他城市，特别是类似级别城市购物节的竞争，有泯然众人之虞。因此"五五购物节"应在现有的基础上快速打造高质量的上海购物品牌，确立领先优势，发挥自身长三角核心城市的经济引领功能，提升在消费者心目中高质量、多样化商品的形象，影响力的扩张不应局限于上海市消费群体，应打造全球化优质购物节的形象。

4. 打造定位清晰、形象明确、可持续发展的"五五购物节"。

"五五购物节"应区别于电商购物节以盈利为目的的形象，立足于社会效益为中心，促进地方经济发展，助力国家经济繁荣，为上海成为双循环中心节点提供动力，拉动国内高效高质量产业链发展，提升国际消费影响力。同时购物节还应与国内其他城市购物节，甚至国际城市购物节在整体风格氛围打造形成明显区别，突出海派和江南文化特点，以民族特色赢得国际影响力，以经济辐射能力引领全国及未来全球消费趋势，树立"五五购物节"上海购物形象，用品牌、消费质量及丰富前沿的消费活动延续"五五购物节"的健康可持续发展。具体操作方向可体现为：(1)节日氛围渲染。目前成功的购物节，特别是电商购物节，节日氛围主要体现为低价让利购物狂欢，"五五购物节"可以吸取相关经验，但在节日氛围营造上应有自己的特点，加入高质量消费、情感传递消费、文化精神内核消费等，营造不一样的节日氛围；(2)购物高潮打造。在良好购物节氛围下，激发消费者购物心理，认同购物节提供的商品与服务，追求合理购物的情绪体验，让消费者购物后觉得有所得、有所值，而不仅仅是冲动购物、浪费型购物，最终由供需双方共同把购物节推向高潮；(3)活动成果分享。购物节浅层的成果是亮眼的经济数据，深层的成果是对产业链的整合拉动，推动经济高质量发展，提升产业技术。"五五购物节"不仅应起作用于上海经济，还应联动长三角、带动全国经济，有在全球消费市场一争长短之心。

5. 有目的、系统化地策划"五五购物节"，提升购物节的社会效益。

购物节的策划应符合一定的理论基础，内在逻辑合理，形成系统化。如刺激—机体—反应(SOR)理论认为,营销因素和购物环境形成刺激会激起消费者的内部处理过程,最后会引发消费意愿。这一理论有益于指导购物节营造良好的消费氛围,利用有效的促销活动增加购物节的交易量。传播仪式规则要求购物节进行仪式感塑造,进行仪式符号的构建,如设计具有强烈象征意义的图案图标,营造一以贯之的色彩氛围等,再确定特定的购物节进行仪程,打造吸引人的开幕式,有序推进各项意义明确的主题活动,以具有内涵的闭幕式收尾,呼应下一届购物节。诸如此类的能够指导购物节策划运转的理论还有如从消费者心理角度分析的执行意向理论、评价理论、锚定效应理论等。在这些理论的指导下,结合政府引导的购物节应具有公益性之目的,追求提高经济增长、提升居民生活消费水平、均衡资源配置、拉动产业链和区域经济发展、推动技术进步等社会效益目标。

6."五五购物节"利用末端消费拉动,理顺供应链关系推动产业升级。

购物节可利用自身的品牌优势,有选择地提供商品与服务,拉动对国民经济和地方经济有益的,能带动技术进步的产业供应链发展。就上海来说,应该利用购物节拉动的产业链与基础服务有:(1)有利于实现国家战略目标,提升国民经济运行质量的产业;(2)本地产业集群,提升本地经济效能。上海的汽车行业、美妆产业等,都可以通过"五五购物节"的终端销售平台促进消费,与供给端联动,形成高效竞争的产业链;(3)本地消费与生产的支持服务。购物节销售的是商品和与消费相关的服务,但这些商品与消费相关的服务背后还需要产业支持性的服务,如商家希望通过购物节平台扩大销售和市场影响力,会从市场寻求广告支持、营销策划、市场分析、数据分析咨询、品牌塑造、形象设计、产品规划设计,甚至战略规划、金融支持各类各层次的生产服务。"五五购物节"对这些服务的拉动有利于构筑上海良好的商业运营环境,加强上海国际商业中心形象的确立,增强商业吸引力;(4)长三角区域产业。把上海作为长三角经济区域核心城市考虑是必需的,上海的经济行为也必须考虑长三角区域产业利益,才能维持经济核心城市地位。长三角区域核心利益产业相关产品也是购物节需要推动运营的;(5)有利于国家技术进步和需要升级的产业链。技术进步是维持国家和城市竞争力的基础,高科技发展和产业升级中形成的产品和服务也应成为购物节引导推广的对象。

在具体执行过程中,购物节应多把关注度投向国产品牌建立、传播和推广,支持创意产品和服务、支持高技术产品,重视产品附加值的提升。

"五五购物节"制造消费黏性,让上海成为供应链(设计、品牌建设、研发、产品集成、制造、市场服务、金融支持等)不可或缺的一环,成为其他经济区域产品的流通通道和环节,连接产地和市场的平台、线下和线上平台。线上平台主要由各线上商业平台和企业完成,上海应培育相关线上销售企业;线下平台,上海应培育良好的营商环境,为商品生产的源头企业提供贸易销售的支持服务、展示平台,让上海成为这些商品走向全国、走向世界关键通路。当前的商品销售物流、商流与信息流有明显的区隔,信息流间,顾客需求信息、商品交易信息、商品传递信息也会分流合进。上海应占领尽可能多的长三角区中转物流,和国内市场与国际市场之间的贸易物流份额,让与物流、贸易、零售有关的商业服务和信息流通尽可能多地留在上海或从上海周转。

7. 对"五五购物节"的影响人群进行精准数据分析,扩大影响覆盖面,让"五五购物节"的影响力下沉至所有市民,延伸至全国及全球。

现在"五五购物节"的影响力主要在于上海本市,且并没有覆盖上海全部的消费人群,部分市民因偏理性购物思维,对购物节无感,或没有从生活环境中接收到购物节相关信息,或认为购物节消费内容与自己的消费水平存在差距等因素,没有介入购物节活动之中。同时,购物节在上海之外影响力有所欠缺,网络上有对"五五购物节"是什么样节日的询问。主办方应该通过购物节实施效果数据的精准分析,寻找购物节参与人群与不参与人群的特征拼图,如分析出参与购物节消费者信息来源渠道、参与理由、参与方式、消费内容、对购物节的想法,同时分析出不参与购物节市民的分布状况、各类特征、不参与的原因、什么情况下愿意参与等。在数据分析基础上,调整购物节信息发布方式、渠道、活动主题内容、配套支持手段等,让购物节影响到尽可能多的市民,让尽可能多的市民从购物节中获益。

同时还要研究购物节上海之外的辐射力影响力,用数据分析的方式来确定"五五购物节"的辐射地图,如通过交通信息大数据、支付数据等分析出购物间期间外地人口入沪流向、市区内人口流向、支付方式、支付额、支付对象等,得出现有的购物节影响力,有针对性地设计宣传活动方案,提升购物节在长三角、全国和全球的影响力。

8. 维持购物节期间的经济秩序,确保市场健康发展。

"五五购物节"是政府引导、企业实施执行的购物节,对消费者来说有政府背书,更具公信力和认可度。正因为这样,购物节举办过程中尤其要注意避免通常购物节过程中可能出现的负面情形,以免损害上海市政府的公信力,对"上海购物"和"五五购物节"品牌形象造成不利影响。

有些大型电商举办的网络购物节中存在价格欺诈、虚假宣传、商品假冒伪劣等问题,对电商企业品牌和购物节本身品牌形象都存在负面影响,"五五购物节"主办方应细致研究相关案例,约束参与购物节的商家行为,确立购物节期间良好的经济秩序,保证参与商户在法律与商业伦理底线之上行事,确保市场健康发展。

9.通过"五五购物节"这样的著名平台让本市居民、全国全球消费者了解熟悉上海的消费路径。

"五五购物节"已经初步建立了购物节形象,让部分消费者熟知,有一定的影响力,购物节本身是"上海购物"品牌战略的一部分,通过购物节可以让消费者明确上海消费的路径。第一个层次,让本地居民和外来游客深悉上海"五五购物节"的城市消费品牌;第二个层次,消费者能在"五五购物节"和购物节之外快速查阅消费地图,根据需求和兴趣掌握消费去向;第三个层次,把上海消费路径和消费点以"上海消费"子品牌的形式印入消费者认知中,知道到上海来可以消费什么,怎么消费。

第五章　上海商业发展展望

第一节　后疫情时代的上海商业

一、后疫情时代的消费格局

新冠疫情肆虐至2021年底已近2年,根据世界卫生组织提供的数据,截至2021年10月6日(北京时间10月7日),全球新冠疫情确诊病例达2.3567亿例,累计死亡病例达481.4651万例,数据还在更新,疫情还将持续。10月才从美国传来了好消息,新冠单日发病率有所下滑,重症病例也逐渐下降,首次出现疫情死亡人数持续减少的局面(图5-1)。全球的数据亦是如此,8月以来的数据表明全球范围内的病例数显

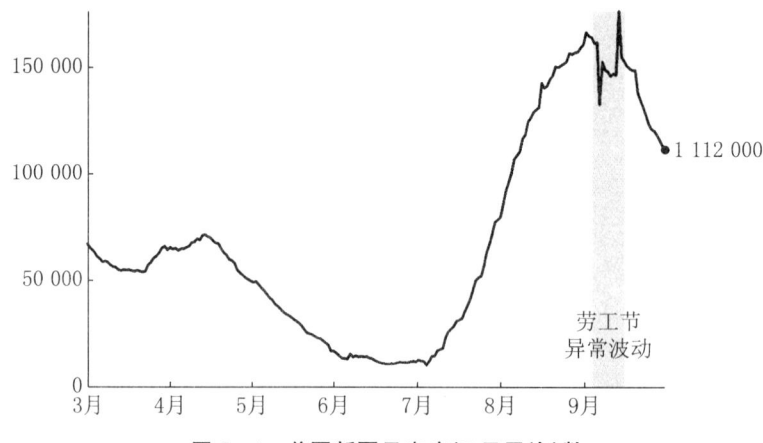

图5-1　美国新冠日患病(7日平均)数

资料来源:《纽约时报》,2021年10月5日。

著下降了30%以上。10月4日单日新增确诊病例已降至34.5万例,与8月19日疫情高峰日单日新增病例数74.6万例相比,下降幅度超过53%。虽然目前尚不清楚造成此情况的背后原因,有人解读此现象不过是一种神秘的"两月循环周期"理论:即发病感染率以2个月为一个周期,升降交替互现。果如此,那就意味着疫情并未就此终结。我们依然处在疫情之中,我们还难以将这个时代简单地归结为"疫情后"时代,充其量,这是个"后疫情"时代。

后疫情时代具有什么样的消费特征、结构、趋势?疫情又是怎样改变人们的消费观念乃至消费行为、消费习惯?这些都是值得我们深入思考的问题,因为这将左右着我们对于商业发展的态势把握,决定着我们将实施何种商业政策,影响着我们将进行怎样的商业布局,隐含着我们未来的商业发展规划的出台。

众所周知,与出口、投资相比,中国消费在国内生产总值(GDP)中的占比并不高,10年平均中位数为59.27%,远低于发达国家(美国、英国、德国、日本、法国)消费占其国内生产总值(GDP)比重(78.96%)的平均水平(图5-2)。根据中国国家统计局的数据,2020年中国最终消费占国内生产总值(GDP)比重为54.3%,不仅低于2019年的消费占国内生产总值(GDP)比重(57.8%),更低于10年的平均中位数(59.27%)(图5-3)。疫情的影响由此可见一斑。最新出炉的数据更是坐实了疫情的负面影

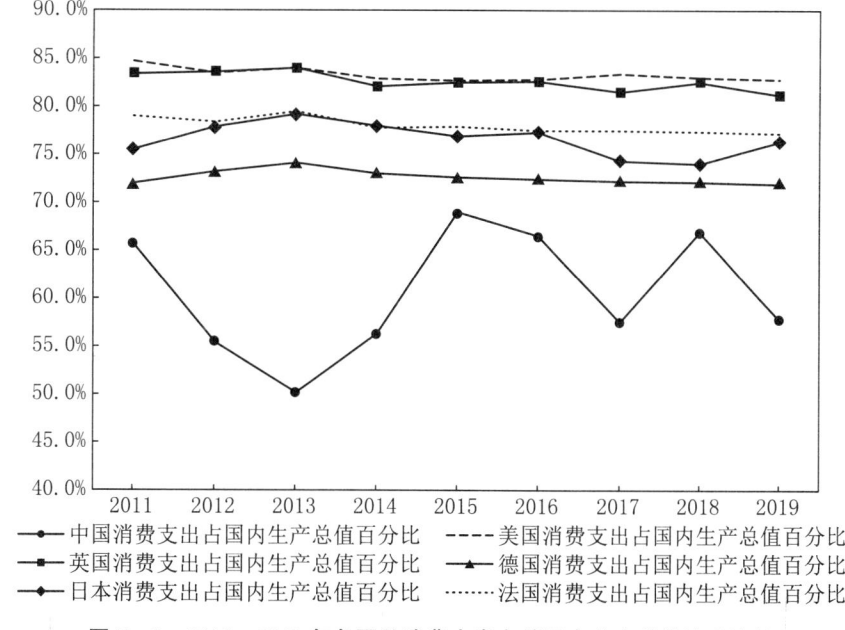

图5-2 2011—2019年各国总消费支出占其国内生产总值比重比较

资料来源:根据 http://www.ceicdata.com/en 网站历年数据统计整理。

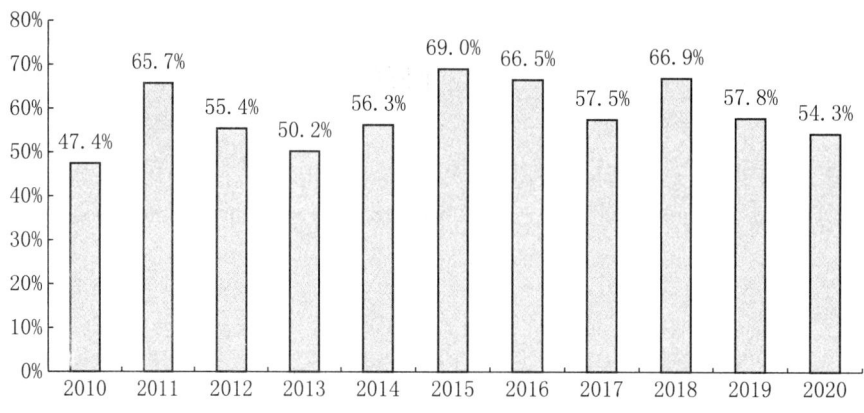

图 5-3 2010—2020 年中国总消费支出占国内生产总值比例

响。公布的 8 月社零数比 7 月大幅回落 6%；中秋国内旅游出行与人均消费双降，旅游出行数仅为 2019 年同期的 87.2%，人均旅游消费仅为 2019 年同期的 78.6%。居民消费出现了加速下滑的现象。消费"报复性反弹"难觅踪影，相反，作为预防性动机的居民储蓄陡增，表现了人们消费信心的不足。

后疫情时代消费格局发生了变化，疫情改变了人们的生活方式，也改变了人们的消费习惯，因此基于互联网的消费，基于近距离的社群消费还是不断增长，但这种增长并非来自增量，而是存量的重新分割与布局，与总量无关；后疫情时代人们的消费也变得更为理性，"性价比"商品完全战胜了"情价比"商品，为"情"买单遭遇"滑铁卢"，"值经济"横空出世；后疫情时代消费撕裂加剧，消费升级与消费降级同时呈现，消费不时演绎冰火两重天的故事。

二、 后疫情时代的上海商业

上海的情况亦是如此。2020 年，在疫情严重冲击的情况下，上海消费较 2019 年出现了微涨，虽然只有 0.5% 的年增长率，但这一增长率远高于全国平均水平，上海是国内少数几个 2020 年实现正增长的城市。具体而言，上海 2020 年的社会消费品零售总额为 15 932.50 亿元，比排第二名的北京高出了 2 216.1 亿元，比排第三名的深圳高出 7 267.67 亿元，成为名副其实的中国消费第一城。由于疫情影响，结构板块的不平衡现象非常突出。例如，批发和零售业销售实现 14 754.23 亿元，增长 2.6%，而住宿和餐饮业销售仅为 1 178.28 亿元，下降 19.6%。

常识告诉我们，居民收入增长与消费增长间虽然不一定是同比例，但一定存在某种正向关联，这一"铁律"在新冠疫情背景下不复存在。数据表明：2020 年上海市居民人均可支配收入72 232元,比上年增长4.0%,然而上海市居民人均消费支出却只有42 536元,比上年下降6.7%,其中,城镇常住居民人均消费支出下降了7.1%,远高于农村常住居民1.6%的下降幅度。但一个非常奇怪的现象是,2020年,上海居民在消费升级类的商品上的支出呈现出继续快速增长的局面。在所有消费中,排名前列的是汽车、化妆品、通信器材等,总占比接近40%,且继续呈现增长态势。汽车类、化妆品类和通信器材类较去年分别增长了19.7%、13.6%和37.9%。全年汽车销售超过60万辆,销售额1 489.3亿元,受益于国家和上海推出的各种新能源汽车补贴等政策,新能源汽车同比增长99.1%。在社会消费品零售总额中,增速最快的依次为体育娱乐用品类、书报杂志类、饮料类、日用品类、通信器材类和金银珠宝类,其中体育娱乐用品类、饮料类和金银珠宝类分别比2019年增长了62.2%、54.6%和27.8%。这一现象表明:居民预期并没有变差,消费乏力在于供给端发力不够,唯有良好的政策配合,居民消费升级的潜力才能持续释放。

为深入分析原因,并为后疫情时代商业发展提供精准建议,在本书第二章的分析中,根据2020年上海市银联消费交易数据,我们作了消费者群体消费画像。将全部消费者的消费能力分为6个类别,在各类别中,"消费能力相当"类别的占比最高,而"消费能力高"类别为次高。消费水平由低到高呈现出明显的单峰分布特征,说明居民消费水平与一般的居民收入比例基本相符。由于在2019年我们同样基于银联消费交易数据进行了测试,这为2020年数据的分析提供了一定的参照物。与2019年上海市居民的银联消费交易数据相比,2020年产生了极其明显的变化。在2019年,占比最高的是"消费能力相当"的居民,其次是"消费能力低"和"消费能力高"的居民。在2020年,几乎所有的消费类型都大幅减少。产生该变化的原因是自2019年末持续至今的新冠疫情。全球新冠疫情下我国强力管控,居民的出行受限,经济活动范围被大幅度压缩,消费水平也快速下降,大量的居民选择居家消费,导致正常的消费类型占比下降。其中,"消费能力相当"的人群占比下降幅度最大。因此,疫情常态化背景下,如何进行有效隔离、如何实施有利于商业、经济正常秩序运行的政策,从而激发人们的消费热情,提升城市的消费水平值得我们深入研究。

第二节　变局下上海商业发展展望

一、消费变迁与商业新生代

任何社会的商业发展都是围绕着消费而展开的。因此,研究消费变迁有助于商业顺势而为、承载有序。随着社会经济的发展、人们认知的变化,消费往往呈现出阶段性特征,于是就有了消费变迁。有关消费变迁的研究很多,尽管观点不一,但有一点是具有共识的,那就是消费阶段的划分与人均 GDP 有关。在众多的消费变迁研究中,笔者以为国泰君安的研究较具代表性。国泰君安以美国为例,根据人均 GDP 的不同区间,将近百年来的美国消费划分为大众消费、品质化消费及理性消费三个不同的阶段,并给出不同消费阶段的消费特征及商业形态(表 5-1)。

表 5-1 美国百年消费变迁史

时　　间	20 世纪 20—60 年代	20 世纪 70 年代末—80 年代	20 世纪 90 年代以来
消费变迁趋势	大众消费	品质化消费崛起	理性消费意识复苏
代表性事件	汽车的普及 耐用消费品革命	"雅皮士"风貌兴起	"雅皮士"逃离曼哈顿 千禧一代购物注重性价比
驱动力	柯立芝繁荣,战后经济发展	走出滞胀时期,经济快速发展	经济收入差距拉大,千禧一代成为主要消费人群
人均 GDP 水平	800～5 000 美元	9 000～30 000 美元	30 000 美元以上
人均 GDP 平均增速	5.53% (数据自 1929 年起)	7.24%	3.99%
人均可支配收入平均增速	4.13% (数据自 1929 年起)	7.32%	3.63%

资料来源:国泰君安研究报告。

美国百年消费变迁史对各国的消费阶段划分有一定的借鉴意义,结合中国的具体实践,我们认为中国的消费变迁可以划分为功能消费、品牌消费、品质消费、品味消费四个阶段。当人均 GDP 低于 5 000 美元时,消费者消费以耐用品为主,关注的是商品的功能;当人均 GDP 处于 5 000～8 000 美元时,消费者开始经历了商品消费由"够用"到"好用"的转变,关注的是商品的品牌;当人均 GDP 处于 8 000～15 000 美元时,消费者有了追求品质的需求,消费趋于理性;当人均 GDP 大于 15 000 美元时,个性化、"情价比"成了标配,"好用"递进为"享用","享用"成了消费的满足,于是就有了品味消费。

虽然上海人口中拥有四个消费阶段的全部类型,亦即在上海的居民消费群体中,总能找得到与功能消费、品牌消费、品质消费、品味消费相匹配的人群,但总体而言,上海大量人口所对应的消费阶段应该为"品质消费"阶段,并在不久的将来,快速向"品味消费"阶段挺进。当在进行商业发展展望时,我们不仅要关注当下,更要把握趋势。因此必须对"品味消费"进行提前布局,提前谋划。"品味消费"应"新消费需求"而生,必将催生"商业新生代"。

我们进入了新消费需求时代,新消费需求时代注定是一个不同于传统消费的时代,新消费需求时代注定是一个超越传统消费的时代。新消费需求时代的"新"在于消费"观念新",消费不再局限于"有形",更拓展为"无形",所谓的"元宇宙"概念的横空出世折射的正是这样一种现象;新消费需求时代的"新"在于消费"态度新",追求自我满足、价值实现、个性体现、身份认同、社群归属;新消费需求时代的"新"在于消费"内容新",消费不再是纯粹"商品"的消费,消费向"体验消费""服务消费""混搭消费"延展;新消费需求时代的"新"在于消费"模式新",表现为线上线下融合,ABCD共生[A(AI)即人工智能、B(block chain)即区块链、C(Cloud)即云、D(big data)即大数据],既关注"全域流量",更强化"私域流量"的变现转换;新消费需求时代的"新"在于消费"层次新","多元立体化"取代了"单一平面化",业态多元、场景多维、需求嵌套已然存在,消费已不是简单的货币支付的买卖方式,消费已演变为人们的一种生活方式。

于是就诞生了"新生代"商业,或称之为"商业新生代"。新生代商业内容新、业态全、服务广、模式潮;新生代商业注重技术赋能,注重文化植入,注重情感传播;新生代商业崇尚多维、多元、立体、跨界、融合、共生、创新、颠覆。虽然新生代商业不同于传统商业,并在相当程度上超越了传统商业,但新生代商业依然姓"商",它根植于传统商业,它拥有商业的一切元素,亦即固守的是"商"核心,颠覆的是"业"形态。时代变了,打法亦求变,顺势而为,方能取胜。

二、 变局下的上海商业发展思考

面对变化,上海商业如何顺势?如何承载?这是摆在我们面前必须正视的问题,笔者以为:谈商业发展关键在于"发展",因此,绝不能满足于"存量"的排列组合,而应该专注于"增量"的增设创设,要做到"无中生有",这就需要我们关注"新人类"——Z世代群体。这与搞投资必须关注"60后群体"是一个道理,因为中国最富有人群的平均出生年代为1963年,只有熟悉"60后群体"的投资理念、癖好、风险厌恶,才能获得源源不断的资金注入。同理,"Z世代群体"逐渐走入消费的舞台中央,他们代表着商业的趋势、未来、方向,以及新的增量。

这并非是主观的臆想,经典的案例已经在美国发生。研究美国经济的人士都知道,在美国商业发展中,"婴儿潮"世代(Baby Boom Generation)的贡献功不可没。二战时期出生的占据美国30%以上总人口的"婴儿潮"世代,开启了40—50年代的婴儿用品、玩具市场("婴儿潮"世代婴幼儿时期),带动了60—70年代卡通、流行音乐的快速发展("婴儿潮"世代青少年时期),造就了80—90年代房地产、汽车业的高度景气("婴儿潮"世代结婚活跃期和消费黄金期),助推了之后的资本市场高光时刻("婴儿潮"世代财富积累期),催生了21世纪医疗、养老、护理产业的欣欣向荣("婴儿潮"世代步入老年)。

Z世代群体虽然在中国的总体人口中仅占据五分之一(确切地说,占据全部人口的19%),但他们却是能真正创造消费的"纯粹消费人口",而不是那些没有消费欲望的"沉没消费人口",况且这部分人口正步入结婚年龄,在中国前所未有的"三胎"政策出台背景下,由Z世代群体所创设人口的总量会不断递增,类似美国"婴儿潮"世代的商业繁荣时代值得期待。关键是要在供给端不断创造需求、激发需求、引导需求,完成消费者心中"种草"的过程。如何创设"增量",如何以"增量"撬动"存量"引燃"新消费爆点"?为此,我们必须关注"红人经济"。"红人经济"是"粉丝经济"与"体验经济"融合变异的新业态。作为连接商品、品牌、平台、内容、消费者纽带的"红人",不仅是一种营销资源,是播草者,还是一种新的生产要素,更是一种生产力。有专家统计,目前"红人经济"相关产业市场规模已达千亿量级,并将在不久的将来以几何级数规模增长。

我们会发现,在这个充满变数的新时代,一切都是那么的新,这就启发未来上海商业发展应该有新的思考,新的思路。笔者简单的将其归结为"九新",即新理念、新定位、新层级、新市场、新要素、新产品、新服务、新品牌、新模式。一是新理念,要充分认识到消费不是简单的买卖关系,而是一种生活方式;新定位,商业不应定位于商品的销售,而应定位为情感的传递、服务的升级、产品的使用;新层级,消费市场不仅有层级,更有层次,层次层级并非一成不变,而是不断迁徙;新市场,做商业不仅要紧盯既有存量市场,更要远眺或有增量市场,并试图用增量撬动存量市场;新要素,要善用资源,一切资源都可成为新的商业要素,比如数据、流量、红人;新产品,现代科技发展使得新产品层出不穷,新产品可以是立体的、多维的,可以是虚拟的、虚幻的,可以是物质世界的,也可以存在于精神世界,"元宇宙"演绎的就是这样一个概念;新服务,服务不再是基于商品本身的服务,服务不再是附属物,服务终将成为新灵魂,并将不断占据C位;新品牌,品牌不再"高冷",品牌可以"小众",品牌更可以"自有";新模式,KOL把"流量"还原成"消费者",深挖红人商业能量,布局红人经济新场景。

上海是时尚之都,上海是数字之都,上海商业的未来一定会更美好。

参 考 文 献

[1] Ghosh A. Retail Management[M]. Chicago：Dryden Press，1990.

[2] Nielsen. International Label Retailing：Indicator and Trend[R]. Nielsen，1998.

[3] Koskinen S. Private Label：European Brand Leader[J]. European Retail Digest，1999，21：5—8.

[4] Nielsen. The State of Private Label Around The World[R]. Nielsen，2014.

[5] Nielsen. The Rise and Rise Again of Private Label[R]. Nielsen，2018.

[6] 宁浮洁,王凌霄,周洁.从Costco看国内超市：自有品牌和生鲜[R].招商证券股份有限公司,2019.

[7] 王冯.存量格局下自有品牌建立竞争优势[R].华金证券股份有限公司,2019.

[8] 中国连锁经营协会.零售企业自有品牌发展调查报告[R].中国连锁经营协会,2017.

[9] 倪华.全球零售企业自有品牌的发展趋势、开发逻辑、应用策略[R].方正证券股份有限公司,2018.

[10] 上海市品牌授权经营企业协会,上海商学院工商管理学院,自有品牌产业研究院.中国自有品牌发展研究报告(2021)[R].自有品牌产业研究院(PLRI),2021.

[11] 上海市品牌授权经营企业协会.2020中国自有品牌评选评审报告[R].上海市品牌授权经营企业协会,2020.

[12] 刘孝斌,陈出新.2021年中国自有品牌行业发展白皮书[R].达曼国际咨询(上海)有限公司,2021.

[13] 周勇.中国自有品牌开发与国外相差了两万五千里[EB/OL].(2021-03-08)[2021-

10-01].http://www.linkshop.com/news/2021464078.shtml.

[14] 洪涛,林伟强,高峰等.自有品牌——制造型零售的未来[R].广发证券股份有限公司,2019.

[15] 陈国灿,奚建华.浙江古代城镇史研究[M].合肥:安徽大学出版社,2000.

[16] 王德先.宋词鉴赏大典[M].延吉:延边教育出版社,2005.

[17] 程植,塞翁.中华民族传统节日[M].北京:华龄出版社,2007.

[18] 刘昱.网络购物氛围对购物意向影响研究[D].浙江大学,2010.

[19] 王晓艺.网络购物氛围对网购行为的影响研究[D].西安工业大学,2016.

[20] 孟亚.电商购物节促销对大学生冲动性购买行为的影响研究[D].河北大学,2017.

[21] Rothenbuhler E W. Ritual Communication:From Everyday Conversation to Mediated Ceremony[J]. The Southern Communication Journal,2000,65(04):343—345.

[22] Sella Z K. The Journey of Ritual Communication[J]. Studies in Communication Sciences,2007:117—138.

[23] 潘忠党.传播媒介与文化:社会科学与人文学研究的三个模式(上)[J].现代传播-北京广播学院学报,1996(04):8—14.

[24] 袁罡.从可控因素谈锚定效应在企业营销中的应用[J].中国市场,2013(41):48—51.

[25] 周倩.评价理论框架及应用[J].大观周刊,2012(07):18.

[26] 王振华,路洋."介入系统"嬗变[J].外语学刊,2010(03):51—56.

[27] 黄宇.加快上海商业数字化转型的若干思考——基于上海市商业企业的调研分析[J].上海商学院学报,2020,21(03):42—50.

[28] Bames L, Lea-Greenwood G. Fast fashion in the retail store environment[J]. International Journal of Retail Distribution Management. 2010(10):760—772.

[29] 杨仲.沪苏同城联动提升城市消费能级[N].苏州日报,2021-04-29(A09).

[30] 王玉龙.新品首发季 数字化消费 商旅文联动"五五购物节":消费红火呈现上海商业新亮点[J].上海商业,2021(05):205,1—4.

[31] 朱珉迕."常态化"的购物节,最该期待什么[N].解放日报,2021-05-02(002).

[32] 邵岭."购物节"成功的背后:文化赋能点燃消费新引擎[EB/OL].(2020-07-13)[2021-10-01].http://wenhui.whb.cn/zhuzhan/liping/20200713/360360.html.

[33] 王政坤."双11"不是阿里巴巴的独舞[J].互联网经济,2018(12):84.

[34] 燕道成,谈阔霖."双 11"网购话语表达的商业逻辑[J].现代传播(中国传媒大学学报),2018,40(05):123—126,158.

[35] 尤靖雯.从"双十一"看我国电商发展的新趋势[J].知识经济,2020(10):62,64.

[36] 方英.从购物节透视网络直播产业生态[J].人民论坛,2020(35):110—112.

[37] 王林,张柔柔,赵杨.基于执行意向理论的电商购物节抢券行为决策模型研究[J].软科学,2020,34(01):70—75.

[38] 上海市商务委员会.市商务委关于举办"'银联杯'2009 上海购物节营销大赛"的通知[EB/OL].(2009-07-31)[2021-10-01].https://sww.sh.gov.cn/zxxgk/20130125/0023-12983.html.

[39] 陈信康."五五购物节"助力打响"上海购物"品牌[EB/OL].(2020-07-20)[2021-10-01].https://sww.sh.gov.cn/swdt/20200721/15806195bf6a4a04b38f9bb891364e6e.html.

[40] 上海市商务委员会.惠生活、慧消费、汇嘉定——"2021 嘉定购物节"成绩单来了![EB/OL].(2021-08-02)[2021-10-01].https://sww.sh.gov.cn/swdt/20210803/0969d0ac5de14d47b8b69e3470062e76.html.

[41] 上海市商务委员会."2021 闵行购物节"落下帷幕,一起来看看吧[EB/OL].上海市商委网站.(2021-07-26)[2021-10-01].https://sww.sh.gov.cn/swdt/20210726/60fc3012c795405fa31f4a739fcc5c6f.html.

[42] 长宁区商务委员会.数字引领、时尚风潮、国际融合,长宁区第二届"五五购物节"成果丰硕[EB/OL].(2021-07-22)[2021-10-01].https://sww.sh.gov.cn/swdt/20210723/560c177097c7434795049b20f7683283.html.